INTRODUCE

MG새마을금고 기업분석

◇ 존재이념

참여와 협동으로 풍요로운 생활공동체 창조

지역공동체와 개인의 삶이 풍요를 이루어 이웃과 더불어 잘사는 생활공동체를 만들자는 의미

◇ 비전

21C 선진종합금융 협동조합

새마을금고의 회원들에게 차원 높은 금융서비스를 제공하고
회원들이 새마을금고의 복지사업혜택을 누리면서
보다 안정되고 풍요로운 삶을 누릴 수 있도록 하고자 하는 의미

◇ 경영이념

민주경영 / 혁신지향 / 인간존중

존재이념이나 비전을 달성하기 위한 새마을금고의 경영원칙으로,
조직운영 원리이자 경영의사 결정의 기준

INFORMATION

신규직원 채용 안내

◇ 지원자격

❶ 연령, 성별, 학력 제한 없음
❷ 임용 즉시 근무가 가능한 자
❸ 새마을금고 인사규정에 따른 임용 결격사유가 없는 자
❹ 병역필(또는 전역 예정자) 및 면제자(남성에 한함)

◇ 채용지역

서울지역/부산지역/대구지역/인천지역/광주 · 전남지역/대전 · 세종 · 충남지역/
울산 · 경남지역/경기지역/강원지역/충북지역/전북지역/경북지역/제주지역

◇ 채용절차

◇ 필기전형

구분	출제영역		문항 수	시간
1	인성검사		200문항	30분
–	준비시간		–	20분
2	NCS 직업기초능력평가	의사소통능력 수리능력 문제해결능력 조직이해능력 대인관계능력	40문항	40분

❖ 자세한 채용절차는 직무별 채용방침에 따라 변경될 수 있으니 반드시 채용공고를 확인하기 바랍니다.

시대에듀 NCS 도서 구매자를 위한 특별한 혜택

NCS 기출풀이 특강 및 통합 온라인 모의고사

동영상 강의 이용 안내

1. 시대에듀 홈페이지 접속 (www.sdedu.co.kr)
2. 상단 카테고리 「회원혜택」 → 「이벤트존」 → 「NCS 도서구매 특별혜택 이벤트」 클릭
3. 쿠폰번호 입력 후 수강

모바일 OMR 답안채점 / 성적분석 서비스

서비스 이용 안내

1. 회차별 모의고사 첫 번째 페이지의 QR 코드 찍고 '응시하기' 클릭
2. 나의 답안을 모바일 OMR에 입력
3. '성적분석&채점결과' 클릭하고 현재 내 실력 파악하기

※ 쿠폰 등록 후 30일 이내에 사용 가능합니다.

NCS 핵심이론 및 대표유형 분석자료

자료실 이용 안내

1. 시대에듀 도서 홈페이지 접속 (www.sdedu.co.kr/book)
2. 상단 카테고리 「도서업데이트」 클릭
3. '공기업/금융권 NCS 도서 무료 학습자료' 검색 후 다운로드

※ 자료가 보이지 않을 때에는 '금융권'으로 검색하기 바랍니다.

무료제공 쿠폰

NCS 쿠폰번호

NCS 기출풀이 특강	YLW-21578-19064
NCS 통합 온라인 모의고사	ASXJ-00000-E246A

MG새마을금고 지역본부 온라인 모의고사

온라인 모의고사(2회분)	ATPB-00000-506F5

등록기간 : ~2026. 08. 31

❖ 쿠폰 등록 후 30일 이내에 사용 가능합니다.
❖ 쿠폰 등록 및 응시는 윈도우 기반 PC에서만 가능합니다.
❖ 모바일 및 macOS 운영체제에서는 서비스되지 않습니다.

온라인 모의고사

MG새마을금고 지역본부 온라인 모의고사

온라인 모의고사	
2회분	ATPB-00000-506F5

(기간 : ~2026년 8월 31일)

※ 쿠폰 등록 후 30일 이내에 사용 가능합니다.
※ 쿠폰 등록 및 응시는 윈도우 기반 PC에서만 가능합니다.
※ 모바일 및 macOS 운영체제에서는 서비스되지 않습니다.

합격시대 맞춤형 온라인 테스트

www.sdedu.co.kr/pass_sidae_new

합격시대 홈페이지 접속 (www.sdedu.co.kr/pass_sidae_new) → 홈페이지 우측 상단 '쿠폰 입력하고 모의고사 받자' 클릭 → 쿠폰번호 등록 → 내강의실 → 모의고사 → 합격시대 모의고사 클릭 후 응시하기

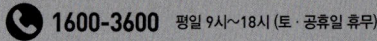

합격시대 맞춤형 온라인 테스트 | www.sdedu.co.kr/pass_sidae_new | 1600-3600 평일 9시~18시 (토 · 공휴일 휴무)

PC/모바일 무료 NCS 특강

NCS 자소서 및 기출풀이 특강 제공

1. 시대에듀 홈페이지 접속(www.sdedu.co.kr)
2. 상단 카테고리 「회원혜택」 – 「이벤트존」 – 「NCS 도서구매 특별혜택 이벤트」 클릭
3. 쿠폰번호 입력 후 수강

※ 해당 강의는 본 도서를 기반으로 하지 않습니다.

1권

제1회 MG새마을금고 지역본부 필기전형

〈문항 수 및 시험시간〉

영역		문항 수	시험시간	모바일 OMR 답안채점 / 성적분석 서비스
NCS 직업기초능력평가	의사소통능력 수리능력 문제해결능력 조직이해능력 대인관계능력	40문항	40분	

※ 문항 수 및 시험시간은 2025년 상반기 채용공고를 참고하여 구성하였습니다.

※ 시험시간이 종료되고 OMR 답안카드에 마킹하거나 시험지를 넘기는 행동은 부정행위로 간주합니다.

MG새마을금고 지역본부 필기전형	
# 제1회 모의고사	문항 수 : 40문항 시험시간 : 40분

01 다음 중 밑줄 친 부분의 맞춤법이 옳은 것은?

① 추석에는 햅쌀로 송편을 빚는다.
② 언니는 상냥한데 동생은 너무 냉냉하다.
③ 요컨데, 행복은 마음 먹기에 달렸다는 것이다.
④ 올해는 모두 건강하리라는 작은 바램을 가져본다.

02 다음 글의 주제로 가장 적절한 것은?

> 아이슬란드에는 각종 파이프와 열교환기, 화학물질 저장탱크, 압축기로 이루어져 있는 '조지 올라 재생가능 메탄올 공장'이 있다. 이곳은 이산화탄소로 메탄올을 만드는 첨단 시설로, 과거 2011년 아이슬란드 기업 '카본리사이클링인터내셔널(CRI)'이 탄소 포집·활용(CCU) 기술의 실험을 위해서 지은 곳이다.
> 이곳에서는 인근 지열발전소에서 발생하는 적은 양의 이산화탄소(CO_2)를 포집한 뒤 물을 분해해 조달한 수소(H)와 결합하여 재생 메탄올(CH_3OH)을 제조하였고, 이때 필요한 열과 냉각수 역시 지역발전소의 부산물을 이용했다. 이렇게 만들어진 메탄올은 자동차, 선박, 항공 연료는 물론 플라스틱 제조 원료로 활용하는 등 여러 곳에서 활용이 되었다.
> 하지만 이렇게 메탄올을 만드는 것이 미래 원료 문제의 근본적인 해결책이 될 수는 없었다. 메탄올이 만드는 에너지보다 메탄올을 만드는 데 들어가는 에너지가 더 필요하다는 문제점과 액화천연가스 LNG를 메탄올로 변환할 경우 이전보다 오히려 탄소 배출량이 증가했고, 탄소 배출량을 감소시키기 위해서는 태양광과 에너지 저장장치를 활용해 메탄올 제조에 필요한 에너지를 모두 조달해야만 했기 때문이다.
> 또한 탄소를 포집해 지하에 영구 저장하는 탄소 포집 저장방식과 달리, 탄소를 포집해 만든 연료나 제품은 사용 중에 탄소를 다시 배출할 가능성이 있어 이에 대한 논의가 분분한 상황이다.

① 탄소 재활용의 득과 실
② 재생 에너지 메탄올의 다양한 활용
③ 지열발전소에서 탄생한 재활용 원료
④ 탄소 재활용을 통한 미래 원료의 개발

03 다음 〈보기〉의 문장이 들어갈 위치로 가장 적절한 곳은?

> 우리나라 철도의 역사는 1899년 9월 18일 경인선의 개통으로 시작되었다. 수운이나 우마차, 인력거나 자전거 등에 의존하던 당시에 철도의 개통은 획기적인 사건이었다. 그러나 정치사적 관점에서 보면 우리 철도 역사는 일본의 식민지 지배 체제 확립과 식량·자원을 수탈하고, 대륙 진출의 통로를 확보하기 위하여 수립한 「조선철도 12년 계획」에 기초하여 추진되었다고 평가되고 있다.
> 경인선에 이어 1905년 경부선이 개통되었고, 러일전쟁의 전쟁물자 공급수단으로 사용된 경의선은 일본군에 의해 군용 부설철도로 1906년에 개통되었다. (가) 1914년에는 호남선이 개통되었고, 1929년에는 충북선, 1939년에는 경춘선이 개통되었다. (나)
> 해방 이후에도 남북분단과 전쟁이라는 수난의 시대가 이어지면서 철도 역시 본래의 역할을 수행하지 못하였다. (다) 다행히 60년대와 70년대에 걸쳐 경제개발 5개년 계획이 추진되자 한국 철도는 다시 경제발전과 지역사회 개발의 주역으로 부상하였다. (라)
> 증기기관차를 디젤기관차로 대체하기 시작한 것은 1967년 8월부터이다. 디젤기관차는 증기압을 이용하던 기관차에 비하여 견인마력이 크고 연료의 무게를 줄일 수 있어 전철화 사업이 진행되고 있는 현대에도 보편적으로 사용되고 있다. 전기·전자 산업의 발전과 더불어 제어기능이 보완된 디젤 전기기관차는 오늘날에도 무궁화 열차를 끌고 매일 수백 km의 철로를 쉬지 않고 누비고 있다. 철도 100년을 기념하던 1999년 당시의 기록으로 철도청에서 관리하는 기관차는 총 2,896량이었다. 디젤기관차 491량, 전기기관차 94량, 디젤동차 614량, 전기동차 1,697량이었으며, 48년 정부 수립 당시의 증기기관차 631량의 기록과 비교하여 볼 만하다.

〈보기〉

> 이때는 주로 우암선, 울산선, 김포선, 영동선, 태백선, 충북선 등과 같은 산업선의 역할이 부각되었다.

① (가)　　② (나)
③ (다)　　④ (라)

04 다음 제시된 문단을 논리적 순서대로 바르게 나열한 것은?

(가) '단어 연상법'은 프랜시스 골턴이 개발한 것으로, 지능의 종류를 구분하기 위한 것이었다. 이것은 피실험자에게 일련의 단어들을 또박또박 읽어주면서 각각의 단어를 듣는 순간 제일 먼저 떠오르는 단어를 말하게 하고, 실험자는 계시기를 들고 응답 시간, 즉 피실험자가 응답하는 데 걸리는 시간을 측정하여 차트에 기록하는 방법으로 진행한다. 실험은 대개 백 개가량의 단어들로 이루어졌다. 골턴은 응답 시간을 정확히 재기 위해 온갖 수단을 동원했지만, 그렇게 해서 얻은 정보의 양이 거의 없거나 지능의 수준을 평가하는 데 별로 중요하지 않은 경우가 많았다.

(나) 융이 그린 그래프들은 특정한 단어에 따르는 응답자의 심리 상태를 보여주었다. 이 결과를 통해 다음과 같은 두 가지 결론을 얻어낼 수 있었다. 첫째, 대답 과정에서 감정이 생겨난다. 둘째, 응답의 지연은 모종의 인식하지 못한 과정에 의해 자연 발생적으로 생겨난다. 하지만 이 기록을 토대로 결론을 내리거나 중요성을 따지기에는 너무 일렀다. 피실험자의 의식적 의도와는 별개로 작동하는 뭔가 알지 못하는 지연 행위가 있음이 분명했다.

(다) 당시에 성행했던 심리학 연구나 심리학을 정신의학에 응용하는 연구는 주로 의식에 초점이 맞춰져 있었다. 따라서 단어 연상법의 심리학에 대한 실험 연구도 의식을 바탕으로 해서 진행되었다. 하지만 융은 의식 또는 의지의 작용을 넘어서는 무엇인가가 있을 것이라고 생각했다. 여기서 그는 콤플렉스라는 개념을 끌어들인다. 융의 정의에 따르면 그것은 특수한 종류의 감정으로 이루어진 무의식 속의 관념 덩어리인데, 이것이 응답 시간을 지연시켰다는 것이다. 이후 여러 차례 실험을 거듭한 결과 그 결론은 사실임이 밝혀졌으며, 콤플렉스와 개인적 속성은 융의 사상 체계에서 핵심적인 요소가 되었다.

(라) 융의 연구 결과 단어 연상의 응답 시간은 피실험자의 정서에 큰 영향을 받으며, 그 실험법은 감춰진 정서를 찾아내는 데 더 유용하다는 점이 입증되었다. 정신적 연상의 연구를 통해 지능의 종류를 판단하고자 했던 단어 연상 실험이 오히려 그와는 다른 방향, 즉 무의식적인 감정이 빚어내는 효과를 드러내는 데 더 적합하다는 사실이 증명된 것이다. 그동안 골턴을 비롯하여 그 실험법을 수천 명의 사람들에게 실시했던 연구자들은 지연된 응답의 배후에 있는 피실험자의 정서에 주목하지 않았으며, 단지 응답의 지연을 피실험자가 반응하지 못한 것으로만 기록했던 것이다.

(마) 그런데 융은 이 실험에서 응답 시간이 늦어질 경우 피실험자에게 왜 응답을 망설이는지 물어보는 과정을 추가하였다. 그러자 놀랍게도 피실험자는 자신의 응답 시간이 늦어지는 것도 알지 못했을 뿐만 아니라, 그에 대해 아무런 설명도 하지 못했다. 융은 거기에 틀림없이 어떤 이유가 있으리라고 생각하고 구체적으로 파고들어 갔다. 한번은 말(馬)이라는 단어가 나왔는데 어떤 피실험자의 응답 시간이 무려 1분이 넘었다. 자세히 조사해 보니 그 피실험자는 과거에 사고로 말을 잃었던 아픈 기억을 지니고 있었다. 실험이 있기 전까지는 잊고 있었던 그 기억이 실험 과정에서 되살아난 것이다.

① (가) – (마) – (라) – (나) – (다)
② (가) – (마) – (라) – (다) – (나)
③ (나) – (다) – (가) – (마) – (라)
④ (다) – (가) – (마) – (라) – (나)

05 다음 글의 내용으로 적절하지 않은 것은?

> 역사란 무엇인가 하는 대단히 어려운 물음에 아주 쉽게 답한다면, 그것은 인간 사회의 지난날에 일어난 사실(事實) 자체를 가리키기도 하고, 또 그 사실에 관해 적어 놓은 기록을 가리키기도 한다고 말할 수 있다. 그러나 지난날의 인간 사회에서 일어난 사실이 모두 역사가 되는 것은 아니다. 쉬운 예를 들면, 김총각과 박처녀가 결혼한 사실은 역사가 될 수 없고, 한글이 만들어진 사실, 임진왜란이 일어난 사실 등은 역사가 된다.
> 이렇게 보면 사소한 일, 일상적으로 반복되는 일은 역사가 될 수 없고, 거대한 사실, 한 번만 일어나는 사실만이 역사가 될 것 같지만, 반드시 그런 것도 아니다. 고려시대의 경우를 예로 들면, 주기적으로 일어나는 자연 현상인 일식과 월식은 모두 역사로 기록되었지만, 우리는 지금 세계 최고(最古)의 금속활자를 누가 몇 년에 처음으로 만들었는지 모르고 있다. 일식과 월식은 자연 현상이면서도 하늘이 인간 세계의 부조리를 경고하는 것으로 생각했기 때문에 역사가 되었지만, 목판(木版)이나 목활자 인쇄술이 금속활자로 넘어가는 중요성이 인식되지 않았기 때문에 금속활자는 역사가 될 수 없었다. 이렇게 보면, 또 역사라는 것은 지난날의 인간 사회에서 일어난 사실 중에서 누군가에 의해 중요한 일이라고 인정되어 뽑힌 것이라고 할 수 있다. 이 경우, 그것을 뽑은 사람은 기록을 담당한 사람, 곧 역사가라고 할 수 있으며, 뽑힌 사실이란 곧 역사책을 비롯한 각종 기록에 남은 사실들이다. 다시 말하면, 역사란 결국 기록에 남은 것이며, 기록에 남지 않은 것은 역사가 아니라고 할 수 있다. 일식과 월식은 과학이 발달한 오늘날에는 역사로써 기록에 남지 않게 되었다. 금속활자의 발견은 그 중요성을 알게 된 훗날 사람들의 노력에 의해 최초로 발명한 사람과 정확한 연대(年代)는 모른 채 고려 말기의 중요한 역사로 추가 기록되었다. '지난날의 인간 사회에서 일어난 수많은 사실 중에서 누군가가 기록해 둘 만한 중요한 일이라고 인정하여 기록한 것이 역사이다.'라고 생각해 보면, 여기에 좀 더 깊이 생각해 보아야 할 몇 가지 문제가 있다.
> 첫째는 '기록해 둘 만한 중요한 사실이란 무엇을 말하는 것인가?' 하는 문제이고, 둘째는 '과거에 일어난 일들 중에서 기록해 둘 만한 중요한 사실을 가려내는 사람의 생각과 처지'의 문제이다. 먼저 '무엇이 기록해 둘 만한 중요한 문제인가? 기록해 둘 만하다는 기준(基準)이 무엇인가?' 하고 생각해 보면, 아주 쉽게 말해서 후세(後世) 사람들에게 어떤 참고가 될 만한 일이라고 말할 수 있겠다. 오늘날의 역사책에 남아 있는 사실들은 모두 우리가 살아가는 데 참고가 될 만한 일들이라고 할 수 있다. 다음으로, 참고가 될 만한 일과 그렇지 않은 일을 가려내는 기준은 사람에 따라 다를 수 있으며, 시대에 따라서도 다를 수 있다. 고려시대나 조선시대 사람들에게는 일식과 월식이 정치를 잘못한 왕이나 관리들에 대한 하늘의 노여움이라고 생각되었기 때문에 역사에 기록되었지만, 오늘날에는 그렇지 않다는 것을 알게 되었기 때문에 역사에는 기록되지 않는다.

① 인간 사회에서 일어난 모든 사실이 역사가 될 수 없다.
② 역사라는 것은 역사가의 관점에 의하여 선택된 사실이다.
③ 역사의 가치는 시대나 사회의 흐름과 무관한 절대적인 것이다.
④ 역사는 기록에 남은 것이며, 기록된 것은 가치가 있는 것이어야 한다.

06 다음은 예금보험공사의 금융회사 파산절차에 대한 기사이다. 이를 읽고 이해한 내용으로 가장 적절한 것은?

> 일반적으로 파산제도는 채무자의 재산상태가 악화되어 총채권자에 대한 채무를 완제할 수 없게 된 경우에 채무자의 총재산을 강제적으로 관리, 환가하여 모든 채권자에게 공평하게 변제하는 것을 목적으로 하는 재판상의 절차를 말합니다. 모든 파산절차는 채무자 회생 및 파산에 관한 법률에 의하여 규율되며 법원의 감독을 받게 됩니다.
> 법원의 파산선고와 동시에 채무자가 보유한 국내외 모든 자산으로 파산재단이 구성되고, 파산채권자는 채권의 개별행사가 금지되며 법원은 파산절차를 총괄할 파산관재인을 선임하여 파산재단 자산에 대한 관리 처분 권한을 채무자 본인에게서 파산관재인에게로 이전합니다.
> 파산관재인은 파산재단 자산을 조기에 최대한 환가하여 파산채권자들에 분배하는 임무를 맡고 있기 때문에 파산선고일을 기준으로 파산재단 자산을 조사하여 누락되는 자산이 없도록 각별한 주의를 기울이게 됩니다. 구체적으로 파산재단의 현금, 예금통장, 권리증, 금고 등을 확보하고 장부를 폐쇄하여 파산재단 자산이 실질적으로 파산관재인의 점유가 될 수 있도록 조치합니다.
> 이후, 파산관재인은 파산채권자로 하여금 채권을 일정기간 내에 법원에 신고하게 하여 파산채권을 확정하고, 확정된 채권의 우선순위에 따라 배당을 실시하여야 합니다. 즉, 파산재단의 자산을 자산별 특성에 따라 빠른 시간 내에 최대한 환가, 매각하여 현금화한 후 파산채권자들에게 파산배당 절차를 통하여 분배하게 됩니다. 파산관재인은 더 이상 현금화할 자산이 사라질 때까지 자산환가업무를 계속하여 환가를 종료한 시점에 최후 배당을 실시하고 법원에 파산종결 선고를 요청하게 되며, 법원은 잔여자산 유무 등을 확인한 후 파산종결 선고를 통하여 파산절차를 종결하게 됩니다.

① 파산관재인은 채권자에 대한 변제를 위해 파산재단의 자산을 점유한다.
② 채무자의 자산으로 파산재단이 구성된 후에 법원의 파산선고가 이루어진다.
③ 채무자의 파산재단이 구성된 이후 파산채권자는 채권의 개별행사가 가능하다.
④ 채무자의 파산재단 자산을 조사하는 것은 파산관재인의 업무가 아니다.

07 다음 글을 읽고 추론할 수 있는 내용으로 가장 적절한 것은?

> 비자발적인 행위는 강제나 무지에서 비롯된 행위이다. 반면에 자발적인 행위는 그것의 실마리가 행위자 자신 안에 있다. 행위자 자신 안에 행위의 실마리가 있는 경우에는 행위를 할 것인지 말 것인지가 행위자 자신에게 달려 있다.
> 욕망이나 분노에서 비롯된 행위들을 모두 비자발적이라고 할 수는 없다. 그것들이 모두 비자발적이라면 인간이 아닌 동물 중 어떤 것도 자발적으로 행위를 하는 게 아닐 것이며, 아이들조차 그럴 것이기 때문이다. 우리가 욕망하는 것 중에는 마땅히 욕망해야 할 것이 있는데, 그러한 욕망에 따른 행위는 비자발적이라고 할 수 없다. 실제로 우리는 어떤 것들에 대해서는 마땅히 화를 내야 하며, 건강이나 배움과 같은 것은 마땅히 욕망해야 한다. 따라서 욕망이나 분노에서 비롯된 행위를 모두 비자발적인 것으로 보아서는 안 된다.
> 합리적 선택에 따르는 행위는 모두 자발적인 행위이지만 자발적인 행위의 범위는 더 넓다. 왜냐하면 아이들이나 동물들도 자발적으로 행위를 하긴 하지만 합리적 선택에 따라 행위를 하지는 못하기 때문이다. 또한 욕망이나 분노에서 비롯된 행위는 어떤 것도 합리적 선택을 따르는 행위가 아니다. 이성이 없는 존재는 욕망이나 분노에 따라 행위를 할 수 있지만, 합리적 선택에 따라 행위를 할 수는 없기 때문이다. 또 자제력이 없는 사람은 욕망 때문에 행위를 하지만 합리적 선택에 따라 행위를 하지는 않는다. 반대로 자제력이 있는 사람은 합리적 선택에 따라 행위를 하지, 욕망 때문에 행위를 하지는 않는다.

① 욕망에 따른 행위는 모두 자발적인 것이다.
② 자제력이 있는 사람은 자발적으로 행위를 한다.
③ 자제력이 없는 사람은 비자발적으로 행위를 한다.
④ 자발적인 행위는 모두 합리적 선택에 따른 것이다.

08 다음 글을 읽고 작성 방법을 분석한 것으로 적절한 것은?

> 교육센터는 7가지 코스로 구성된다. 먼저, 기초 훈련 코스에서는 자동차 특성의 이해를 통해 안전운전의 기본 능력을 향상시킨다. 자유 훈련 코스는 운전자의 운전 자세 및 공간 지각 능력에 따른 안전 위험 요소를 교육한다. 위험 회피 코스에서는 돌발 상황 발생 시 위험 회피 능력을 향상시키며, 직선 제동 코스에서는 다양한 도로 환경에 적응하여 긴급 상황 시 효과적으로 제동할 수 있도록 교육한다. 빗길 제동 코스에서는 빗길 주행 시 위험 요인을 체득하여 안전운전 능력을 향상시키고, 곡선 주행 코스에서는 미끄러운 곡선 주행에서 안전운전을 할 수 있도록 가르친다. 마지막으로 일반·고속 주행 코스에서는 속도에 따라 발생할 수 있는 다양한 위험 요인의 대처 능력을 향상시켜 방어 운전 요령을 습득하도록 돕는다. 이외에도 친환경 운전 방법 '에코 드라이브'에 대해 교육하는 에코 드라이빙존, 안전한 교차로 통행 방법을 가르치는 딜레마존이 있다. 안전운전의 기본은 운전자의 올바른 습관이다. 교통안전 체험교육센터에서 교육만 받더라도 교통사고 발생 확률이 크게 낮아진다.

① 여러 가지를 비교하면서 그 우월성을 논하고 있다.
② 각 구성에 따른 특징과 그에 따른 기대 효과를 설명하고 있다.
③ 상반된 결과를 통해 결론을 도출하고 있다.
④ 각 구조에 따른 특성을 대조하고 있다.

09 다음 글의 주장에 대한 반론으로 가장 적절한 것은?

> 우리 마을 사람들은 대부분 산에 있는 밭이나 과수원에서 일한다. 그런데 마을 사람들이 밭이나 과수원에 갈 때 주로 이용하는 도로의 통행을 가로막는 울타리가 설치되었다. 그 도로는 산의 밭이나 과수원까지 차량이 통행할 수 있는 유일한 길이었다. 이러한 도로가 사유지 보호라는 명목으로 막혀서 땅 주인과 마을 사람들 간의 갈등이 심해지고 있다.
>
> 마을 사람들의 항의에 대해서 땅 주인은 자신의 사유 재산이 더 이상 훼손되는 것을 간과할 수 없어 통행을 막았다고 주장한다. 그 도로가 사유 재산이므로 독점적이고 배타적인 사용 권리가 있어서 도로 통행을 막은 것이 정당하다는 것이다.
>
> 마을 사람들은 그 도로가 10년 가까이 공공으로 사용되어 왔는데 사유 재산이라는 이유로 갑자기 통행을 금지하는 것은 부당하다고 주장하고 있다. 도로가 막히면 밭이나 과수원에서 농사를 짓는 데 불편함이 크고 수확물을 차에 싣고 내려올 수도 없는 등의 피해를 입게 되는데, 개인의 권리 행사 때문에 이러한 피해를 입는 것은 부당하다는 것이다.
>
> 사유 재산에 대한 개인의 권리가 보장받는 것도 중요하지만, 그로 인해 다수가 피해를 입게 된다면 사익보다 공익을 우선시하여 개인의 권리가 제한되어야 한다고 생각한다. 만일 개인의 권리가 공익을 위해 제한되지 않으면 이번 일처럼 개인과 다수 간의 갈등이 발생할 수밖에 없다.
>
> 땅 주인은 사유 재산의 독점적이고 배타적인 사용을 주장하기에 앞서 마을 사람들이 생업의 곤란으로 겪는 어려움을 염두에 두어야 한다. 공익을 우선시하는 태도로 조속히 문제 해결을 위해 노력해야 할 것이다.

① 공익으로 인해 침해된 땅 주인의 사익은 적절한 보상을 통해 해결될 수 있다.
② 마을 사람들과 땅 주인의 갈등은 민주주의의 다수결의 원칙에 따라 해결해야 한다.
③ 땅 주인은 개인의 권리 추구에 앞서 마을 사람들과 함께 더불어 살아가는 법을 배워야 한다.
④ 땅 주인의 권리 행사로 발생하는 피해가 법적으로 증명되어야만 땅 주인의 권리를 제한할 수 있다.

10 다음 글의 빈칸에 들어갈 내용으로 가장 적절한 것은?

태양은 지구의 생명체가 살아가는 데 필요한 빛과 열을 공급해 준다. 이런 막대한 에너지를 태양은 어떻게 계속 내놓을 수 있을까?
16세기 이전까지 사람들은 태양을 포함한 별들이 지구상의 물질을 이루는 네 가지 원소와 다른, 불변의 '제5 원소'로 이루어졌다고 생각했다. 하지만 밝기가 변하는 신성(新星)이 별 가운데 하나라는 사실이 알려지면서 별이 불변이라는 통념은 무너지게 되었다. 또한, 태양의 흑점 활동이 관측되면서 태양 역시 불덩어리일지도 모른다고 생각하기 시작했다. 그 후 섭씨 5,500℃로 가열된 물체에서 노랗게 보이는 빛이 나오는 것을 알게 되면서 유사한 빛을 내는 태양의 온도도 비슷할 것이라고 추측하게 되었다.
19세기에는 에너지 보존 법칙이 확립되면서 새로운 에너지 공급이 없다면 태양의 온도가 점차 낮아져야 한다는 결론이 내려졌다. 그렇다면 과거에는 태양의 온도가 훨씬 높았어야 했고, 지구의 바다가 펄펄 끓어야 했을 것이다. 하지만 실제로는 그렇지 않았고, 사람들은 태양의 온도를 일정하게 유지해 주는 에너지원이 무엇인지에 대해 생각하게 되었다.
20세기 초 방사능이 발견되면서 방사능 물질의 붕괴에서 나오는 핵분열 에너지를 태양의 에너지원으로 생각하였다. 그러나 태양빛의 스펙트럼을 분석한 결과 태양에는 우라늄 등의 방사능 물질 대신 수소와 헬륨이 있다는 것을 알게 되었다. 즉, 방사능 물질의 붕괴에서 나오는 핵분열 에너지가 태양의 에너지원이 아니었던 것이다.
현재 태양의 에너지원은 수소 원자핵 네 개가 헬륨 원자핵 하나로 융합하는 과정의 질량 결손으로 인해 생기는 핵융합 에너지로 알려져 있다. 태양은 엄청난 양의 수소 기체가 중력에 의해 뭉쳐진 것으로, 그 중심으로 갈수록 밀도와 압력, 온도가 증가한다. 태양에서의 핵융합은 천만℃ 이상의 온도를 유지하는 중심부에서만 일어난다. 높은 온도에서만 원자핵들은 높은 운동 에너지를 가지게 되며, 그 결과로 원자핵들 사이의 반발력을 극복하고 융합되기에 충분히 가까운 거리로 근접할 수 있기 때문이다. 태양빛이 핵융합을 통해 나온다는 사실은 태양으로부터 온 중성미자가 관측됨으로써 더 확실해졌다.
중심부의 온도가 올라가 핵융합 에너지가 늘어나면 그 에너지로 인한 압력으로 수소를 밖으로 밀어내어 중심부의 밀도와 온도를 낮추게 된다. 이렇게 온도가 낮아지면 방출되는 핵융합 에너지가 줄어들며, 그 결과 압력이 낮아져서 수소가 중심부로 들어오게 되어 중심부의 밀도와 온도를 다시 높인다. 이렇듯 태양 내부에서 중력과 핵융합 반응의 평형 상태가 유지되기 때문에 ______________________ 태양은 이미 50억 년간 빛을 냈고, 앞으로도 50억 년 이상 더 빛날 것이다.

① 태양의 핵융합 에너지가 폭발적으로 증가할 수 있게 된다.
② 태양 외부의 밝기가 내부 상태에 따라 변할 수 있게 된다.
③ 태양이 오랫동안 안정적으로 빛을 낼 수 있게 된다.
④ 태양이 일정한 크기를 유지할 수 있었다.

※ 다음 글을 읽고 이어지는 질문에 답하시오. **[11~12]**

자본 구조가 기업의 가치와 무관하다는 명제로 표현되는 ㉠ 모딜리아니 – 밀러 이론은 완전 자본시장 가정, 곧 자본시장에 불완전성을 가져올 수 있는 모든 마찰 요인이 전혀 없다는 가정에 기초한 자본 구조 이론이다. 이 이론에 따르면, 기업의 영업 이익에 대한 법인세 등의 세금이 없고 거래 비용이 없으며 모든 기업이 완전히 동일한 정도로 위험에 처해 있다면, 기업의 가치는 기업 내부 여유 자금이나 주식 같은 자기 자본을 활용하든지 부채 같은 타인 자본을 활용하든지 간에 어떤 영향도 받지 않는다.

모딜리아니 – 밀러 이론이 제시된 이후, 완전 자본 시장 가정의 비현실성에 주안점을 두어 세금, 기업의 파산에 따른 처리 비용(파산 비용), 경영자와 투자자, 채권자 같은 경제 주체들 사이의 정보량의 차이(정보 비대칭) 등을 감안하는 자본 구조 이론들이 발전해 왔다. 불완전 자본 시장을 가정하는 이러한 이론들 중에는 상충 이론과 자본 조달 순서 이론이 있다.

상충 이론이란 부채의 사용에 따른 편익과 비용을 비교하여 기업의 최적 자본 구조를 결정하는 이론이다. 이러한 편익과 비용을 구성하는 요인들에는 여러 가지가 있지만, 그중 편익으로는 법인세 감세 효과만을, 비용으로는 파산 비용만 있는 경우를 가정하여 이 이론을 설명해 볼 수 있다. 여기서 법인세 감세 효과란 부채에 대한 이자가 비용으로 처리됨으로써 얻게 되는 세금 이득을 가리킨다. 이렇게 가정할 경우 상충 이론은 부채의 사용이 증가함에 따라 법인세 감세 효과에 의해 기업의 가치가 증가하는 반면, 기대 파산 비용도 증가함으로써 기업의 가치가 감소하는 효과도 나타난다고 본다. 이 상반된 효과를 계산하여 기업의 가치를 가장 크게 하는 부채 비율, 곧 최적 부채 비율이 결정되는 것이다.

이와는 달리 자본 조달 순서 이론은 정보 비대칭의 정도가 작은 순서에 따라 자본 조달이 순차적으로 이루어진다고 설명한다. 이 이론에 따르면, 기업들은 투자가 필요할 경우 내부 여유 자금을 우선적으로 쓰며, 그 자금이 투자액에 미달될 경우에 외부 자금을 조달하게 되고, 외부 자금을 조달해야 할 때에도 정보 비대칭의 문제로 주식의 발행보다 부채의 사용을 선호한다는 것이다.

상충 이론과 자본 조달 순서 이론은 기업들의 부채 비율 결정과 관련된 이론적 예측을 제공한다. 기업 규모와 관련하여 상충 이론은 기업 규모가 클 경우 부채 비율이 높을 것이라고 예측한다. 그러나 자본 조달 순서 이론은 기업 규모가 클 경우 부채 비율이 낮을 것이라고 예측한다. 성장성이 높은 기업들에 대하여, 상충 이론은 법인세 감세 효과보다는 기대 파산 비용이 더 크기 때문에 부채 비율이 낮을 것이라고 예측하는 반면, 자본 조달 순서 이론은 성장성이 높을수록 더 많은 투자가 필요할 것이므로 부채 비율이 높을 것이라고 예측한다.

밀러는 모딜리아니 – 밀러 이론을 수정 보완하는 자신의 이론을 제시하였다. 그는 자본 구조의 설명에 있어 파산 비용이 미치는 영향이 미약하여 이를 고려할 필요가 없다고 보았다. 이와 함께 법인세의 감세 효과가 기업의 자본 구조 결정에 크게 반영되지는 않는다는 점에 착안하여 자본 구조 결정에 세금이 미치는 효과에 대한 재정립을 시도하였다. 현실에서는 법인세뿐만 아니라 기업에 투자한 채권자들이 받는 이자 소득에 대해서도 소득세가 부과되는데, 이러한 소득세는 채권자의 자산 투자에 영향을 미침으로써 기업의 자금 조달에도 영향을 미칠 수 있다. 밀러는 이러한 현실을 반영하여 경제 전체의 최적 자본 구조 결정 이론을 제시하였다. ㉡ 밀러의 이론에 의하면, 경제 전체의 자본 구조가 최적일 경우에는 법인세율과 이자 소득세율이 정확히 일치함으로써 개별 기업의 입장에서 보면 타인 자본의 사용으로 인한 기업 가치의 변화는 없다. 결국 기업의 최적 자본 구조는 결정될 수 없고 자본 구조와 기업의 가치는 무관하다는 것이다.

11 **다음 중 ㉠과 ㉡의 관계에 대한 설명으로 가장 적절한 것은?**

① 파산 비용이 없다고 가정한 ㉠의 한계를 극복하기 위해 ㉡은 파산 비용을 반영하였다.
② 개별 기업을 분석 단위로 삼은 ㉠과 같은 입장에서 ㉡은 기업의 최적 자본 구조를 분석하였다.
③ 기업의 가치 산정에 법인세만을 고려한 ㉠의 한계를 극복하기 위해 ㉡은 법인세 외에 소득세도 고려하였다.
④ 자본 시장의 마찰 요인을 고려한 ㉡은 자본 구조와 기업의 가치가 무관하다는 ㉠의 명제를 재확인하였다.

12 **윗글에 따라 〈보기〉의 상황에 대해 바르게 판단한 것은?**

〈보기〉

기업 평가 전문가 A씨는 상충 이론에 따라 N기업의 재무 구조를 평가해 주려고 한다. N기업은 자기 자본 대비 타인 자본 비율이 높으며, 기업 규모는 작으나 성장성이 높은 기업이다. 최근에 N기업은 신기술을 개발하여 생산 시설을 늘려야 하는 상황이다.

① A씨는 N기업의 규모가 작기 때문에 부채 비율이 높은 것이라고 평가할 것이다.
② A씨는 N기업의 이자 비용에 따른 법인세 감세 효과가 클 것이라고 평가할 것이다.
③ A씨는 N기업의 높은 자기 자본 대비 타인 자본 비율이 그 기업의 가치에 영향을 미칠 것이라고 평가할 것이다.
④ A씨는 N기업이 기대 파산 비용은 낮고 투자로부터 기대되는 수익은 매우 높기 때문에 투자 가치가 높다고 평가할 것이다.

13 일정한 규칙으로 수를 나열할 때, 빈칸에 들어갈 수로 옳은 것은?

-1	2	( )	-24	-120	720

① 6 ② -24
③ -6 ④ 24

14 현재 아버지의 나이는 35세, 아들은 10세이다. 아버지 나이가 아들 나이의 2배가 되는 것은 몇 년 후인가?

① 5년 후 ② 10년 후
③ 15년 후 ④ 20년 후

15 M금고에서 근무하는 A사원은 B고객에게 적금 만기를 알리려고 한다. B고객이 가입한 상품의 정보가 다음과 같을 때, A사원이 B고객에게 만기환급금으로 안내할 금액은?(단, 이자 소득에 대한 세금은 고려하지 않는다)

〈새출발적금〉

- 가입자명 : B(본인)
- 가입기간 : 36개월
- 가입금액 : 매월 초 150,000원 납입
- 적용금리 : 연 2.2%
- 이자지급방식 : 만기일시지급, 단리식

① 5,485,750원 ② 5,524,200원
③ 5,583,150원 ④ 5,903,250원

16 다음은 2024년 국내 지역별 백미 생산량에 대한 자료이다. 이에 대한 설명으로 옳지 않은 것은?(단, 소수점 셋째 자리에서 반올림한다)

〈2024년 국내 백미 생산량〉

(단위 : ha, 톤)

구분	논벼		밭벼	
	면적	생산량	면적	생산량
서울・인천・경기	91,557	468,506	2	4
강원	30,714	166,396	0	0
충북	37,111	201,670	3	5
세종・대전・충남	142,722	803,806	11	21
전북	121,016	687,367	10	31
광주・전남	170,930	871,005	705	1,662
대구・경북	105,894	591,981	3	7
부산・울산・경남	77,918	403,845	11	26
제주	10	41	117	317

① 광주・전남 지역은 백미 생산 면적이 가장 넓고 백미 생산량도 가장 많다.
② 제주 지역의 밭벼 생산량은 제주 지역 백미 생산량의 88.5%를 차지한다.
③ 면적당 논벼 생산량이 가장 많은 지역은 세종・대전・충남이다.
④ 전국 밭벼 생산 면적 중 광주・전남 지역의 면적이 차지하는 비율은 80% 이상이다.

17 K사원은 핸드폰을 새롭게 마련하게 되어 M통신사의 상품에 가입하려고 한다. M통신사는 4가지의 통신상품을 판매하고 있으며 각각의 통화, 데이터, 문자의 제한된 양은 다음과 같다. K사원은 매달 통화 420분, 데이터 7GB, 문자 125통을 사용한다고 할 때, 어떤 요금제를 사용하는 것이 가장 저렴한가?(단, 부족분의 통화・데이터・문자는 추가요금에 의해 요금이 부과되며, 잉여분이 남더라도 요금이 환급되지는 않고, 무제한의 경우는 추가요금이 없다)

〈M통신사의 통신상품〉

구분	통화(분)	데이터(GB)	문자(통)	요금(원)
A요금제	450	10	무제한	75,000
B요금제	350	5	무제한	60,000
C요금제	410	3	100	50,000
D요금제	300	7	120	60,000

〈M통신사 통신상품의 추가요금〉

구분	통화	데이터	문자
추가요금	120원/분	5,000원/GB	220원/통

① A요금제
② B요금제
③ C요금제
④ D요금제

※ 다음은 국내 각 금융기관의 개인대출 현황에 대한 자료이다. 〈표 4〉의 연령대별 차입자 현황에 나타난 구성비가 모든 금융기관에 동일하게 적용된다. 이어지는 질문에 답하시오. **[18~20]**

〈표 1〉 금융기관별 개인대출 취급현황

(단위 : 조 원, %)

구분	은행	상호저축 은행	할부 금융	신용 카드	보험	새마을 금고	신협	상호 금융	기타	전체
개인대출	234.8	6.3	10.6	5.4	12.2	17.8	12.4	80.2	1.1	380.8
구성비	(61.7)	(1.7)	(2.8)	(1.4)	(3.2)	(4.7)	(3.2)	(21.1)	(0.2)	(100.0)

〈표 2〉 금융기관의 연령대별 개인대출 비중(금액 기준)

(단위 : %)

구분	30세 미만	30 ~ 39세	40 ~ 49세	50 ~ 59세	60세 이상	총계
은행	5.7	29.9	37.2	18.5	8.7	100.0
상호저축은행	5.8	23.8	39.3	19.3	11.8	100.0
상호금융	2.3	16.3	35.8	25.6	20.0	100.0
할부금융	19.4	37.6	29.8	9.7	3.5	100.0
신용카드	27.3	37.9	24.9	7.6	2.3	100.0
보험	5.3	34.4	38.9	15.6	5.8	100.0
전체	5.6	26.8	36.4	19.8	11.4	100.0

〈표 3〉 금융기관별 차입자 수

(단위 : 만 명)

은행	상호저축 은행	할부 금융	신용 카드	보험	새마을 금고	신협	상호 금융	총계
660.0	15.3	92.9	92.1	46.8	58.5	40.1	208.5	1,214.2

〈표 4〉 연령대별 차입자 현황

(단위 : 천 명, %)

구분	30세 미만	30 ~ 39세	40 ~ 49세	50 ~ 59세	60세 이상	총계
차입자 수	1,358	3,156	2,998	1,482	1,013	10,007
구성비	(13.6)	(31.5)	(30.0)	(14.8)	(10.1)	(100.0)
인구 대비 차입자 수 비중	6.4	38.1	43.1	34.3	19.6	21.8

18 다음 중 새마을금고를 이용하는 40대 차입인구는 몇 명인가?

① 17만 명
② 17만 5,500명
③ 18만 명
④ 18만 5,500명

19 다음 중 은행을 통한 30대 차입인구의 개인대출 총액은 얼마인가?

① 약 70조 원
② 약 75조 원
③ 약 80조 원
④ 약 85조 원

20 다음 중 상호금융을 통한 60세 이상 차입인구의 평균 개인대출 금액은 얼마인가?

① 약 7,200만 원
② 약 7,400만 원
③ 약 7,600만 원
④ 약 7,800만 원

21 다음은 은행별 타은행으로 100,000원을 송금할 때 부과되는 수수료에 대한 자료이다. 이에 대한 설명으로 옳은 것은?

〈은행별 송금 수수료〉

(단위 : 원)

구분	창구이용	자동화기기		인터넷뱅킹	텔레뱅킹 (ARS 이용 시)	모바일뱅킹
		마감 전	마감 후			
A은행	1,000	700	1,000	500	500	500
B은행	1,000	800	1,000	500	500	500
C은행	1,000	500	750	500	500	500
D은행	500	500	500	500	500	500
E은행	500	500	500	500	500	500
F은행	600	600	650	면제	면제	면제
G은행	600	500	650	500	500	500
H은행	500	500	800	500	500	500
I은행	1,000	700	950	500	500	500
J은행	1,000	500	700	500	600	500
K은행	600	800	1,000	500	500	500
L은행	600	500	600	500	500	500
M은행	600	500	750	500	500	500
N은행	800	800	1,000	500	500	500
O은행	800	600	700	500	500	500
P은행 (인터넷뱅크)	운영하지 않음	면제	면제	면제	운영하지 않음	면제
Q은행	1,000	면제	면제	면제	500	면제
R은행 (인터넷뱅크)	운영하지 않음	면제	면제	운영하지 않음	운영하지 않음	면제

① 자동화기기의 마감 전 수수료가 700원 이상인 은행은 총 6곳이다.

② '운영하지 않음'을 제외한 A～R은행의 창구이용 수수료의 평균은 800원보다 크다.

③ '면제'를 제외한 A～R은행의 자동화기기의 마감 전 수수료 평균이 마감 후 수수료 평균보다 크다.

④ A～O은행 중 창구이용, 자동화기기(마감 전과 후 모두)의 총수수료 평균이 가장 큰 은행은 B은행이다.

22 다음은 주요 대상국별 김치 수출액에 대한 자료이다. 기타를 제외하고 2024년 수출액이 3번째로 많은 국가의 2023년 대비 2024년 김치 수출액의 증감률은?(단, 소수점 셋째 자리에서 반올림한다)

〈주요 대상국별 김치 수출액〉

(단위 : 천 달러, %)

구분	2023년		2024년	
	수출액	점유율	수출액	점유율
일본	44,548	60.6	47,076	59.7
미국	5,340	7.3	6,248	7.9
호주	2,273	3.1	2,059	2.6
대만	3,540	4.8	3,832	4.9
캐나다	1,346	1.8	1,152	1.5
영국	1,919	2.6	2,117	2.7
뉴질랜드	773	1.0	1,208	1.5
싱가포르	1,371	1.9	1,510	1.9
네덜란드	1,801	2.4	2,173	2.7
홍콩	4,543	6.2	4,285	5.4
기타	6,093	8.3	7,240	9.2
합계	73,547	100	78,900	100

① −5.06%
② −5.68%
③ −6.24%
④ −6.82%

23 자동차회사에 다니는 A, B, C 3명은 각각 대전지점, 강릉지점, 군산지점으로 출장을 다녀왔다. A, B, C의 출장지는 서로 다르며 3명 중 1명만 참을 말할 때, 3명이 다녀온 출장지를 바르게 연결한 것은?

- A : 나는 대전지점에 가지 않았다.
- B : 나는 강릉지점에 가지 않았다.
- C : 나는 대전지점에 갔다.

	대전지점	강릉지점	군산지점
①	A	B	C
②	A	C	B
③	B	A	C
④	B	C	A

24 직원 A ~ F 6명은 연휴 전날 고객이 많을 것을 고려해 점심을 12시, 1시 두 팀으로 나누어 먹기로 하였다. 다음 내용이 모두 참일 때, 반드시 참인 것은?

- A는 B보다 늦게 가지는 않는다.
- A와 C는 같이 먹는다.
- C와 D는 따로 먹는다.
- E는 F보다 먼저 먹는다.

① A와 B는 다른 시간에 먹는다.
② B와 C는 같은 시간에 먹는다.
③ D와 F는 같은 시간에 먹는다.
④ A가 1시에 먹는다면 1시에 먹는 인원이 더 많다.

25 M사 전략기획본부 직원 A ~ G 7명은 신입사원 입사 기념으로 단체로 영화관에 갔다. 다음 〈조건〉에 따라 자리에 앉는다고 할 때, 항상 참인 것은?(단, 가장 왼쪽부터 첫 번째 자리로 한다)

〈조건〉

- 7명은 한 열에 나란히 앉는다.
- 한 열에는 7개의 좌석이 있다.
- 양 끝자리 옆에는 비상구가 있다.
- D와 F는 나란히 앉는다.
- A와 B 사이에는 1명이 앉아 있다.
- G는 왼쪽에 사람이 있는 것을 싫어한다.
- C와 G 사이에는 1명이 앉아 있다.
- G는 비상구와 붙어 있는 자리를 좋아한다.

① E는 D와 F 사이에 앉는다.
② G와 가장 멀리 떨어진 자리에 앉는 사람은 D이다.
③ C의 양옆에는 A와 B가 앉는다.
④ D는 비상구와 붙어 있는 자리에 앉는다.

26 M기업에서는 인건비를 줄이기 위해 다양한 방식을 고민하고 있다. 다음 정보를 토대로 선택할 수 있는 가장 적절한 방법은 무엇인가?(단, 한 달은 4주이다)

〈정보〉

- 정직원은 오전 8시부터 오후 7시까지 평일·주말 상관없이 주 6일 근무하며, 1인당 월 급여는 220만 원이다.
- 계약직원은 오전 8시부터 오후 7시까지 평일·주말 상관없이 주 5일 근무하며, 1인당 월 급여는 180만 원이다.
- 아르바이트생은 평일 3일, 주말 2일로 하루 9시간씩 근무하며, 평일은 시급 9,000원, 주말은 시급 12,000원이다.
- 현재 정직원 5명, 계약직원 3명, 아르바이트생 3명이 근무 중이며 전체 인원을 줄일 수는 없다.

① 아르바이트생을 계약직원으로 전환한다.
② 계약직원을 아르바이트생으로 전환한다.
③ 아르바이트생을 정직원으로 전환한다.
④ 계약직원을 정직원으로 전환한다.

27 운송관리팀 M주임은 다음 경로에 따라 제품들을 운송해야 한다. 통행료가 가장 저렴한 경로는?

• M주임은 새로 출시된 제품들을 A창고에서 B창고로 운송하는 경로를 계획 중이다.
• A창고에서 B창고로 이동 가능한 경로는 다음과 같다.

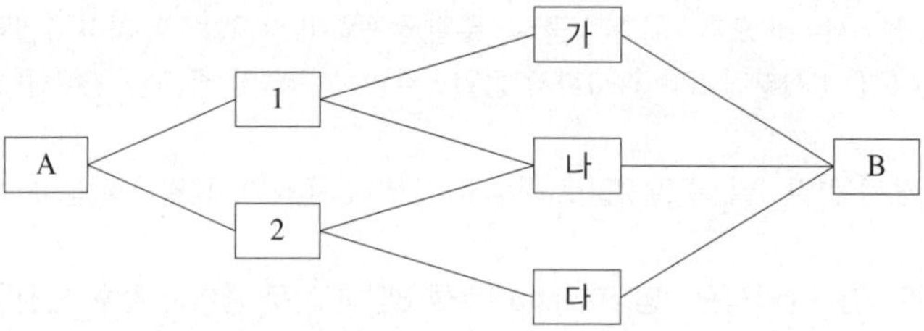

• 각 게이트에서 지불하는 통행료는 다음과 같다.

구분	통행료	비고
1게이트	46,100	–
2게이트	37,900	–
가게이트	38,400	–
나게이트	51,500	1게이트를 거쳐서 온 경우 10% 할인
다게이트	40,500	2게이트를 거쳐서 온 경우 5% 할인

① A－1－가－B
② A－1－나－B
③ A－2－다－B
④ A－2－나－B

28 다음은 논리적 사고를 개발하기 위한 방법을 그림으로 나타낸 자료이다. 이에 대한 설명으로 옳은 것은?

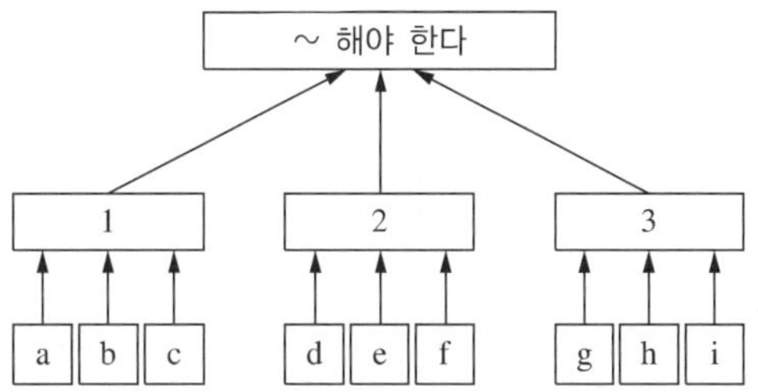

① 눈앞에 있는 정보로부터 의미를 찾아내어 가치 있는 정보를 이끌어낸다.

② 논리적으로 분해한 문제의 원인을 나무 모양으로 나열하여 문제를 해결한다.

③ 하위의 사실이나 현상부터 사고하여 상위의 주장을 만들어간다.

④ 내・외부적으로 발생하는 장점 및 단점을 종합적으로 고려하여 해결 방안을 찾는다.

29 다음은 분식점에 대한 SWOT 분석 결과이다. 이에 대한 대응 방안으로 옳은 것은?

〈분식점 SWOT 분석 결과〉

S(강점)	W(약점)
• 좋은 품질의 재료만 사용 • 청결하고 차별화된 이미지	• 타 분식점에 비해 한정된 메뉴 • 배달서비스를 제공하지 않음
O(기회)	**T(위협)**
• 분식점 앞에 곧 학교가 들어설 예정 • 최근 TV프로그램 섭외 요청을 받음	• 프랜차이즈 분식점들로 포화상태 • 저렴한 길거리 음식으로 취급하는 경향이 있음

① ST전략 : 비싼 재료들을 사용하여 가격을 올려 저렴한 길거리 음식이라는 인식을 바꾼다.

② WT전략 : 다른 분식점들과 차별화된 전략을 유지하기 위해 배달서비스를 시작한다.

③ SO전략 : TV프로그램에 출연해 좋은 품질의 재료만 사용한다는 점을 부각시킨다.

④ WO전략 : TV프로그램 출연용으로 다양한 메뉴를 일시적으로 개발한다.

30 다음은 M금고에서 판매하는 카드에 대한 자료이다. 고객 A와 B에 대한 정보가 〈보기〉와 같을 때, A고객과 B고객에게 추천할 카드를 바르게 짝지은 것은?

〈신용카드 정보〉

구분	휴가중카드	Thepay카드	Play++카드
연회비	• 국내전용 : 23,000원 • 해외겸용 : 25,000원	• 국내전용 : 10,000원 • 해외겸용 : 12,000원	• 국내전용 : 63,000원 • 해외겸용 : 65,000원
혜택 내용	해외 이용 금액에 따른 M포인트 적립 우대 1. 전월실적 없음 : 기본적립 2% 2. 전월실적 50만 원 이상 150만 원 미만 : 추가적립 1% 3. 전월실적 150만 원 이상 : 추가적립 3% * 월 적립한도 : 10만 포인트	1. 국내 및 해외 온·오프라인 결제에 대하여 1% 할인 제공 * 월 할인한도 제한 없음 2. 간편결제 등록 후 결제 시 1.2% 할인 제공 * 월 통합할인한도 : 10만 원	1. 인앱 결제 10% 청구 할인 – 이용건당 1만 원 이상 결제 시 제공 – 인앱 결제 합산 일 1회 및 월 2회 최대 5천 원 할인 제공(단, 유튜브 관련 결제 제외) 2. 이동통신요금 10% 청구 할인 – 월 1회 최대 5천 원 할인 제공 – 이동통신요금 자동납부 건에 한하여 제공(단, 알뜰폰 통신사 제외)

〈보기〉

구분	정보
A고객	• 유튜브 구독서비스 이용자이므로 국내 결제금액에 대해 할인을 받고자 한다. • 국내 알뜰폰 통신사를 이용하고 있다. • 통신요금에서도 할인받기를 희망한다.
B고객	• 해외여행 및 해외출장이 잦다. • 간편결제 서비스를 이용한다. • 적립 혜택보다는 할인 혜택을 희망한다.

	A고객	B고객
①	휴가중카드	휴가중카드
②	Thepay카드	휴가중카드
③	Thepay카드	Thepay카드
④	Play++카드	Thepay카드

※ 다음은 M공항공사 운항시설처의 업무분장표이다. 이어지는 질문에 답하시오. **[31~32]**

〈운항시설처 업무분장표〉

구분		업무분장
운항시설처	운항안전팀	• 이동지역 안전관리 및 지상안전사고 예방 안전 활동 • 항공기 이착륙시설 및 계류장 안전점검, 정치장 배정 및 관리 • 이동지역 차량 / 장비 등록, 말소 및 계류장 사용료 산정 • 야생동물 위험관리업무(용역관리 포함) • 공항안전관리시스템(SMS)운영계획 수립 · 시행 및 자체검사 시행 · 관리
	항공등화팀	• 항공등화시설 운영계획 수립 및 시행 • 항공등화시스템(A-SMGCS) 운영 및 유지관리 • 시각주기안내시스템(VDGS) 운영 및 유지관리 • 계류장조명등 및 외곽보안등 시설 운영 및 유지관리 • 에어사이드지역 전력시설 운영 및 유지관리 • 항공등화시설 개량계획 수립 및 시행
	기반시설팀	• 활주로 등 운항기반시설 유지관리 • 지하구조물(지하차도, 공동구, 터널, 배수시설) 유지관리 • 운항기반시설 녹지 및 계측관리 • 운항기반시설 제설작업 및 장비관리 • 운항기반시설 공항운영증명 기준관리 • 전시목표(활주로 긴급 복구) 및 보안시설 관리

31 다음은 M공항공사와 관련된 보도자료의 제목이다. 운항시설처의 업무와 거리가 먼 것은?

① M공항공사, 관계기관 합동 종합제설훈련 실시
② M공항공사, 전시대비 활주로 긴급 복구훈련 실시
③ M공항공사, 항공등화 핵심장비 국산화 성공
④ 골든타임을 사수하라! M공항공사, 항공기 화재진압훈련 실시

32 M공항공사의 운항안전팀에서는 안전회보를 발간한다. 다음 달에 발간하는 안전회보 제작을 맡게 된 A사원은 회보에 실을 내용을 고민하고 있다. 다음 중 안전회보에 실릴 내용으로 적절하지 않은 것은?

① M공항공사 항공안전 캠페인 시행 – 이동지역 안전문화를 효과적으로 정착시키기 위한 분기별 캠페인 및 합동 점검 실시
② 안전관리시스템 위원회 개최 – 이동지역 안전 증진을 위해 매년 안전관리시스템 위원회 개최
③ 우수 운항안전 지킴이 선정 현황 – 이동지역 내 사고 예방에 공로가 큰 안전 신고 / 제안자 선정 및 포상
④ 대테러 종합훈련 실시 – 여객터미널 출국장에서 폭발물 연쇄테러를 가정하여 이에 대응하는 훈련 진행

※ 다음은 집단의사결정과정의 일부에 대한 내용이다. 이어지는 질문에 답하시오. [33~35]

제빵용 베이킹 소다 생산업체인 A사의 신사업TF(태스크포스)팀장인 염팀장은 진출 분야에 대해 고심하던 중 혼자보다는 팀 구성원들과 힘을 합쳐 생각하는 게 낫다고 판단하여 탐색을 위한 집단의사결정과정을 진행하기로 했다.

염팀장 : 오늘 회의는 우리 회사가 새로 진출할 사업 분야 아이디어를 자유롭게 이야기하는 자리입니다. 서로 눈치 보지 말고 어떤 제약도 없이 자신의 의견을 다양하게 개진하면 됩니다.

김대리 : 제가 생각했던 아이디어가 있어서 먼저 이야기해 보겠습니다. 인터넷 등 외부자료들을 검색하다 보니 저희 회사와 유사한 형태의 외국기업이 있었는데요. 그 회사도 매출급감으로 인해 신사업 분야를 고심하던 중 베이킹 소다를 활용한 냉장고 탈취제 시장에 진출했다고 합니다. 지금도 경쟁상품은 많지만 소비자들이 환경보호에 관심이 많은 요즘 괜찮은 시장이 될 것 같다는 생각이 듭니다. 또 아무래도 먹는 것을 보관하는 곳이다 보니 화학제품으로 만든 탈취제보다 먹을 수 있는 소다로 만든 탈취제를 더 선호하지 않을까요?

박사원 : 저도 김대리님과 유사한 내용을 자료에서 봤는데요. 폭을 좀 더 넓혀서 탈취제뿐만 아니라 세정제 시장으로 확장을 해도 충분히 시장성을 있을 것이라고 생각됩니다. 저도 집에서 우리 회사 베이킹 소다로 주방이랑 화장실 청소를 해 봤는데 효과가 괜찮았습니다. 그런 방향으로 좀 더 신제품을 출시하면 어떨까요?

염팀장 : 좋은 생각이네요. 안 그래도 우리 TF팀이 구성된 이유가 우리 제품의 시장이 점점 줄어들기 때문인데 신사업으로 돌파구가 될 수 있을 거라는 생각이 듭니다.

최과장 : 저는 좀 반대입니다. 다들 너무 희망적인 면만 보시는 것 같은데요. 우리나라 생활용품 시장은 이미 포화상태입니다. 안 그래도 경쟁사들이 다들 할인판매하느라 팔아도 수익이 날지 말지 고심하고 있는데, 그 시장에 뛰어들자고요? 좀 새로운 아이디어가 필요하지 않을까요?

김대리 : 팀장님이 다양하고 자유로운 의견을 이야기하자고 해서 말씀드린 건데 그럼 최과장님은 어떤 생각이신데요?

염팀장 : 자자. 최과장과 김대리 둘 다 그만하고 서로 의견을 존중하며 새로운 아이디어를 좀 더 들어봅시다.

33 A사의 신사업TF팀이 진행하고 있는 회의에서 염팀장이 집단의사결정 방법으로 활용하고자 한 것은?

① 델파이기법 : 전문가의 경험적 지식을 통한 문제해결 및 미래예측을 위한 기법

② 팀빌딩기법 : 팀원들의 작업 및 커뮤니케이션 능력, 문제해결 능력을 향상시켜 조직의 효율을 높이려는 조직개발기법

③ 브레인스토밍 : 창의적인 아이디어를 생산하기 위한 학습 도구이자 회의 기법

④ 스토리텔링 : 상대방에게 알리고자 하는 바를 재미있고 생생한 이야기로 설득력 있게 전달하는 기법

34 최과장은 염팀장이 진행하는 집단의사결정 과정의 규칙에 어긋난 행동을 하고 있다. 어떤 부분을 어기고 있는가?

① 모든 아이디어들이 제안되고 나면 이를 결합하고 해결책을 마련한다.
② 다른 사람이 아이디어를 제시할 때 비판하지 않는다.
③ 문제에 대한 제안은 자유롭게 이루어질 수 있다.
④ 아이디어는 많이 나올수록 좋다.

35 A사의 신사업TF팀이 진행한 회의 방법인 집단의사결정의 긍정적인 면으로 보기 어려운 것은?

① 한 사람이 가진 지식보다 집단이 가지고 있는 지식과 정보가 더 많아 효과적인 결정을 할 수 있다.
② 각자 다른 시각으로 문제를 바라봄에 따라 다양한 견해를 가지고 접근할 수 있다.
③ 결정된 사항에 대하여 의사결정에 참여한 사람들이 해결책을 수월하게 수용할 수 있다.
④ 의견이 불일치하는 경우에도 단 시간에 의사결정을 내릴 수 있다.

36 다음 〈보기〉는 김씨가 담당하고 있는 업무의 소개 내용이다. 김씨의 소속 본부로 옳은 것은?

〈보기〉

김씨는 생산 제품의 영업기획, 영업 계획수립, 견적, 계약, 판매관리, 채권관리, 홍보관리 등의 업무를 담당한다. 영업기획은 시장, 경쟁사 동향 파악은 물론 신제품 개발 및 신규사업 수요조사를 통한 징·단기 수요, 판매를 예측하고 대응전략을 수립한다. 그리고 영업 계획수립은 월별 견적, 수주, 판매, 수금 계획을 작성 및 관리하며, 사양 및 원가를 검토해 견적서를 제출한다. 이외에 계약의 전반적인 사항의 검토 및 협의, 기준 판매가격 책정, 영업실적 및 출하일정 관리, 국내 딜러 및 고객사 관리·지원 등의 업무를 수행한다.

① 경영기획본부
② 영업본부
③ 개발/생산본부
④ 기술 연구소

※ 다음은 팀워크 강화를 위한 게임에 대한 내용이다. 이어지는 질문에 답하시오. [37~38]

A사의 마케팅팀에 근무하는 김팀장은 팀원들과 직접 참여와 활동을 통해 팀워크를 강화하고자 한다. 다음은 마케팅팀이 실시할 팀워크 게임이다.

게임 : '일상 중 하루'

1. 활동 : 참가자들이 서로의 일상이 어떤지를 나누는 활동
2. 목적 : ______㉠______
3. 사용 시기 및 조건
   가. 팀원들이 서로에 대해 잘 모른다.
   나. 상대의 도움을 받고도 감사하지 않는다.
4. 게임방법
   가. 참가자들을 둘씩 팀으로 묶는다.
   나. 1명이 자신의 일상에 대하여 이야기한다.
   다. 듣는 파트너는 들으면서 다음과 같은 두 마디만 할 수 있다. "그래서요?" 혹은 "그것에 대해 좀 더 말해 보세요!"
   라. 5분 뒤에 역할을 바꾼다.
5. 활동 후 평가
   가. 서로의 경험을 공유해보니 어떠했는가?(친밀감을 느꼈어요, 우리가 공통점이 많다는 것을 알았어요, 공감이 가요 등)
   나. 말하는 사람은 파트너에 대하여 무엇을 알았는가?
   다. 이 활동은 우리의 일터(현장)에서 어떤 의미를 갖는가?
6. 활동을 위한 팁 : 활동을 진행하는 5분 동안 마지막 1분이 남았을 때 시간을 알려준다.
7. 준비물 : 없음

37 다음 중 김팀장이 팀워크 게임을 효과적으로 운영하기 위한 순서로 옳은 것은?

① 실행 및 수행 과정 코치 → 이해 여부 점검 → 게임에 대한 설명 → 게임 분석·평가
② 실행 및 수행 과정 코치 → 게임에 대한 설명 → 이해 여부 점검 → 게임 분석·평가
③ 게임에 대한 설명 → 이해 여부 점검 → 실행 및 수행 과정 코치 → 게임 분석·평가
④ 게임에 대한 설명 → 실행 및 수행 과정 코치 → 이해 여부 점검 → 게임 분석·평가

38 위의 팀워크 게임에서 빈칸 ㉠에 들어갈 내용으로 가장 적절한 것은?

① 팀원들은 서로에 대해 새롭고 흥미로운 사실을 알게 된다.
② 팀원들은 팀에 대한 협동심을 갖는다.
③ 팀원들은 서로 갈등을 해소하는 방법을 배운다.
④ 팀원들은 강한 자신감으로 상대방의 사기를 드높이는 방법을 배운다.

39 영업부에 근무하는 이사원은 제품에 대한 불만이 있는 고객의 전화를 받았다. 고객은 제품의 하자로 담당부서에 고장수리를 요청했으나 연락이 없어서 화가 많이 난 상태였다. 이때 가장 적절한 응대는?

① 고객에게 사과하여 고객의 마음을 진정시키고 상사에게 전화를 연결한다.
② 고객의 불만을 들어준 후, 고객에게 제품수리를 위해 담당부서에 다시 전화할 것을 권한다.
③ 회사를 대표해서 미안하다는 사과를 하고, 고객의 불만을 메모한 후 담당부서에 먼저 연락하여 해결해 줄 것을 의뢰한다.
④ 화를 가라앉히시라고 말하고 그렇지 않으면 전화응대를 하지 않겠다고 한다.

40 A사원은 M금고 고객서비스과에 배치된 신입사원이다. 고객의 불만이 접수되었고 고객 불만 처리단계에 따라 응대하려고 한다. 다음 중 적절하지 않은 대처는?

① 불만이 있는 고객이기 때문에 최대한 공손한 태도를 보이는 것이 좋다.
② 불만에 대해 의사표현을 해 주신 것에 대해서는 감사의 태도를 보이고 고객의 불만에 공감하는 태도를 보여야 한다.
③ 적절하지 않은 불만이어도 고객이기 때문에 불편을 드린 점에 대해 사과를 드린다.
④ 일단 고객을 진정시키는 것이 중요하므로 무조건 신속하게 처리한다.

2권

제2회 MG새마을금고 지역본부 필기전형

〈문항 수 및 시험시간〉

영역		문항 수	시험시간	모바일 OMR 답안채점 / 성적분석 서비스
NCS 직업기초능력평가	의사소통능력 수리능력 문제해결능력 조직이해능력 대인관계능력	40문항	40분	

※ 문항 수 및 시험시간은 2025년 상반기 채용공고를 참고하여 구성하였습니다.

※ 시험시간이 종료되고 OMR 답안카드에 마킹하거나 시험지를 넘기는 행동은 부정행위로 간주합니다.

MG새마을금고 지역본부 필기전형

제2회 모의고사

문항 수 : 40문항
시험시간 : 40분

01 다음 글의 ㉠~㉣ 중 단어의 사용이 적절하지 않은 것은?

> 금융 시장 불안의 여파로 A국의 주식, 채권 등 금융 자산의 가격 하락에 대한 우려가 ㉠ 확산되면서 안전 자산으로 인식되는 B국의 채권에 대한 수요가 증가하고 있다. 이에 따라 외환 시장에서는 A국에 투자되고 있던 단기성 외국인 자금이 B국으로 유출되면서 A국의 환율이 급등하고 있다. B국에서는 해외 자금 유입에 따른 통화량 증가로 B국의 시장 금리가 ㉡ 변동할 것으로 예상된다. 이에 따라 A국의 환율 급등은 향후 다소 ㉢ 진정될 것이다. 또한 양국 간 교역 및 금융 의존도가 높은 현실을 감안할 때, A국의 환율 상승은 수입품의 가격 상승 등에 따른 부작용을 ㉣ 도입할 것으로 예상되지만 한편으로는 수출이 증대되는 효과도 있다. 그러므로 정부는 시장 개입을 가능한 한 자제하고 환율이 시장 원리에 따라 자율적으로 균형 환율 수준으로 수렴되도록 두어야 한다.

① ㉠
② ㉡
③ ㉢
④ ㉣

02 다음 글의 내용으로 적절하지 않은 것은?

> 재화나 용역 중에는 비경합적이고 비배제적인 방식으로 소비되는 것들이 있다. 먼저 재화나 용역이 비경합적으로 소비된다는 말은 그것에 대한 누군가의 소비가 다른 사람의 소비 가능성을 줄어들게 하지 않는다는 것을 뜻한다. 예컨대 10개의 사탕이 있는데 내가 8개를 먹어 버리면 다른 사람이 그 사탕을 소비할 가능성은 그만큼 줄어들게 된다. 반면에 라디오 방송 서비스 같은 경우는 내가 그것을 이용한다고 해서 다른 사람의 소비 가능성이 줄어들게 되지 않는다는 점에서 비경합적이다.
>
> 재화나 용역이 비배제적으로 소비된다는 말은 그것이 공급되었을 때 누군가 그 대가를 지불하지 않았다고 해서 그 사람이 그 재화나 용역을 소비하지 못하도록 배제할 수 없다는 것을 뜻한다. 이러한 의미에서 국방 서비스는 비배제적으로 소비된다. 정부가 국방 서비스를 제공받는 모든 국민에게 그 비용을 지불하도록 하는 정책을 채택했다고 하자. 이때 어떤 국민이 이런 정책에 불만을 표하며 비용 지불을 거부한다고 해도 정부는 그를 국방 서비스의 수혜에서 배제하기 어렵다. 설령 그를 구속하여 감옥에 가두더라도 그는 국방 서비스의 수혜자 범위에서 제외되지 않는다.
>
> 비경합적이고 비배제적인 방식으로 소비되는 재화와 용역의 생산과 배분이 시장에서 제대로 이루어질 수 있을까? 국방의 예를 이어나가 보자. 대부분의 국민은 자신의 생명과 재산을 보호받고자 하는 욕구가 있고 국방 서비스에 대한 수요도 있기 마련이다. 그러나 만약 국방 서비스를 시장에서 생산하여 판매한다면, 경제적으로 합리적인 국민은 국방 서비스를 구매하지 않을 것이다. 왜냐하면 다른 이가 구매하는 국방 서비스에 자신도 무임승차할 수 있기 때문이다. 결과적으로 국방 서비스는 과소 생산되는 문제가 발생하고, 그 피해는 모든 국민에게 돌아가게 될 것이다. 따라서 이와 같은 유형의 재화나 용역을 사회적으로 필요한 만큼 생산하기 위해서는 국가가 개입해야 하기에 이런 재화나 용역에는 공공재라는 이름을 붙이는 것이다.

① 공연에서 일정한 돈을 지불하지 않은 사람의 공연장 입장을 차단한다면, 그 공연은 배제적으로 소비될 수 있다.

② 국방 서비스를 소비하는 모든 국민에게 그 비용을 지불하도록 한다면, 그 서비스는 비경합적으로 소비될 수 없다.

③ 이용할 수 있는 수가 한정된 여객기 좌석은 경합적으로 소비될 수 있다.

④ 무임승차를 쉽게 방지할 수 없는 재화나 용역은 과소 생산될 수 있다.

※ 다음 글을 읽고 이어지는 질문에 답하시오. [3~4]

(가) 경영학 측면에서도 메기 효과는 한국, 중국 등 고도 경쟁사회인 동아시아 지역에서만 제한적으로 사용되며 영미권에서는 거의 사용되지 않는다. 기획재정부의 조사에 따르면 메기에 해당하는 해외 대형 가구업체인 이케아(IKEA)가 국내에 들어오면서 청어에 해당하는 중소 가구업체의 입지가 더욱 좁아졌다고 한다. 이처럼 경영학 측면에서 보아도 메기 효과는 과학적으로 검증되지 않은 가설이다.

(나) 결국 메기 효과는 과학적으로 증명되진 않았지만 '경쟁'의 양면성을 보여주는 가설이다. 기업의 경영에서 위협이 발생하였을 때, 위기감에 의한 성장 동력을 발현시킬 수는 있을 것이다. 그러나 무한 경쟁사회에서 규제 등의 방법으로 적정 수준을 유지하지 못한다면 거미의 등장으로 인해 폐사한 메뚜기와 토양처럼 거대한 위협이 기업과 사회를 항상 좋은 방향으로 이끌어 나가지는 않을 것이다.

(다) 그러나 메기 효과가 전혀 시사점이 없는 것은 아니다. 이케아가 국내에 들어오면서 도산할 것으로 예상되었던 일부 국내 가구 업체들이 오히려 성장하는 현상 또한 관찰되고 있다. 강자의 등장으로 약자의 성장 동력이 어느 정도는 발현되었다는 것을 보여주는 사례라고 할 수 있다.

(라) 그러나 최근에는 메기 효과가 검증되지 않고 과장되어 사용되거나 심지어 거짓이라고 주장하는 사람들이 있다. 먼저 메기 효과의 기원부터 의문점이 있다. 메기는 민물고기로 바닷물고기인 청어는 메기와 연관점이 없으며, 실제로 북유럽의 어부들이 수조에 메기를 넣어 효과가 있었는지 검증되지 않았다. 실제로 2012년 『사이언스』에서 제한된 공간에 메뚜기와 거미를 두었을 때 메뚜기들은 포식자인 거미로 인해 스트레스의 수치가 증가하고 체내 질소 함량이 줄어들었고, 죽은 메뚜기에 포함된 질소 함량이 줄어들면서 토양 미생물이 줄고 황폐화되었다.

(마) 우리나라에서 '경쟁'과 관련된 이론 중 가장 유명한 것은 영국의 역사가 아널드 토인비가 주장했다고 하는 '메기 효과(Catfish Effect)이다.' 메기 효과란 냉장시설이 없었던 과거에 북유럽의 어부들이 잡은 청어를 싱싱하게 운반하기 위하여 수조 속에 천적인 메기를 넣어 끊임없이 움직이게 했다는 것이다. 이 가설은 경영학계에서 비유적으로 사용되어 기업의 경쟁력을 키우기 위해서는 적절한 위협과 자극이 필요하다고 주장하고 있다.

03 윗글의 문단을 논리적 순서대로 바르게 나열한 것은?

① (가) – (라) – (나) – (다) – (마)
② (다) – (마) – (가) – (나) – (라)
③ (마) – (가) – (라) – (다) – (나)
④ (마) – (라) – (가) – (다) – (나)

04 다음 중 윗글을 이해한 내용으로 적절하지 않은 것은?

① 거대기업의 출현은 해당 시장의 생태계를 파괴할 수도 있다.
② 메기 효과는 과학적으로 검증되지 않았으므로 낭설에 불과하다.
③ 발전을 위해서는 기업 간 경쟁을 적정 수준으로 유지해야 한다.
④ 메기 효과는 경쟁을 장려하는 사회에서 널리 사용되고 있다.

05 다음 글에서 맞춤법이 옳지 않은 단어의 개수는?(단, 띄어쓰기는 무시한다)

> 프랑스 리옹대학 심리학과 스테파니 마차 교수팀은 학습 시간 사이에 잠을 자면 복습 시간이 줄어들고 공부한 내용을 더 오랜동안 기억할 수 있다는 전을 발명했다고 발표했다. 마차 교수팀은 성인 40명을 두 집단으로 나누어 단어 학습과 기억력을 검사했는데, 한 집단은 오전에 1차 학습을 한 후 오후에 복습을 시키고 다른 한 집단은 저녁에 1차 학습을 한 후 잠을 자고 다음 날 오전 복습을 시킨 결과 수면 집단이 비수면 집단에 비해 획기적으로 학습 효과가 올라간 것을 볼 수 있었다. 이는 수면 집단이 상대적으로 짧은 시간에 좋은 성과를 얻은 것으로, 마차 교수팀은 '수면이 기억을 어떤 방식으로인가 전환한 것으로 보인다.'고 설명했다. 학령기 자녀를 둔 부모라면 수면과 학습 효과의 상관성을 더욱 관심 있게 지켜봐야 할 것이다.

① 없음
② 1개
③ 2개
④ 3개

06 다음 글을 읽고 그래프의 (a) ~ (d)에 대한 설명으로 적절하지 않은 것을 고르면?

1970년 일본의 로봇공학자인 모리 마사히로 교수는 로봇이나 인간이 아닌 존재가 인간과 닮을수록 오히려 인간은 불쾌함을 느낀다는 '불쾌한 골짜기(Uncanny Valley)' 이론을 소개했다. 모리에 따르면 인간은 로봇이 인간과 비슷한 모양을 하고 있을수록 호감을 느낀다. 인간이 아닌 존재로부터 인간성을 발견하기 때문이다. 하지만 그 정도가 특정 수준에 다다르게 되면 사람들은 오히려 갑작스러운 불쾌감을 느낀다. 인간 같은 로봇에게서 실제의 인간과는 다른 불완전성이 부각되어 이상하다고 느끼기 때문이다. 그러나 그 수준을 넘어 로봇의 외모와 행동이 인간과 구별하기 어려울 만큼 많이 닮는다면 호감도는 다시 상승하여 인간에게 느끼는 감정과 같아진다. 이렇게 인간의 호감도를 그래프로 그렸을 때 호감도가 계속해서 상승하다가 급격하게 하강하는 지점, 다시 말해 불쾌감으로 변화하는 지점이 마치 골짜기 모양과 같아 '불쾌한 골짜기'라는 이름이 붙여졌다.

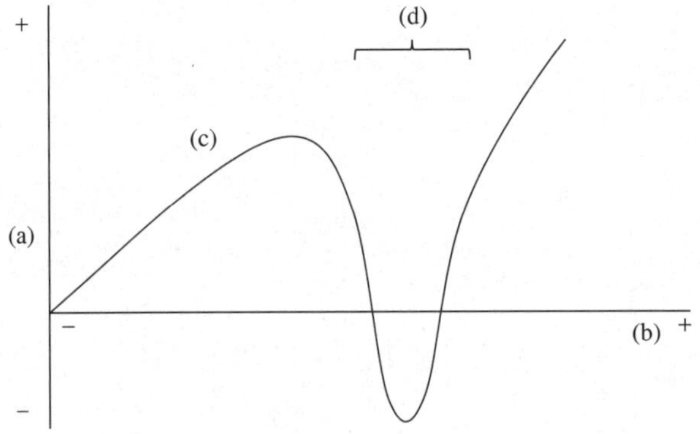

① (a) : 로봇이나 인간이 아닌 존재에 대해 느끼는 인간의 호감도를 의미한다.
② (b) : 인간의 신체와 유사한 형태를 지닌 휴머노이드 로봇보다 산업용 로봇에서 더 높게 나타난다.
③ (c) : 로봇이나 인간이 아닌 존재로부터 인간성을 발견한다.
④ (d) : '불쾌한 골짜기' 구간에 해당한다.

07 다음 글의 빈칸에 들어갈 내용으로 가장 적절한 것은?

> 미국 대통령 후보 선거제도 중 '코커스'는 정당 조직의 가장 하위 단위인 기초선거구의 당원들이 모여 상위의 전당대회에 참석할 대의원을 선출하는 당원회의이다. 대의원 후보들은 자신이 대통령 후보로 누구를 지지하는지 먼저 밝힌다. 상위 전당대회에 참석할 대의원들은 각 대통령 후보에 대한 당원들의 지지율에 비례해서 선출된다. 코커스에서 선출된 대의원들은 카운티 전당대회에서 투표권을 행사하여 다시 다음 수준인 의회선거구 전당대회에 보낼 대의원들을 선출한다. 여기서도 비슷한 과정을 거쳐 주(州) 전당대회 대의원들을 선출해 내고, 거기서 다시 마지막 단계인 전국 전당대회 대의원들을 선출한다. 주에 따라 의회선거구 전당대회는 건너뛰기도 한다.
>
> 1971년까지는 선거법에 따라 민주당과 공화당 모두 5월 둘째 월요일까지 코커스를 개최해야 했다. 그런데 민주당 전국위원회가 1972년부터는 대선후보 선출을 위한 전국 전당대회를 7월 말에 개최하도록 결정하면서 1972년 아이오와주 민주당의 코커스는 그해 1월에 열렸다. 아이오와주 민주당 규칙에 코커스, 카운티 전당대회, 의회선거구 전당대회, 주 전당대회, 전국 전당대회 순서로 진행되는 각급 선거 간에 최소 30일의 시간적 간격을 두어야 한다는 규정이 있었기 때문이다. 이후 아이오와주에서 공화당이 1976년부터 코커스 개최 시기를 1월로 옮기면서, ______________________
>
> 아이오와주의 선거 운영 방식은 민주당과 공화당 간에 차이가 있었다. 공화당의 경우 코커스를 포함한 하위 전당대회에서 특정 대선후보를 지지하여 당선된 대의원이 상위 전당대회에서 반드시 같은 후보를 지지해야 하는 것은 아니었다. 반면 민주당의 경우 그러한 구속력을 부여하였다. 그러나 2016년부터 공화당 역시 상위 전당대회에 참여하는 대의원에게 같은 구속력을 부여함으로써 기층 당원의 대통령 후보에 대한 지지도가 전국 전당대회에 참여할 주(州) 대의원 선출에 반영되도록 했다.

① 아이오와주는 미국의 대선후보 선출 과정에서 선거 운영 방식이 달라진 최초의 주가 되었다.
② 아이오와주는 미국의 대선후보 선출 과정에서 민주당과 공화당 사이에 깊은 골을 남기게 되었다.
③ 아이오와주는 미국의 대선후보 선출 과정에서 코커스의 개정을 요구하는 최초의 주가 되었다.
④ 아이오와주는 미국의 대선후보 선출 과정에서 민주당과 공화당 모두 가장 먼저 코커스를 실시하는 주가 되었다.

08 다음 글의 내용으로 가장 적절한 것은?

> 미국 로체스터대 교수 겸 노화연구센터 공동책임자인 베라 고부노바는 KAIST 글로벌전략연구소가 '포스트 코로나, 포스트 휴먼 – 의료 · 바이오 혁명'을 주제로 개최한 제3차 온라인 국제포럼에서 "대다수 포유동물보다 긴 수명을 가진 박쥐는 바이러스를 체내에 보유하고 있으면서도 염증 반응이 일어나지 않는다."며 "박쥐의 염증 억제 전략을 생물학적으로 이해하면 코로나19는 물론 자가면역질환 등 다양한 염증 질환 치료제에 활용할 수 있을 것"이라고 말했다.
>
> 박쥐는 밀도가 높은 군집 생활을 한다. 또한, 포유류 중 유일하게 날개를 지닌 생물로서 뛰어난 비행 능력과 비행 중에도 고온의 체온을 유지하는 것 등의 능력으로 먼 거리까지 무리를 지어 날아다니기 때문에 쉽게 질병에 노출되기도 한다. 그럼에도 오랜 기간 지구상에 존재하며 바이러스에 대항하는 면역 기능이 발달된 것으로 추정된다. 박쥐는 에볼라나 코로나바이러스에 감염돼도 염증 반응이 일어나지 않기 때문에 대표적인 바이러스 숙주로 지목되고 있다.
>
> 고부노바 교수는 "인간이 도시에 모여 산 것도, 비행기를 타고 돌아다닌 것도 사실상 약 100년 정도로 오래되지 않아 박쥐만큼 바이러스 대항 능력이 강하지 않다."며 "박쥐처럼 약 6000 ~ 7000만 년에 걸쳐 진화할 수도 없다."고 설명했다. 그러면서 "박쥐 연구를 통해 박쥐의 면역체계를 이해하고 바이러스에 따른 다양한 염증 반응 치료제를 개발하는 전략이 필요하다."고 강조했다.
>
> 고부노바 교수는 "이같은 비교생물학을 통해 노화를 억제하고 퇴행성 질환에 대응하기 위한 방법을 찾을 수 있다."며 "안전성이 확인된 연구 결과물들을 임상에 적용해 더욱 발전해 나가는 것이 필요하다."고 밝혔다.

① 박쥐의 수명은 긴 편이지만 평균적인 포유류 생물의 수명보다는 짧다.

② 박쥐는 날개가 있는 유일한 포유류지만 짧은 거리만 날아서 이동이 가능하다.

③ 박쥐는 현재까지도 바이러스에 취약한 생물이지만 긴 기간 지구상에 존재할 수 있었다.

④ 박쥐가 많은 바이러스를 보유하고 있는 것은 무리생활과 더불어 수명과도 관련이 있다.

09 다음 글을 읽고 '스마트 그리드'에 대한 설명으로 가장 적절한 것은?

> 주니퍼 리서치(Juniper Research)는 글로벌 스마트 그리드 구축으로 인해 전 세계는 2021년 316TW/h(테라와트시)를 시작으로 2026년에는 연간 1,060TW/h의 에너지를 절약하게 될 것이라는 내용의 보고서를 발표했다. 이는 영국 런던의 보로오브 브렌트에 위치한 웸블리 스타디움에서 90분 동안 진행되는 축구 경기 4,200만 회 이상을 개최하는 에너지에 해당한다.
> 홈페이지에 게재한 보도자료에서 주니퍼 리서치는 '스마트 그리드; 산업 및 경쟁 동향, 시장 전망 2021~2026(Smart Grid; Industry Trends, Competitor Leaderboard and Market Forecasts 2021~2026)' 보고서 출판 사실을 공지하고 스마트 그리드가 에너지 시장의 지속 가능성을 확보하는 데 중요한 역할을 수행할 것이라고 예상했다.
> 이 보고서는 에너지 운영 회사에 최적의 운영 방법론을 제공한다. 저렴한 센서 및 연결성을 가장 잘 결합하는 에너지 공급업체가 앞으로 가장 큰 성공을 거둘 것이라는 예측이다. 스마트 그리드는 적절한 분석을 제공하며, 네트워크는 수요에 자동으로 반응한다. 재생 에너지 중심의 미래에 지속 가능한 에너지 보안을 제공한다는 것이다.
> 보고서에 따르면 실시간으로 에너지 사용량을 분석하여 유틸리티 회사의 응답 기능을 지원하는 스마트 그리드 소프트웨어는 에너지 및 비용 절감을 제공하는 중요한 역할을 수행한다.
> 이러한 장점으로 인해 스마트 그리드 소프트웨어 시장은 2021년 120억 달러에서 2026년에는 연간 380억 달러 이상의 시장으로 성장할 전망이다. 5년 동안 3배 이상 확대된다는 예상이다.
> 연구를 수행한 책임자 댐라 샛은 "기후 목표를 달성하고 전력 회사의 급증하는 운영비용을 줄이려면 스마트 그리드로 빠르게 진화해야 한다. 연결성을 활용하고 대규모 분석을 통해 그리드를 운영하는 것은 진정한 수요 응답형 그리드를 달성하는 데 매우 중요하다."고 강조했다.
> 연구에 따르면 스마트 계량기의 출시도 크게 증가하고 있다. 서비스 중인 글로벌 스마트 계량기는 2021년 11억 개에서 2026년 20억 개 이상에 도달할 것으로 예상된다. 현재 라틴 아메리카와 아프리카 및 중동 등의 시장은 서유럽과 극동 및 중국의 선두 주자들에 비해 크게 뒤떨어져 있다. 이들 지역을 중심으로 공급이 증가할 것으로 보인다.

① 스마트 그리드 소프트웨어는 비용은 더 많이 들지만 뛰어난 효용 덕분에 주목받고 있다.
② 기후 변화 위기에 대처하는 데에 스마트 그리드 기술은 도움이 된다.
③ 스마트 그리드 소프트웨어 시장은 확대되고 있지만, 스마트 계량기는 큰 인기를 끌지 못하고 있다.
④ 현재의 스마트 그리드 기술로는 에너지를 절약할 수 없지만, 추후 많은 에너지를 절약할 수 있을 것으로 기대된다.

10 다음 글을 읽고 〈보기〉의 상황에 ㉠, ㉡을 적용할 때, 가장 적절한 것은?

> 대부분의 민주주의 국가에서 국민은 자신의 대표자를 뽑아 국정의 운영을 맡기는 제도를 채택하고 있다. 그런데 여기에는 국민과 대표자 사이의 관계와 관련하여 근대 정치의 고전적인 딜레마가 내포되어 있다. 가령 입법안을 둘러싸고 국회의원과 소속 지역구 주민들의 생각이 다르다고 가정해 보자. 누구의 의사를 우선하는 것이 옳을까?
> 우리 헌법 제1조 제2항은 "대한민국의 주권은 국민에게 있고, 모든 권력은 국민으로부터 나온다."라고 규정하고 있다. 이 규정은 국가의 모든 권력의 행사가 주권자인 국민의 뜻에 따라 이루어져야 한다는 의미로 해석할 수 있다. 따라서 국회의원 중 지역구 주민의 뜻에 따라 입법해야 한다고 생각하는 사람이 있다면, 이 조항에서 근거를 찾으면 될 것이다. 이 주장에서와 같이 대표자가 자신의 권한을 국민의 뜻에 따라 행사해야 한다고 할 때 그런 대표 방식을 ㉠ <u>명령적 위임 방식</u>이라 한다. 명령적 위임 방식에서는 민주주의의 본래 의미가 충실하게 실현될 수 있으나, 현실적으로 표출된 국민의 뜻이 국가 전체의 이익과 다를 경우 바람직하지 않은 결과가 초래될 수 있다.
> 한편 우리 헌법은 "입법권은 국회에 속한다(제40조).", "국회의원은 국가 이익을 우선하여 양심에 따라 직무를 행한다(제46조 제2항)."라고 규정하고 있다. 이 규정은 입법권이 국회에 속하는 이상 입법은 국회의원의 생각에 따라야 한다는 뜻이다. 이 규정의 목적은 국회의원 각자가 현실적으로 표출된 국민의 뜻보다는 국가 이익을 고려하도록 하는 데 있다. 이에 따르면 국회의원은 소속 정당의 지시에도 반드시 따를 필요는 없다. 이와 같이 대표자가 소신에 따라 자유롭게 결정할 수 있도록 하는 대표 방식을 ㉡ <u>자유 위임 방식</u>이라고 부른다. 자유 위임 방식에서는 구체적인 국가 의사 결정은 대표자에게 맡기고, 국민은 대표자 선출권을 통해 간접적으로 대표자를 통제한다. 국회의원의 모든 권한은 국민이 갖는 대표자 선출권에 근거하기 때문에 자유 위임 방식은 헌법 제1조 제2항에도 모순되지 않는다. 우리나라는 기본적으로 후자의 입장을 취하고 있다.

〈보기〉

> 어떤 나라의 의회 의원인 A는 법안 X의 의회 표결을 앞두고 있는데, 소속 지역구 주민들은 법안 X가 지역 경제에 심대한 타격이 되리라는 우려에서 A에게 법안 X에 반대하도록 요구하고 있다.

① ㉠ : A는 국가 이익에 도움이 된다고 확신한다면 X에 찬성할 수 있다.
② ㉠ : A는 지역구 주민의 의사가 자신의 소신과 다르다면 기권해야 한다.
③ ㉡ : A는 반대하기로 선거 공약을 했다면 X에 반대해야 한다.
④ ㉡ : A는 지역구 주민들의 우려가 타당하더라도 X에 찬성할 수 있다.

11 C사원은 사보 담당자인 G주임에게 다음 달 기고할 사설 원고를 전달하였다. G주임은 문단마다 소제목을 붙였으면 좋겠다는 의견을 보냈다. C사원이 G주임의 의견을 반영하여 소제목을 붙였을 때, 적절하지 않은 것은?

(가) 떨어질 줄 모르는 음주율은 정신건강 지표와도 연결된다. 아무래도 생활에서 스트레스를 많이 느끼는 사람들이 음주를 통해 긴장을 풀고자 하는 욕구가 많기 때문이다. 특히 퇴근 후 혼자 한적하고 조용한 술집을 찾아 맥주 1 ~ 2캔을 즐기는 '혼술 문화'는 젊은 연령층에서 급속히 퍼지고 있는 트렌드이기도 하다. 이렇게 혼술 문화가 대중적으로 널리 퍼지게 된 원인은 1인 가구의 증가와 사회적 관계망이 헐거워진 데 있다는 것이 지배적인 분석이다.

(나) 혼술은 간단하게 한잔하면 긴장을 푸는 데 더없이 좋은 효과를 주기도 하지만, 그 이면에는 '음주 습관의 생활화'라는 문제가 있다. 혼술이 습관화되면 알코올중독으로 병원 신세를 질 가능성이 9배 늘어난다는 최근 연구결과도 있다. 실제로 가톨릭대 알코올 의존치료센터에 따르면 5년 동안 알코올 의존 상담환자 중 응답자 75.4%가 평소 혼술을 즐겼다고 답했다.

(다) 2016년 보건복지부와 국립암센터에서는 국민 암 예방 수칙의 하나인 '술은 하루 2잔 이내로 마시기' 수칙을 '하루 한두 잔의 소량 음주도 피하기'로 개정했다. 뉴질랜드 오타고대 연구진의 최신 연구에 따르면 술이 7종 암과 직접적 관련이 있는 것으로 밝혀졌고 이런 영향력은 적당한 음주에도 예외가 아닌 것으로 나타났다. 연구를 이끈 제니 코너 박사는 "음주 습관은 소량에서 적당량을 섭취했을 때도 몸에 상당한 부담으로 작용한다."고 밝혔다.

(라) 흡연과 함께 하는 음주는 1군 발암요인이기도 하다. 몸속에서 알코올과 니코틴 등의 독성물질이 만나면 더 큰 부작용과 합병증을 일으키기 때문이다. 일본 도쿄대 나카무라 유스케 교수는 '체질과 생활습관에 따른 식도암 발병률'이라는 논문에서 하루에 캔 맥주 1개 이상을 마시고 흡연을 같이할 경우 유해물질이 인체에서 상승작용을 한다는 것을 밝혀냈다. 또한 술, 담배를 함께 하는 사람의 식도암 발병 위험이 다른 사람들에 비해 190배나 높은 것으로 나타났다. 우리나라는 세계적으로도 식도암 발병률이 높은 나라이기도 하다. 이것이 우리가 음주습관 형성에 특히 주의를 기울여야 하는 이유다.

① (가) : 1인 가구, 혼술 문화의 유행
② (나) : 혼술 습관, 알코올중독으로 발전할 수 있어
③ (다) : 가벼운 음주, 대사 촉진에 도움이 돼
④ (라) : 흡연과 음주를 동시에 즐기면 식도암 위험률 190배

12 A와 B의 나이 차이는 3세이다. 아버지의 나이는 A와 B의 나이의 합보다 1.6배 많다. A의 나이가 14세이면 아버지의 나이는?(단, A가 형이고, B가 동생이다)

① 37세 ② 38세
③ 40세 ④ 41세

13 일정한 규칙으로 수를 나열할 때, 빈칸에 들어갈 수로 옳은 것은?

2　　6　　14　　30　　(　　)　　126

① 56 ② 58
③ 60 ④ 62

14 다음은 우리나라의 2024년 하반기 달러, 유로, 엔화의 월별 환율 변동에 대한 자료이다. 이에 대한 설명으로 옳은 것은?(단, 변화량은 절댓값으로 비교한다)

〈하반기 월별 환율 현황〉

구분	원/달러	원/유로	원/100엔
7월	1,205.0	1,300.0	1,034.0
8월	1,180.0	1,320.0	1,012.0
9월	1,112.0	1,350.0	1,048.0
10월	1,141.0	1,350.0	1,049.0
11월	1,142.0	1,400.0	1,060.0
12월	1,154.0	1,470.0	1,080.0

① 2024년 하반기 전월 대비 원/달러 변화량의 최댓값은 원/100엔 변화량의 최댓값보다 작다.
② 유로/달러의 경우 8월의 값이 12월의 값보다 크다.
③ 12월의 원/유로 환율은 7월 대비 18% 이상 증가하였다.
④ 8월부터 12월까지 원/달러와 원/100엔의 전월 대비 증감추이는 항상 동일하다.

15 다음은 M헬스장의 2024년 4분기 프로그램 회원 수와 2025년 1월 예상 회원 수에 대한 자료이다. 〈조건〉에 근거하여 방정식 $2a+b=c+d$가 성립할 때, b에 들어갈 회원 수는?

〈M헬스장 운동 프로그램 회원 현황〉

(단위 : 명)

구분	2024년 10월	2024년 11월	2024년 12월	2025년 1월
요가	50	a	b	
G.X	90	98	c	
필라테스	106	110	126	d

〈보기〉

- 2024년 11월 요가 회원은 전월 대비 20% 증가했다.
- 4분기 필라테스 총 회원 수는 G.X 총 회원 수보다 37명이 더 많다.
- 2025년 1월 필라테스의 예상 회원 수는 올해 4분기 필라테스의 월 평균 회원 수일 것이다.

① 110명
② 111명
③ 112명
④ 113명

16 다음은 M금고의 신용대출 상품에 대한 대출금리에 대한 자료이다. 이에 따라 M금고 고객 A ~ D씨의 최종 금리를 계산한 값으로 옳은 것은?

〈M금고 신용대출 대출금리〉

(1) 기준금리 : 고객별 기준금리는 고객님들의 신용등급에 따라 차등 적용됩니다.

1 ~ 2등급	3 ~ 4등급	5 ~ 6등급	7 ~ 8등급	9 ~ 10등급
1.77%	1.80%	1.88%	1.95%	1.97%

(2) 가산금리 : 고객별 가산금리는 고객님들의 신용등급에 따라 차등 적용됩니다.

1 ~ 2등급	3 ~ 4등급	5 ~ 6등급	7 ~ 8등급	9 ~ 10등급
2.18%	3.35%	4.88%	6.34%	8.74%

(3) 우대금리 : 최고 연 1.4%p 우대

① 실적연동 우대금리 : 최고 연 0.9%p

- M금고 신용카드 이용실적 우대 : 연 0.1 ~ 0.3%p
  결제계좌를 M금고로 지정하고 최근 3개월간 30만 원 이상(연 0.1%p), 60만 원 이상(연 0.2%p), 90만 원 이상(연 0.3%p)의 이용실적이 있는 경우
- 급여(연금)이체 실적 우대 : 연 0.3%p
- 자동이체 거래실적 우대(3건 이상) : 연 0.1%p
  아파트관리비 / 지로 / 금융결제원CMS / 펌뱅킹
- M금고 스타뱅킹 이용실적 우대 : 연 0.1%p
  M금고 스타뱅킹을 통한 이체실적이 있는 경우
- 적립식예금 30만 원 이상 계좌 보유 우대 : 연 0.1%p

② M금고 스타클럽 우대금리 : 최고 연 0.5%p(스타클럽 고객등급에 따라 차등 적용)

- MVP스타 : 연 0.5%p
- 로얄스타 : 연 0.3%p
- 골드스타 : 연 0.2%p

※ 우대금리는 각 항목의 우대조건 충족 여부에 따라 대출신규 3개월 이후 매월 재산정되어 적용됨

(4) 종합통장자동대출 한도소진율에 의한 우대금리 : 최고 연 0.4%p 우대
종합통장자동대출의 경우 '한도소진율 우대금리(최고 연 0.4%p)'가 대출신규일로부터 1개월간 적용되며, 이후 한도소진율에 따라 매월 변경 적용됩니다.

(5) 최종금리 : 고객별 최종금리는 고객님들의 신용등급에 따라 산출된 기준금리와 가산금리, 우대금리에 따라 차등 적용됩니다(최종금리=기준금리+가산금리−우대금리).

〈M금고 고객 정보〉

구분	신용등급	우대금리 적용 평가사항	최종금리
A씨	4	• M금고 신용카드 3개월간 107만 원 사용 • 자동이체 거래실적 : 아파트, 지로, 펌뱅킹 • 적립식예금 100만 원 계좌 보유 • M금고 스타클럽 등급 : 로얄스타	4.23%
B씨	3	• 급여(연금)이체 실적 우대 • M금고 스타뱅킹 이체실적 있음 • M금고 스타클럽 등급 : MVP스타	4.36%
C씨	7	• M금고 신용카드 3개월간 72만 원 이상 사용 • 급여(연금)이체 실적 우대 • 적립식예금 25만 원 계좌 보유	7.69%
D씨	2	• 자동이체 거래실적 : 금융결제원CMS, 펌뱅킹 • 적립식예금 53만 원 계좌 보유 • M금고 스타클럽 등급 : 골드스타	3.65%

① A씨　② B씨
③ C씨　④ D씨

17 다음은 귀하가 상담 중인 고객의 대출 관련 정보이다. 귀하가 안내해야 할 중도상환 수수료는 얼마인가?(단, 100원 미만은 절사한다)

〈고객 정보〉

• 2024년 6월, 담보대출 실행
　– 대출원금 : 12,000,000원
　– 대출이자 : 4%(원금 균등상환)
　– 대출기간 : 60개월

• 2025년 6월, 중도상환
　– [중도상환 수수료(100원 미만 절사)]=(중도상환 원금)×(중도상환 수수료율)×$\frac{\text{(36개월)}-\text{(대출경과월수)}}{\text{(36개월)}}$
　– (중도상환 원금)=(대출원금)−[원금상환액(월)]×(대출경과월수)
　– 중도상환 수수료율

대출상환기간	3～14개월	15～24개월	25～36개월
수수료율	3.8%	2.8%	2.0%

※ 3년 초과 중도상환 시 면제

① 128,000원　② 156,000원
③ 199,200원　④ 243,200원

18 다음은 M금고의 금융상품에 대한 설명이다. M주거래우대적금 신규 가입 고객에 대한 정보가 〈보기〉와 같을 때, 고객이 만기해지 시 받을 수 있는 이자는 얼마인가?

〈M주거래우대적금〉

- 상품특징 : 은행 거래실적에 따라 우대금리를 제공하는 단리식 적립 상품
- 가입기간 : 12개월 이상 36개월 이내(월 단위)
- 가입금액 : 초입금 및 매회 입금 1만 원 이상, 1인당 분기별 3백만 원 이내 자유적립
- 기본금리

가입기간	금리
12개월 이상 24개월 미만	1.25%
24개월 이상 36개월 미만	1.30%
36개월 이상	1.35%

※ 단, 만기일 이후 30일 이내에 예금을 인출하지 않으면 만기 후 금리를 적용함

- 우대금리 : 다음 우대조건을 만족하는 경우 가입일 현재 기본금리에 가산하여 만기해지 시 적용

우대조건	우대금리
가입월부터 만기 전월까지 기간 중 3개월 이상 M금고에 급여 이체 시	0.2%p
가입월부터 만기 전월까지 기간 중 M금고 M더나은카드(개인 신용·체크) 월평균 20만 원 이상 사용	0.2%p
만기일 전월 말 기준으로 M금고의 주택청약종합저축(청약저축 포함) 또는 적립식(임의식) 펀드 1개 이상 가입 시	0.1%p
인터넷 또는 스마트뱅킹으로 본 적금에 가입 시	0.1%p

〈보기〉

- 가입자명 : 김△△
- 가입기간 : 24개월
- 희망 가입금액 : 월 20만 원
- 3개월 전부터 별도의 급여통장 당행 계좌 이용 중
- 스마트뱅킹으로 적금 가입

① 74,000원

② 80,000원

③ 86,000원

④ 92,000원

19 M금고는 사내 직원들의 친목 도모를 위해 산악회를 운영하고 있다. A ~ D 중 최소 1명 이상이 산악회 회원이라고 할 때, 다음 내용에 따라 항상 옳은 것은?

- C가 산악회 회원이면 D도 산악회 회원이다.
- A가 산악회 회원이면 D는 산악회 회원이 아니다.
- D가 산악회 회원이 아니면 B가 산악회 회원이 아니거나 C가 산악회 회원이다.
- D가 산악회 회원이면 B는 산악회 회원이고 C도 산악회 회원이다.

① A는 산악회 회원이다.
② B는 산악회 회원이 아니다.
③ A ~ D 중 산악회 회원은 2명이다.
④ B와 D의 산악회 회원 여부는 같다.

20 다음 〈조건〉을 바탕으로 할 때, 5층에 있는 부서로 옳은 것은?(단, 한 층에 한 부서씩 위치한다)

〈조건〉

- 기획조정실의 층수에서 경영지원실의 층수를 빼면 3이다.
- 보험급여실은 경영지원실 바로 위층에 있다.
- 급여관리실은 빅데이터운영실보다는 아래층에 있다.
- 빅데이터운영실과 보험급여실 사이에는 두 층이 있다.
- 경영지원실은 가장 아래층이다.

① 빅데이터운영실
② 보험급여실
③ 경영지원실
④ 기획조정실

21 M회사에 근무 중인 A ~ D사원 4명 중 1명이 주임으로 승진하였다. 다음 대화에서 A ~ D 중 1명만 진실을 말하고 있을 때, 주임으로 승진한 사람은 누구인가?

- A : B가 주임으로 승진하였어.
- B : A가 주임으로 승진하였어.
- C : D의 말은 참이야.
- D : B와 C 중 1명 이상이 주임으로 승진하였어.

① A사원　② B사원
③ C사원　④ D사원

22 M사 직원 A ~ F 6명은 설문조사차 2인 1조로 나누어 외근을 나가려고 한다. 다음 〈조건〉에 따라 조를 구성한다면, 한 조가 될 수 있는 두 사람은 누구인가?

〈조건〉

- A는 C나 D와 함께 갈 수 없다.
- B는 반드시 D 아니면 F와 함께 가야 한다.
- C는 반드시 E 아니면 F와 함께 가야 한다.
- A가 C와 함께 갈 수 없다면, A는 반드시 F와 함께 가야 한다.

① A, E　② B, D
③ B, F　④ C, D

23 다음은 임직원 출장여비 지급규정과 M차장의 출장비 지출 내역이다. M차장이 받을 수 있는 여비는?

〈임직원 출장여비 지급규정〉

- 출장여비는 일비, 숙박비, 식비, 교통비로 구성된다.
- 일비는 출장일수에 따라 매일 10만 원씩 지급한다.
- 숙박비는 숙박일수에 따라 실비 지급한다. 다만, 항공 또는 선박 여행 시 항공기 내 또는 선박 내에서의 숙박은 숙박비를 지급하지 아니한다.
- 식비는 일수에 따라 식사 여부에 상관없이 1일 3식으로 지급하며, 1끼니당 1만 원씩 지급한다. 단, 항공 또는 선박 여행 시에는 기내식이 포함되지 않을 경우만 지급하며, 출장 마지막 날 저녁은 지급하지 않는다.
- 교통비는 교통편의 운임 혹은 유류비 산출액을 실비 지급한다.

〈M차장의 2박 3일 출장비 지출 내역〉

3월 8일	3월 9일	3월 10일
• 인천 – 일본 항공편 84,000원 (아침 기내식 포함 ×) • 점심 식사 7,500원 • 일본 J공항 – B호텔 택시비 10,000원 • 저녁 식사 12,000원 • B호텔 숙박비 250,000원	• 아침 식사 8,300원 • 호텔 – 거래처 택시비 16,300원 • 점심 식사 10,000원 • 거래처 – 호텔 택시비 17,000원 • B호텔 숙박비 250,000원	• 아침 식사 5,000원 • 일본 – 인천 항공편 89,000원 (점심 기내식 포함)

① 880,000원　　② 1,053,000원

③ 1,059,100원　　④ 1,086,300원

24 M회사 마케팅부에 근무하는 S대리는 최근 제품수명주기를 설명하는 보고서를 읽게 되었다. 〈보기〉의 사례에 대한 제품수명주기의 유형을 연결하고자 할 때, 바르게 연결한 것은?

〈제품수명주기〉

▶ 제품수명주기의 정의

제품수명주기(Product Life Cycle)는 제품이 출시되는 도입기, 매출이 성장하는 성장기, 성장률이 둔화되는 성숙기, 매출이 감소하는 쇠퇴기를 거쳐서 시장에서 사라지게 되는 과정이다.

▶ 제품수명주기의 4가지 유형

주기·재주기형	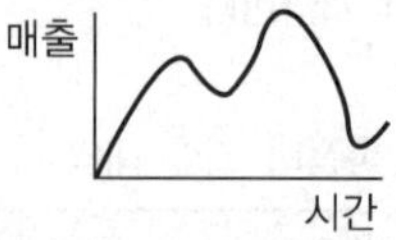	쇠퇴기에 접어들다가 촉진활동 강화 혹은 재포지셔닝에 의해 다시 한 번 성장기를 맞이하는 경우로써 대부분의 제품에 해당한다.
연속성장형	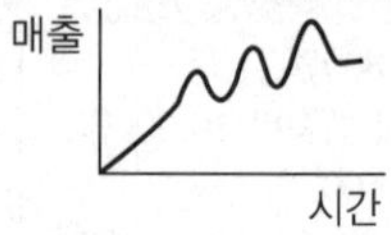	새로운 제품 특성이나 용도 등을 발견함으로써 매출성장이 연속적으로 이어지는 경우이다.
패션형	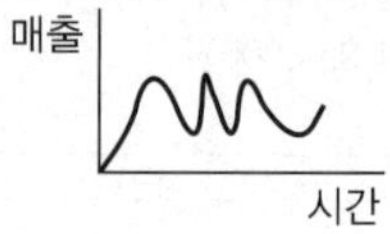	한때 유행하였다가 일정 시간이 지나 다시 유행하는 형태로 일정 주기를 타고 성장, 쇠퇴를 거듭한다.
패드형	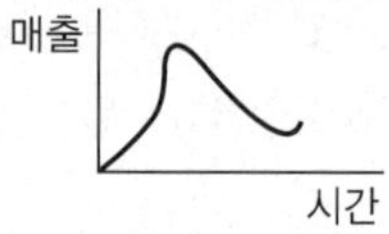	짧은 시간 내에 소비자들에 의해 급속하게 수용되었다가 매우 빨리 쇠퇴하는 형태를 보인다.

〈보기〉

(가) A전자회사는 에어컨과 난방기를 생산하고 있다. 에어컨은 매년 7～9월의 여름에 일정하게 매출이 증가하고 있으며 난방기는 매년 12～2월에 일정하게 매출이 증가하고 있다.

(나) B게임회사는 최근 모바일 게임의 꾸준한 업데이트를 통해 게임 유저들의 흥미를 자극시킴으로써 매출이 계속 성장하고 있다.

(다) C출판사는 자기계발서를 출판하는 회사이다. 최근 자기계발서에 대한 매출이 줄어듦에 따라 광고 전략을 시행하였고 이로 인해 일시적으로 매출이 상승하게 되었다.

(라) D회사는 월드컵을 맞이하여 응원 티셔츠를 제작해 큰 매출 효과를 가져왔다. 그러나 월드컵이 끝난 후 응원 티셔츠에 대한 매력이 떨어져 매출이 급감하게 되었다.

	주기·재주기형	연속성장형	패션형	패드형
①	(다)	(나)	(가)	(라)
②	(다)	(나)	(라)	(가)
③	(가)	(라)	(나)	(다)
④	(나)	(라)	(가)	(다)

25 재무팀은 주말 사무보조 직원을 채용하기 위해 공고문을 게재하였으며, 지원자 명단은 다음과 같다. 이를 참고하여 최소비용으로 가능한 한 많은 인원을 채용하고자 한다면 몇 명의 지원자를 채용할 수 있겠는가? (단, 급여는 지원자가 희망하는 금액으로 지급한다)

〈주말 사무보조 직원 채용 공고문〉

• 업무내용 : 문서정리, 전화응대 등
• 지원자격 : 경력, 성별, 나이, 학력 무관
• 근무조건 : 장기(6개월 이상, 협의불가) / 주말 11:00 ~ 22:00(협의가능)
• 급여 : 협의결정
• 연락처 : 02-000-0000

〈지원자 명단〉

성명	희망근무기간	근무가능시간	최소근무시간(하루 기준)	희망임금(시간당/원)
A	10개월	11:00 ~ 18:00	3시간	10,500
B	12개월	12:00 ~ 20:00	2시간	11,500
C	8개월	18:00 ~ 22:00	2시간	10,500
D	4개월	11:00 ~ 18:00	4시간	10,000
E	6개월	15:00 ~ 20:00	3시간	10,000
F	10개월	16:00 ~ 22:00	2시간	11,000
G	8개월	11:00 ~ 18:00	3시간	10,000

※ 지원자 모두 주말 이틀 중 하루만 출근하기를 원함
※ 하루에 2회 이상 출근은 불가함

① 2명
② 3명
③ 4명
④ 5명

26 B대리는 부모님에게 드릴 선물을 구입하려 한다. B대리가 사용한 신용카드의 혜택과 할부수수료율 그리고 B대리의 구매방식과 구매상품이 다음과 같을 때, B대리가 지불할 총금액은 얼마인가?(단, B대리의 구매상품 모두 신용카드 가맹점에서 구매하였으며, 포인트는 할인금액에서 차감된다)

• **신용카드 혜택**
- 가맹점에서 구매 시 10% 할인된다.
- 결재금액 1만 원마다 1천 포인트 적립된다.
- 포인트는 1점당 1원이며, 만 원 단위로 이용금액에서 차감된다.

• **신용카드 할부수수료율**

할부기간	1 ~ 3개월	4 ~ 6개월	7개월 이상
수수료율(연)	6%	12%	20%

• **B대리의 구매방식**
- 5개월 할부
- 이용원금 상환금액 균등
- 포인트 모두 사용(보유 포인트 25,764점)

• **B대리의 구매상품**
- 화장품 90,000원
- 등산복 170,000원

※ (할부수수료)=(할부잔액)×(할부수수료율)÷12
※ (할부잔액)=(이용원금)−(기결제원금)

① 200,000원　② 220,420원
③ 248,570원　④ 251,120원

27 M기업은 가전전시회에서 자사의 제품을 출품하기로 하였다. 자사의 제품을 보다 효과적으로 홍보하기 위하여 다음과 같이 행사장의 A ~ G 중 세 곳에서 홍보판촉물을 배부할 예정이다. 가장 많은 사람들에게 홍보판촉물을 나눠 줄 수 있는 위치는 어디인가?

- 전시관은 제1전시관 → 제2전시관 → 제3전시관 → 제4전시관 순서로 배정되어 있다.
- 행사장 출입구는 한 곳이며, 다른 곳으로는 출입이 불가능하다.
- 방문객은 행사장 출입구로 들어와서 시계 반대 방향으로 돌며, 4개의 전시관 중 2개의 전시관만을 골라 관람한다.
- 방문객은 자신이 원하는 2개의 전시관을 모두 관람하면 행사장 출입구를 통해 나가기 때문에 한 바퀴를 초과해서 도는 방문객은 없다.
- 방문객은 전시관 입구로 들어가면 출구로 나오기 때문에 전시관의 입구와 출구 사이에 있는 외부 통로를 동시에 지나치지 않는다.
- 행사장에는 시간당 평균 400명이 방문하며, 각 전시관의 시간당 평균 방문객 수는 다음과 같다.

제1전시관	제2전시관	제3전시관	제4전시관
100명	250명	150명	300명

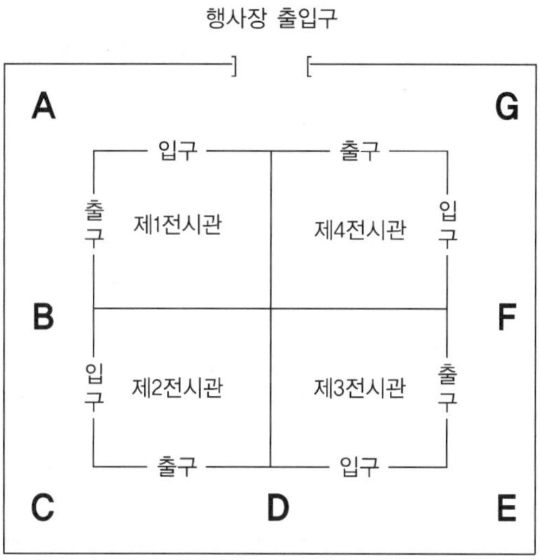

① A, B, C　　② A, D, G

③ B, C, E　　④ B, D, F

※ 자산투자가 M씨는 자신이 투자한 금융상품 역시 과세 대상이 된다는 것을 확인하였으며, 다음은 M씨가 조사한 종합금융과세 관련 자료이다. 이어지는 질문에 답하시오. [28~29]

대상자	① 금융소득이 연간 2천만 원을 초과하는 경우 – 2천만 원까지는 원천징수세율(2005.01.01.부터 소득세 14%, 지방소득세 1.4%)로 분리과세 – 2천만 원을 초과하는 금액에 대하여 다른 종합소득과 합산하여 종합과세 ② 금융소득이 연간 2천만 원 이하인 경우 종전과 같이 원천징수세율(소득세 14%, 지방소득세 1.4%)로 분리과세되고, 종합대상의 과세에서 제외됨 단, 다음의 소득은 종합과세 기준금액(2천만 원)의 이하인 경우에도 종합과세 대상임 – 국내에서 원천징수되지 않은 국외 금융소득 – 자본을 투자한 공동사업에서 분배받은 배당소득
종합과세 대상	① 금융소득(이자소득, 배당소득) ② 비과세 금융소득 공익신탁의 이익, 장기저축성보험차익 장기주택마련저축 이자·배당, 개인연금저축 이자·배당, 비과세종합저축 이자·배당(1명당 5천만 원 이하), 농·어민 조합 예탁금 이자, 농어가 목돈 마련저축 이자, 녹색예금·채권 이자, 재형저축에 대한 이자·배당, 경과규정에 따른 국민주택채권 이자, 우리사주조합원이 지급받는 배당, 조합 등 예탁금의 이자 및 출자금에 대한 배당, 영농·영어조합법인 배당, 재외동포 전용 투자신탁(1억 원 이하) 등으로부터 받는 배당, 녹색투자신탁 등 배당, 저축지원을 위한 조특법에 따른 저축에서 발생하는 배당 ③ 분리과세 금융소득 장기채권이자 분리과세 신청(30%), 비실명금융소득(90%), 직장공제회 초과반환금(기본세율), 7년 이상 사회기반시설채권이자(14%), 영농·영어조합법인(1천 2백만 원 초과분)으로부터 받는 배당(5%), 농업회사법인 출자 거주자의 식량작물재배업소득 외의 소득에서 발생한 배당(14%), 사회기반시설 투융자집합투자기구의 배당(5%, 14%), 해외자원개발투자회사 배당(9%), 세금우대종합저축 이자·배당(9%) 등 ※ 괄호 안의 숫자는 세율임 ④ 종합과세 대상 금융소득 • ①−(②+③)의 금액 중 2천만 원을 초과하는 금액을 종합과세 • ①−(②+③)의 금액이 2천만 원 이하인 경우에는 국내외 금융소득으로서 국내에서 원천징수되지 아니한 소득에 대해서는 종합과세 • 그 외 금융소득은 원천징수로 분리과세
과세방법	• 종합과세 : 이자, 배당, 부동산임대, 사업, 근로, 연금, 기타소득 중 비과세소득과 분리과세 소득을 제외한 소득을 합산 누진세율을 적용하여 과세하는 방법 • 분리과세 : 타소득과 합산되지 아니하고 분리과세 대상소득이 발생할 때에 건별로 단일세율에 의하여 원천징수의무자가 원천징수함으로써 당해 소득자는 납세의 의무가 종결되는 과세방식
종합소득 확정 신고	• 종합소득금액(이자, 배당, 사업, 근로, 연금, 기타소득)이 있는 자는 원칙적으로 모두 종합소득 확정 신고를 하여야 함 • 다음에 해당하는 사람은 확정 신고를 하지 않아도 됨 – 근로소득만 있는 자 – 퇴직소득만 있는 자 – 공적연금소득만 있는 자 – 원천징수 되는 사업소득으로서 대통령령으로 정하는 사업소득만 있는 자 – 근로소득 및 퇴직소득만 있는 자 – 퇴직소득 및 공적연금소득만 있는 자 – 퇴직소득 및 대통령령으로 정하는 사업소득만 있는 자 – 분리과세이자소득, 분리과세배당소득, 분리과세연금소득 및 분리과세 기타소득만 있는 자 – 위에 해당하는 자로서 분리과세이자소득, 분리과세배당소득, 분리과세 연금소득 및 분리과세기타소득이 있는 자 – 수시부과 후 추가로 발생한 소득이 없는 경우 등
신고 및 납부기한	종합소득세의 확정 신고는 당해 연도 1월 1일 ~ 12월 31일까지 얻은 소득에 대하여 다음 해 5월 1일부터 5월 31일까지 주소지 관할세무서에 자진신고하고, 세금은 은행 등에 납부하여야 함

28 **다음 중 금융소득 종합과세에 대한 설명으로 옳지 않은 것은?**

① M씨가 올해 벌어들인 금융소득은 천만 원이고 국내에서만 금융소득이 있었으며, 배당소득이 없었다고 한다면 분리과세 대상에 해당되겠군.

② 금융소득이 4천만 원을 초과한다고 해도 2천만 원까지는 동일한 과세 비율이 적용되겠군.

③ M씨가 퇴직소득만 받는다고 할 때, M씨가 벌어들인 소득은 확정 신고를 하지 않아도 되겠군.

④ M씨가 벌어들인 금융소득이 총 5천만 원이고 이 중 분리과세와 비과세가 80% 이상을 차지한다면, M씨는 종합과세 대상이겠군.

29 **M씨가 다음 〈보기〉와 같이 소득이 생겼을 때, M씨가 다음 해에 내야 할 총세금은?(단, 종합과세율은 20%이며, 분리과세의 경우 세율은 15%로 가정한다. M씨는 국내에서 원천징수되지 않은 소득과 배당수익은 없다)**

〈보기〉

- 총금융소득은 7천만 원이다.
- 해외자원개발투자회사에 투자하여 배당액 천만 원을 벌어들였다.
- 개인연금저축을 활용하여 이자를 받았으며 이자액은 5백만 원이다.
- 녹색투자신탁에 투자한 결과 5백만 원의 이득을 얻었다.
- 비과세종합저축 배당액이 3천만 원이다.

① 300만 원
② 350만 원
③ 390만 원
④ 420만 원

30 안전본부 사고분석 개선처에 근무하는 B대리는 혁신우수 연구대회에 출전하여 첨단장비를 활용한 차종별 보행자 사고 모형개발 자료를 발표했다. 연구 추진방향을 도출하기 위해 SWOT 분석을 한 결과가 다음과 같을 때, 분석 결과에 대응하는 전략과 그 내용이 바르게 연결되지 않은 것은?

〈차종별 보행자 사고 모형개발 연구 환경 분석 결과〉

강점(Strength)	약점(Weakness)
10년 이상 지속적인 교육과 연구로 신기술 개발을 위한 인프라 구축	보행자 사고 모형개발을 위한 예산 및 실차 실험을 위한 연구소 부재
기회(Opportunity)	**위협(Threat)**
첨단 과학장비(3D스캐너, MADYMO) 도입으로 정밀 시뮬레이션 분석 가능	교통사고에 대한 국민의 관심과 분석수준 향상으로 사고분석에 대한 질적 제고 필요

① SO전략 : 과학장비를 통한 정밀 시뮬레이션 분석을 토대로 국내 차량의 전면부 형상을 취득하고 보행자 사고를 분석해 신기술 개발에 도움

② WO전략 : 실차 실험 대신 과학장비를 통한 시뮬레이션 연구로 모형개발

③ ST전략 : 지속적 교육과 연구로 쌓아온 데이터를 바탕으로 사고분석 프로그램 신기술 개발을 통해 사고분석 질적 향상에 기여

④ WT전략 : 신기술 개발을 위한 연구대회를 개최해 인프라를 더욱 탄탄히 구축

31 귀하는 M금고에 근무하며 여러 금융상품을 취급하고 있다. 다음과 같은 조건의 고객에게 추천할 가장 좋은 금융상품은 무엇인가?

〈M금고 금융상품〉

구분	특징
스마트 적금	• 가입기간 : 입금금액이 700만 원이 될 때까지 • 가입금액 : 월 1천 원 ~ 100만 원까지 • 복잡한 우대금리 조건이 없는 스마트폰 전용 적금
두배드림 적금	• 가입기간 : 36개월 • 가입금액 : 월 4 ~ 20만 원 • 우대금리 : 당행과의 거래내역이 12개월 이상
월복리 정기예금	• 가입기간 : 12 ~ 36개월 • 가입금액 : 월 300 ~ 3,000만 원 • 우대금리 : 전월 실적이 50만 원 이상
DREAM 적금	• 가입기간 : 6개월 이상 60개월 이하 • 가입금액 : 월 1천 원 이상 • 우대금리 : 신규고객을 대상으로 하며, 통장에 3백만 원 이상 보유

〈고객 조건〉

이번에 목돈을 모으기 위해 적금에 가입하려 합니다. 매달 20만 원 정도 입금할 예정이며 우대금리를 받고 싶습니다. 상품에 3년 동안 가입할 예정이며, 현재 이 은행에서 매달 50만 원씩 20개월 동안 이용하고 있습니다. 통장 예금은 현재 500만 원이 조금 넘습니다.

① 스마트 적금
② 두배드림 적금
③ 월복리 정기예금
④ DREAM 적금

32 **다음 사례의 M사가 변경하고자 하는 조직구조의 형태는?**

M사는 제한된 인력으로 업무수행의 효율을 높이기 위해 조직구조에 대한 혁신이 필요하다고 판단하여 조직구조를 개편하기로 했다. 이번에 개편되는 조직구조의 형태는 특정 프로젝트를 수행하기 위한 것으로 해당 분야에 전문성을 지닌 다른 팀의 직원들이 자신의 직무와 특정 프로젝트를 동시에 수행하도록 할 계획이다. 이러한 조직구조가 경영학계에 대두된 시점은 1969년 아폴로 11호의 달 착륙 때의 일이다. 당시 미국이 구소련보다 앞서 달 정복에 성공할 수 있었던 것과 관련하여 수평적 커뮤니케이션이 가능한 이러한 구조의 힘이 컸다는 언론보도 이후 경영계에서 앞다퉈 이 시스템을 도입하기 시작한 것이다. 하지만 이를 도입했던 대부분의 기업들은 성과를 거두지 못하고 오히려 극심한 혼란과 부작용을 경험했다.

① 기능 구조
② 매트릭스 구조
③ 사업 구조
④ 네트워크 구조

33 **다음 중 김대리가 중국 현지 결혼식에 참석하여 보고 느낀 점에 대한 설명으로 적절하지 않은 것은?**

무역상사 B사의 김대리는 3년간 중국의 중소도시에서 파견 근무를 하게 되었다. 파견 간 지 얼마 되지 않아 중국 현지 파트너사의 담당자 결혼식에 초대를 받게 되었다. 김대리는 붉은 색 원피스에 단정하게 옷을 차려입고 대표이사님이 전달하라고 하는 축의금을 평소처럼 하얀색 봉투에 넣어 결혼식에 참석했다. 결혼식에 가서 좀 충격을 받은 점은 사람들의 옷차림이었다. 정장을 입는 사람들은 몇 명 없었고 대부분 일상복 차림의 하객들이 많았다. 김대리는 속으로 '남의 결혼식에 너무 편안한 차림으로 오는 게 아닌가? 예의가 좀 없는 사람들이네.'라고 생각했다. 하객 테이블에는 선물로 예쁜 상자가 놓여 있었다. 김대리가 상자를 열어보니 사탕이 들어 있었다.
'무슨 결혼식에서 선물로 사탕을 주나.'라고 생각하며 김대리는 좀 실망하게 되었다.
결혼식이 끝나고 김대리는 한 팀에 근무하는 동료이자 현지 통역사인 왕대리와 차를 한잔 마시며 이해가 가지 않는 중국 문화에 대해 물어보게 되었다.

① 한 문화권에 속한 사람이 다른 문화를 접하게 되었을 때 체험하는 충격이다.
② 불일치, 위화감, 심리적 부적응 상태를 경험하게 된다.
③ 문화 충격 또는 컬처 쇼크라고 이야기한다.
④ 자신의 관점으로 다른 문화를 평가하고 자신의 정체성을 유지하면 된다.

※ 다음은 M사의 부서별 업무소개 자료이다. 이어지는 질문에 답하시오. [34~35]

> 1. ____㉠____ 직무 특성 및 소개
> 시설투자・공사지원・유지관리로 회사의 자산 가치를 극대화하고 임직원과의 소통과 원활한 경영활동 지원을 위한 업무를 수행합니다. 효율적인 공간 활용 및 쾌적한 사무환경 구축, 임직원 복지 증진으로 업무 효율성을 높이는 등 총체적인 업무지원 제반 활동을 진행합니다. 세부적으로 본사 및 사업장 부동산 자산관리, 임대차 자산 계약관리 등을 담당하는 관재 업무, 설비 총괄 관리 및 시설물 관리로 쾌적한 근무환경 조성 업무, 주주총회 기획・운영・관리 업무, 임직원 복리후생 제도 기획・운영 및 사회공헌 프로그램을 진행하는 복지 관련 업무, 경영진 및 VIP 의전 및 대민・대관 관련 업무 등을 수행합니다.
>
> 2. 구매 직무 주요 업무 내용
> - 시장조사 : 환율, 원부자재 가격 변동 등 Trend 조사 및 분석
> - 업체발굴 : TCO관점에서 QCD 만족시키는 협력사 검토
> - 협상/계약 : 가격 협상 및 납기 조율
> - 자재관리 : 시스템상 재고와 실 창고 재고 일치화 및 재고 수량 조사
> - 협력사 관리 및 협력사 기술/품질 지원 : SRM시스템 구축 및 운영
> - 원가절감 활동 : 통합구매, 구매방식 다양화, 구매 시기 조정

34 다음 중 빈칸 ㉠에 들어갈 업무로 옳은 것은?

① 총무　　② 인사
③ 회계　　④ 생산

35 다음 중 구매 직무를 수행하기 위해 필요한 능력으로 옳지 않은 것은?

① 원가에 대한 이해력　　② 데이터 분석 및 가공능력
③ 협상 및 설득능력　　④ 생산 제품에 대한 지식

36 다음은 갈등의 유형 중 하나인 '불필요한 갈등'에 대한 설명이다. 이에 대한 이해로 적절하지 않은 것은?

> 개개인이 저마다의 문제를 다르게 인식하거나 정보가 부족한 경우, 또한 편견 때문에 발생한 의견 불일치로 적대적 감정이 생길 때 '불필요한 갈등'이 일어난다.

① 근심, 걱정, 스트레스, 분노 등의 부정적인 감정으로 나타날 수 있다.
② 두 사람의 정반대되는 욕구나 목표, 가치, 이해를 통해 발생할 수 있다.
③ 잘못 이해하거나 부족한 정보 등 전달이 불분명한 커뮤니케이션으로 나타날 수 있다.
④ 변화에 대한 저항, 항상 해오던 방식에 대한 거부감 등에서 나오는 의견 불일치가 원인이 될 수 있다.

37 **다음 중 '고객만족관리'의 필요성에 대한 설명으로 적절하지 않은 것은?**

① 고객만족은 기업의 단골 증대로 이어지며 공생의 개념과 관계가 있다.
② 경제성장으로 인해 고객의 욕구는 더욱 진화하였으며, 기대수준 또한 높아졌다.
③ 기업의 제품이나 서비스에 대해 만족한 고객의 구전이 신규고객의 창출로 이어진다.
④ 기업의 제품이나 서비스의 불만족은 고객이탈로 이어지지 않으나 기업 이미지에 큰 영향을 미친다.

38 **다음 글의 밑줄 친 '윈－윈 갈등 관리법'에 대한 설명으로 옳은 것은?**

> 최근 안정적인 궤도에 진입한 스타트업 기업의 박대표는 고민이 생겼다. 개발팀의 최과장이 급격한 임금 인상을 요구한 것이다. 최과장은 박대표와 함께 초창기부터 회사를 키워온 실력 있는 인재였다. 평소 과묵하며 성실한 성격으로 사내에서도 평가가 좋았고 박대표는 최과장에게 높은 급여와 보너스를 챙겨주며 평소 최과장을 서운하게 대하지 않았다고 생각했다. 그런데 얼마 전 최과장은 갑자기 25% 이상의 높은 임금 인상을 요구했다. 사내 평균치를 훨씬 웃도는 최과장의 급여 인상 요청은 박대표 입장에서 쉽게 수용하기 힘든 사안이었다. 또한 최과장이 좋은 인재이긴 하지만 한 사람에게만 특별대우를 해줬다는 이야기가 새어나가면 다른 직원들의 사기에도 좋지 않을 것이 분명했다. 처음 연봉 협상을 진행하면서 박대표는 25%의 연봉 인상률은 현실적으로 받아들이기 힘들다고 말했다. 그러나 최과장은 요구가 받아들여지지 않는다면 이직을 고려해봐야 할 것 같다고 조심스럽게 입장을 밝혔다. 평소 과묵하고 얌전하던 최과장이 '이직'이라는 말까지 꺼내는 것 보니 자신이 처음 제시한 요청을 철회할 생각이 없어보였다. 최과장은 회사가 초창기부터 시장에서 살아남을 수 있었던 핵심기술개발 업무를 맡고 있었기 때문에 최과장의 이탈은 사측에 엄청난 손실이었다. 박대표 입장에서는 꼭 그를 붙잡아야 한다. 박대표는 자신과 최과장의 목표를 모두 달성하기 위해 함께 문제를 해결하는 '<u>윈－윈(Win－Win) 갈등 관리법</u>'을 모색하려 한다.

① 갈등을 피하거나 예방하기 위한 방법이다.
② 부정적인 접근 방식에 의거한 갈등해결 방식이다.
③ 문제의 본질적인 해결책을 얻는 방법이다.
④ 갈등 당사자 한 사람만 원하는 바를 얻을 수 있는 방법이다.

39 **다음 대화에서 임파워먼트에 대하여 바르게 설명하고 있는 사람은 모두 몇 명인가?**

김대리 : 리더십의 일환으로 권한을 위임하는 것을 '임파워먼트'라고 하더군요. 이는 조직원에 대한 신뢰가 전제되어야 가능할 것 같아요.
정과장 : 업무를 위임하려는 직원의 잠재력과 능력에 대한 믿음도 필요해. 조직원들의 만족감과 신뢰의 공유가 이루어질 수 있다면 명확한 권한의 위임 없이도 임파워먼트가 가능해.
최주임 : 권한을 위임하기 전에 권한을 수월하게 행사할 수 있는 여건을 조성해 주는 것도 중요해요.
이사원 : 유의미한 목적도 있어야 한다고 생각합니다. 조직목표의 효율적 달성이 임파워먼트의 궁극적 목적이니까요.
박대리 : 권한 위임 이전에 성과에 대한 지식을 갖춘 사람에게 위임이 이루어져야 해.
진주임 : 도전적인 업무일수록 조직원의 역량 성장에 좋겠어요.

① 3명
② 4명
③ 5명
④ 6명

40 **M금고에 근무하는 A사원은 최근 자신의 상사인 B대리 때문에 스트레스를 받고 있다. A사원이 공들여 작성한 기획서를 제출하면 B대리가 중간에서 매번 퇴짜를 놓기 때문이다. 이와 동시에 A사원은 자신에 대한 B대리의 감정이 좋지 않은 것 같아 마음이 더 불편하다. A사원이 직장 동료인 C사원에게 이러한 어려움을 토로했을 때, 다음 중 C사원이 A사원에게 해 줄 수 있는 조언으로 적절하지 않은 것은?**

① 걱정되더라도 갈등 해결을 위해 피하지 말고 맞서야 해.
② B대리님의 입장을 충분히 고려해 볼 필요가 있어.
③ B대리님과 마음을 열고 대화해 보는 것은 어때?
④ B대리님과 누가 옳고 그른지 확실히 논쟁해 볼 필요가 있어.

3권

제3회 MG새마을금고 지역본부 필기전형

〈문항 수 및 시험시간〉

영역		문항 수	시험시간	모바일 OMR 답안채점 / 성적분석 서비스
NCS 직업기초능력평가	의사소통능력 수리능력 문제해결능력 조직이해능력 대인관계능력	40문항	40분	

※ 문항 수 및 시험시간은 2025년 상반기 채용공고를 참고하여 구성하였습니다.

※ 시험시간이 종료되고 OMR 답안카드에 마킹하거나 시험지를 넘기는 행동은 부정행위로 간주합니다.

제3회 모의고사

문항 수 : 40문항
시험시간 : 40분

01 다음 〈보기〉의 문장이 들어갈 위치로 가장 적절한 곳은?

(가) 불행이란 사물의 결핍 상태에서 오는 것이 아니라, 결핍감을 느끼게 하는 욕구에서 온다. 현실 세계에는 한계가 있지만 상상의 세계에는 한계가 없다. 현실 세계를 확대할 수는 없는 일이므로 상상의 세계를 제한할 수밖에 없다. 왜냐하면 우리를 진정으로 불행하게 하는 모든 고통은 오로지 이 두 세계의 차이에서만 생겨나는 것이기 때문이다. 체력과 건강과 스스로 선한 사람이라는 확신을 제외한 인간 생활의 행복은 모두 사람들의 억측에 불과한 것이다. 신체의 고통과 양심의 가책을 제외한 모든 불행은 공상적인 것이다.
(나) 인간은 약하다고 하는데 그것이 무엇을 뜻하는 것이겠는가? 이 약하다고 하는 말은 하나의 상대적 관계를, 즉 그 말이 적용되는 자의 어떤 관계를 나타내는 것이다. 능력이 모든 욕구보다 넘치고 있는 경우에는 곤충이든 벌레든 간에 모두 강자임에 틀림이 없다. 욕망이 그것을 능가할 경우에는 그것이 코끼리든 사자이든 또는 정복자든 영웅이든, 심지어 신이라 할지라도 모두 약자이다. 자신의 본분을 깨닫지 못하고 반항한 천사는 자신의 본분에 따라서 평화롭게 산 지상의 행복한 인간보다 더 약한 존재였다. 인간은 지금 있는 그대로 만족할 때 대단히 강해지고 인간 이상이고자 할 때 대단히 약해진다.
(다) 그리고 마치 거미가 거미줄 한가운데 있듯이 그 범위의 중심에 머물러 있도록 하자. 그렇게 하면 우리는 항상 우리 자신에게 만족하고 자신의 약함을 한탄하는 일이 없게 될 것이다. 왜냐하면 허약하다는 것을 새삼스레 느끼는 일이 없을 것이기 때문이다.
(라) 모든 동물들은 자기 보존에 필요한 만큼의 능력만을 지니고 있다. 인간만이 오직 그 이상의 능력을 가지고 있다. 그 여분의 능력이 인간의 불행을 만들어 내고 있으니 참으로 기이한 일이 아닌가? 어느 나라에서나 인간의 팔은 생활필수품 이상의 것을 만들어 낼 수 있다. 만약 인간이 상당히 현명하여 이 여분의 능력이란 것에 무관심해진다면, 절대 지나치게 많은 것을 손에 넣지 않게 될 것이므로 항상 필요한 것만을 갖고 있게 될 것이다.

〈보기〉

그러므로 여러분의 욕망을 확대하면 여러분의 힘도 확대될 수 있다고 생각하지 마라. 만약에 여러분의 오만이 힘보다도 더 확대되는 경우에는 오히려 힘이 줄어드는 결과가 될 것이다. 우리의 힘이 미칠 수 있는 범위의 반경을 재어 보자.

① (가) ② (나)
③ (다) ④ (라)

02 다음은 표준어 규정 중의 일부를 제시한 것이다. ㉠ ~ ㉣에 대한 구체적 예시로 옳지 않은 것은?

〈표준어 규정〉

㉠ 기술자에게는 '-장이', 그 외에는 '-쟁이'가 붙는 형태를 표준어로 삼는다.
㉡ 준말이 널리 쓰이고 본말이 잘 쓰이지 않는 경우에는, 준말만을 표준어로 삼는다.
㉢ '웃-' 및 '윗-'은 명사 '위'에 맞추어 '윗-'으로 통일하지만, '아래, 위'의 대립이 없는 단어는 '웃-'으로 발음되는 형태를 표준어로 삼는다.
㉣ 양성 모음이 음성 모음으로 바뀌어 굳어진 단어는 음성 모음 형태를 표준어로 삼는다.

① ㉠ – '소금쟁이'를 표준어로 삼고, '소금장이'를 버림
② ㉡ – '솔개'를 표준어로 삼고, '소리개'를 버림
③ ㉢ – '웃도리'를 표준어로 삼고, '윗도리'를 버림
④ ㉣ – '깡충깡충'을 표준어로 삼고, '깡총깡총'을 버림

03 다음 글의 빈칸 (가) ~ (라)에 들어갈 내용으로 적절하지 않은 것은?

"언론의 잘못된 보도나 마음에 들지 않는 논조조차도 그것이 토론되는 과정에서 옳은 방향으로 흘러가게끔 하는 것이 옳은 방향이다." 한 야당 정치인이 서울외신기자클럽(SFCC) 토론회에 나와 마이크에 대고 밝힌 공개 입장이다. 언론은 ______(가)______해야 한다. 이것이 지역 신문이라고 할지라도 언론이 표준어를 사용하는 이유이다.
언론중재법 개정안이 국회 본회의를 통과할 것이 확실시되었을 때 정부는 침묵으로 일관했었다. 청와대 핵심 관계자들은 이 개정안에 대한 입장을 묻는 국내 일부 매체에 영어 표현인 "None of My Business"라는 답을 내놨다고 한다.
그사이 이 개정안에 대한 국제 사회의 ______(나)______는 커지고 있다. 이 개정안이 시대착오적이며 정권의 오남용이고 더 나아가 아이들에게 좋지 않은 영향을 줄 수 있다는 것이 논란의 요지이다. SFCC는 이사회 전체 명의로 성명을 냈다. 그 내용을 그대로 옮기자면 다음과 같다. "______(다)______ 내용을 담은 언론중재법 개정안을 국회에서 강행 처리하려는 움직임에 깊은 우려를 표한다."라며 "이 법안이 국회에서 전광석화로 처리되기보다 '돌다리도 두들겨 보고 건너라.'는 한국 속담처럼 심사숙고하며 ______(라)______을 기대한다."고 밝혔다.
다만, 언론이 우리 사회에서 발생하는 다양한 전투만을 중계하는 것으로 기능하는 건 바람직하지 않다. 우리나라뿐만 아니라 일본 헌법, 독일 헌법 등에서 공통적으로 말하는 것처럼 언론이 자유를 가지고 대중에게 생각할 거리를 끊임없이 던져주어야 한다. 이러한 언론의 기능을 잘 수행하기 위해서는 언론의 힘과 언론에 가해지는 규제의 정도가 항상 적절하도록 절제하는 법칙이 필요하다.

① (가) – 모두가 읽기 쉽고 편향된 어조를 사용하는 것을 지향
② (나) – 규탄의 목소리
③ (다) – 언론의 자유를 심각하게 위축시킬 수 있는
④ (라) – 보편화된 언어 사용

04 다음 글의 주제로 가장 적절한 것은?

> 금융당국은 은행의 과점체제를 해소하고, 은행과 비은행의 경쟁을 촉진시키는 방안으로 은행의 고유 전유물이었던 통장을 보험 및 카드 업계로 도입하는 문제를 검토하겠다고 밝혔다.
> 이는 전자금융거래법을 개정해 대금결제업, 자금이체업, 결제대행업 등 모든 전자금융업 업무를 관리하는 종합지급결제사업자를 제도화하여 비은행에 도입한다는 것으로, 이를 통해 비은행권은 간편결제·송금 외에도 은행 수준의 보편적 지급결제 서비스가 가능해지는 것이다.
> 특히 금융당국이 은행업 경쟁촉진 방안으로 검토 중인 은행업 추가 인가나 소규모 특화은행 도입 등의 여러 방안 중에서 종합지급결제사업자 제도를 중점으로 검토 중인 이유는 은행의 유효경쟁을 촉진시킴으로써 은행의 과점 이슈를 가장 빠르게 완화할 수 있을 것으로 판단하기 때문이다.
> 이는 소비자 측면에서도 기대효과가 있는데, 은행 계좌가 없는 금융소외계층은 종합지급결제사업자 제도를 통해 금융 서비스를 제공받을 수 있고, 기존 방식에서 각 은행에 지불하던 지급결제 수수료가 절약돼 그만큼 보험료가 인하될 가능성도 기대해 볼 수 있기 때문이다. 보험사 및 카드사 측면에서도 기존 방식에서는 은행을 통해 진행했던 방식이 해당 제도가 확립된다면 직접 처리할 수 있게 되어 방식이 간소화될 수 있다는 장점이 있다.
> 하지만 이 또한 현실적으로 많은 문제들이 제기되는데, 그중 하나가 소비자보호 사각지대의 발생이다. 비은행권은 은행권과 달리 예금보험제도가 적용되지 않을 뿐더러 은행권에 비해 규제 수준이 상대적으로 낮기 때문에 금융소비자보호 등 리스크 관리가 우려되기 때문이다. 또한 종합지급결제업 자체가 사실상 은행업과 크게 다르지 않기 때문에 은행권의 극심한 반발도 예상된다.

① 은행의 과점체제 해소를 위한 방안
② 종합지급결제사업자 제도의 득과 실
③ 은행의 권리를 침해하는 비은행 업계
④ 은행과 비은행 경쟁 속 소비자의 실익

05 다음은 우리나라 예금의 역사를 설명한 기사이다. 이를 읽고 이해한 내용으로 적절하지 않은 것은?

> 우리나라에서 예금업무를 보는 민족계 은행이 설립되기 시작한 것은 1894년(고종 31)의 갑오경장 이후이다. 그런데 우리나라에서는 민족계 은행이 설립된 뒤에도 예금이라는 용어는 사용되지 않았으며, 그 대신 임치(任置)라는 말이 사용되고 있었다. 이를테면 1906년 3월에 우리나라에서 제정된 최초의 조례로 은행법의 모체가 되는 '은행 조례'가 공포되었다. 은행 조례에서 '임치'라는 말이 사용되었으며, 당시 예금자는 임주(任主)라고 불렀다.
> 1912년 3월 은행설립에 관한 법령을 일원화하기 위하여 '은행령'이 공포되었는데, 여기서 임치 대신 예금이라는 용어가 처음 등장하였다. 일제강점기에는 중앙은행격인 조선은행이나 장기신용은행이라고 할 수 있는 조선식산은행도 일반은행과 예금수수에 있어 경쟁적인 관계에 있었다.
> 1939년 이후 통계는 작성되지 않았으나, 일반은행의 예금에서 동업자·공공예금을 뺀 일반예금의 1910~1938년 평균구성비를 보면 우리나라 사람이 21.6%, 일본인이 74.4%, 기타 외국인이 4.0%를 차지하고 있었다. 이와 같이 우리 민족의 예금이 차지하는 구성비는 상대적으로 미약한 상태였다.
> 1945년 광복 이후 1950년대 초까지는 정치적·사회적 혼란과 경제적 무질서 그리고 극심한 인플레이션뿐만 아니라 일반 국민의 소득도 적었고 은행금리가 실세금리보다 낮았기 때문에 예금실적은 미미한 상태였다.
> 1954년 '은행법'이 시행되었으며, 1961년 7월 예금금리의 인상과 예금이자에 대하여 면세조치가 이루어지고, 1965년 9월 금리기능의 회복을 도모하고 자금의 합리적인 배분을 도모하는 각종 조치가 수반됨에 따라 은행예금은 저축성예금을 위주로 증가하였다.
> 특히, 1960년대 경제개발계획의 추진으로 인하여 물자 동원에 예금이 중요한 비중을 차지한 관계로 각종 조치에 따라 1965년에 783억 원이던 예금은행의 총예금이 1970년에는 7,881억 원으로 증가하였다. 1970년대에는 통화공급억제와 몇 차례의 금리인하로 증가세가 다소 둔화되었다. 하지만 1972년 8월 '경제의 안정과 성장에 관한 긴급명령'에 따른 8·3조치로 사채동결, 금리대폭인하, 특별금융조치 등 대폭적인 개혁이 이루어져 1974년과 1979년을 제외하고 대체로 30% 이상의 신장세를 유지하였다.
> 1980년대에는 물가안정과 각종 우대금리의 확대에 따라 예금은행의 총예금이 1980년에 12조 4,219억 원, 1985년에는 31조 226억 원 그리고 1990년에는 84조 2,655억 원에 이르렀다. 1991년부터 4단계로 나누어 실시된 금리자유화 조치와 1992년에 실시된 금융실명제는 금융자산의 흐름을 비금융권으로부터 금융권으로 바꾸어 놓아 1995년에는 예금은행의 총예금이 154조 3,064억 원으로 크게 신장되었다.

① 1945년 광복 이후 1950년대 초까지는 은행금리가 실세금리보다 낮았다.
② 예금 이전에 임치라는 용어가 은행 조례에서 사용되었다.
③ 물가안정과 각종 우대금리 확대로 1980년대에는 총예금이 지속적으로 증가했다.
④ 1972년 8월 8·3조치로 1970년대에 총예금은 매년 30% 이상의 신장세를 유지하였다.

06 다음 글로 미루어 ㉠의 구체적 내용을 가장 적절하게 추론한 것은?

> 1억 6천만 년 동안 지구를 지배해오던 공룡이 6천5백만 년 전 갑자기 지구에서 사라졌다. 왜 공룡들이 갑자기 사라졌을까? 이러한 미스터리는 1820년대 공룡 화석이 처음 발견된 후 지금까지 여전히 풀리지 않고 있다. 그동안 공룡 멸종의 원인을 밝혀보려는 노력은 수없이 많았지만, 여러 멸종 이론 중 어느 것도 공룡이 왜 지구상에서 자취를 감추었는지 명쾌하게 설명하지 못했다. 하지만 대부분의 과학자는 거대한 운석이 지구에 부딪힌 사건을 공룡 멸종의 가장 큰 이유로 꼽고 있다.
> 과학자들은 멕시코의 유카탄 반도에서 지름이 180km나 되는 커다란 운석 구덩이의 연대를 측정했는데, 이 운석 구덩이의 생성 연대가 공룡이 멸종한 시기와 일치한다는 사실을 확인하였다. 하지만 운석이 지구와 충돌하면서 생긴 직접적 충격으로 인해 공룡을 비롯한 수많은 종(種)이 갑자기 멸종한 것이라고 보기는 어려우며, 그 충돌 때문에 발생한 이차적 영향들이 있었을 것으로 짐작하고 있다. 그처럼 거대한 구덩이가 생길 정도의 파괴력이면 물리적 충격은 물론 지구의 대기를 비롯한 생존 환경에 장기간 ㉠ 엄청난 영향을 주었을 것이고, 그로 인해 생명체들이 멸종할 수 있다는 결론을 내린 것이다.
> 실제로 최근 뉴질랜드 국립 지리・핵과학 연구소(GNS)의 조사팀은 운석과 충돌한 지점과 반대편에 있는 '사우스'섬의 서부 해안에서 발견된 '탄화된 작은 꽃가루들'에 대해 연구하였다. 이 연구를 통해 환경의 변화가 운석과의 충돌 지점뿐만 아니라 전 지구적으로 진행되었음을 밝혔다. 또한, 6천5백만 년 전의 지층인 K-T 퇴적층에서는 지구에는 없는 원소인 팔라듐이 다량 발견되었고, 운석에 많이 함유된 이리듐(Ir)의 함량이 지구의 어느 암석보다 높다는 사실도 밝혀졌는데, 이것 역시 '운석에 의한 충돌설'을 뒷받침한다. 그뿐만 아니라 공룡이 멸종됐던 백악기 말과 신생대 제3기 사이에 바다에 녹아있던 탄산칼슘의 용해 정도가 갑자기 증가한 것도 당시 지구에 급속한 기온의 변화가 있었다는 증거가 되고 있다.
> 이렇게 운석에 의한 공룡의 멸종설은 점점 설득력 있게 받아들여지고 있다. 문제는 그러한 상황에서도 살아남은 생물들이 있다는 것이다. 씨앗으로 동면(冬眠)할 수 있는 식물들과 비교적 조그만 동물들이, 대기권을 가득 메운 먼지로 인해 닥친 '길고 긴 겨울'의 추위를 견디고 생존하였다. 거대한 몸집의 공룡보다는 은신처와 먹잇감이 상대적으로 많았을 것이며, 생존에 필요한 기초 활동들이 공룡보다는 용이했을 것이기 때문이다.
> 공룡이 멸종하게 된 직접적인 이유가 운석과의 충돌에 있다고 할지라도, 결국 인간이나 공룡을 비롯한 지구상의 모든 종(種)이 갑작스럽게 멸종하느냐 진화하면서 생존하느냐의 여부는 '자연에 대한 적응력'에 달려있다고 보인다. 이것이 생존의 조건인 셈인데, 환경에 대한 적응력이 뛰어나면 당연히 더 많은 생존 가능성을 가지게 되고 새로운 환경에 적응하며 번성할 수도 있다. 적응력이 뛰어난 어떤 돌연변이의 후손들은 새로운 종으로 진화하며 생존하기도 한다. 그런데 환경의 변화가 급격한 시기에는 생명체 대부분이 변화에 적응하기가 매우 어렵다. 만일 공룡이 급변하는 환경에 대한 적응력이 뛰어났다면 살아남을 가능성이 훨씬 높았을 것이고, 그렇다면 지금껏 지구를 지배하고 있었을지도 모른다.

① 운석과의 충돌은 반대쪽에도 엄청난 반사 충격파를 전달하여 전 지구적인 화산 활동을 초래하였다.
② 운석과의 충돌은 지구의 공전궤도에 변화를 주어, 밤낮의 길이나 계절이 바뀌는 등의 환경 변화가 일어났다.
③ 운석 충돌로 발생한 먼지가 지구 대기를 완전히 뒤덮어 햇빛이 차단되었고, 따라서 기온이 급속히 내려갔다.
④ 운석과의 충돌은 엄청난 양의 유독 가스를 발생시켜, 생명체의 생존에 필요한 산소가 부족하게 되었다.

07 **다음 글의 내용을 뒷받침하는 내용으로 적절하지 않은 것은?**

지구와 태양 사이의 거리와 지구가 태양 주위를 도는 방식은 인간의 생존에 유리한 여러 특징을 지니고 있다. 특히 인간을 비롯한 생명이 생존하려면 행성을 액체 상태의 물을 포함하면서 너무 뜨겁거나 차갑지 않게끔 유지해야 한다. 이를 위해 행성은 태양과 같은 별에서 적당히 떨어져 있어야 한다. 이 적당한 영역을 '골디락스 영역'이라고 한다. 또한, 지구가 태양의 중력장 주위를 도는 타원 궤도는 충분히 원에 가깝다. 따라서 연중 태양에서 오는 열에너지가 비교적 일정할 수 있다. 만약 태양과의 거리가 일정하지 않았다면 지구는 여름에는 바다가 모두 끓어 넘치고 겨울에는 거대한 얼음덩어리가 되는 불모의 행성이었을 것이다.
우리 우주에 작용하는 근본적인 힘의 세기나 물리법칙도 인간을 비롯한 생명의 탄생에 유리하도록 미세하게 조정되어 있다. 예를 들어 근본적인 힘인 강한 핵력이나 전기력의 크기가 현재 값에서 조금만 달랐다면, 별의 내부에서 탄소처럼 무거운 원소는 만들어질 수 없었고 행성도 만들어질 수 없었을 것이다. 최근 들어 물리학자들은 이들 힘을 지배하는 법칙이 현재와 다르다면 우주는 구체적으로 어떤 모습이 될지 컴퓨터 모형으로 계산하고 있다. 그 결과를 보면 강한 핵력의 강도가 겨우 0.5% 다르거나 전기력의 강도가 겨우 4% 다를 경우에도 탄소나 산소는 우주에서 합성되지 않는다. 따라서 생명 탄생의 가능성도 사라진다. 결국, 강한 핵력이나 전기력을 지배하는 법칙들을 조금이라도 건드리면 우리가 존재할 가능성은 사라지는 것이다.
결론적으로 지구 주위 환경뿐만 아니라 보편적 자연법칙까지도 인류와 같은 생명이 진화해 살아가기에 알맞은 범위 안에 있다고 할 수 있다. 만일 그러한 제한이 없었다면 태양계나 지구가 탄생할 수 없었을 뿐만 아니라 생명 또한 진화할 수 없었을 것이다. 우리가 아는 행성이나 생명이 탄생할 가능성을 열어두면서 물리법칙을 변경할 수 있는 폭은 매우 좁다.

① 탄소가 없는 상황에서도 생명은 자연적으로 진화할 수 있다.
② 중력법칙이 현재와 조금만 달라도 지구는 태양으로 빨려 들어간다.
③ 원자핵의 질량이 현재보다 조금 더 크다면 우리 몸을 이루는 원소는 합성되지 않는다.
④ 별 주위의 '골디락스 영역'에 행성이 위치할 확률은 매우 낮지만, 지구는 그 영역에 위치한다.

08 다음 글의 ㉡의 관점에서 ㉠의 관점을 비판한 내용으로 가장 적절한 것은?

> 우리의 일상사에 '대기만성(大器晩成)'이라는 말도 있지만 '될성부른 나무는 떡잎부터 알아본다.'라는 말도 있고 '돌다리도 두드려 보고 건너라.'는 말과 함께 '쇠뿔도 단김에 빼라.'는 말도 있다. 또한, '신은 우주를 가지고 주사위 놀이를 하지 않는다.'라는 아인슈타인의 결정론적 입장과 함께 '신은 우주를 가지고 주사위 놀이를 할 뿐이다.'라는 우연을 강조하는 양자 역학자들의 비결정론적 입장도 있다. 이처럼 인간사 자체가 양면적 요소를 갖고 있으므로 사물이나 대상을 판단하면서 우리는 신중한 자세를 유지할 필요가 있다.
>
> 인간이 삶을 영위하는 가운데 갖게 되는 가치관의 형태는 무수히 많다. 이러한 가치관은 인간의 삶을 인간답게 함에 있어서 미적 판단, 지적 판단, 기능적 판단 등의 기능을 하게 된다. 우리는 판단을 할 때 하나의 시점에서 판단을 고정하는 속성이 있다. 그런데 바로 이런 속성으로 인하여 우리가 우(愚)를 범하는 것은 아닐까?
>
> ㉠ <u>장자</u>가 명가(名家, 논리학의 발달에 많은 영향을 끼친 제자백가의 하나)로 분류되는 친구 ㉡ <u>혜자</u>와 한참 이야기를 하고 있는데, 혜자가 장자에게 "자네의 말은 다 쓸데없는 말이야."라면서 반박하였다. 이에 장자는 그에게 "자네가 쓸데없음을 알기에 내 얘기는 '쓸데 있는' 것이네. 예를 들어, 이 큰 대지 위에 자네가 서 있는 자리, 즉 설 수 있는 것은 겨우 발바닥 밑 부분뿐이지. 그렇다고 나머지는 필요 없는 것이라 하여 발바닥 이외의 땅을 다 파 버리면 자네가 선 땅덩어리는 존재 가치가 있다고 여기는가?"라고 말하였다. 자신이 서 있는 자리의 땅을 제외하고 모두 파내면, 자신은 오도 가도 못함은 물론이려니와 땅이 밑으로 무너지는 것은 당연한 일이다. 결국, 쓸모 있음(有用)은 쓸모없음(無用)의 기초 위에 세워지는 것이다.
>
> 무용과 유용, 유용과 무용은 인간관계에도 적용할 수 있다. 자신과의 관계에서 무용이라고 생각하던 사람이 어느 시점에서는 유용의 관점에 있는 경우를 경험해 보았을 것이다. 하나의 예로 우리가 만남이란 관계를 유지하고 있을 때는 서로의 필요성이나 절대성을 인식하지 못하다가도, 만남의 관계가 단절된 시점에서부터 상대의 필요성과 절대적 가치에 대한 인식이 달라지는 것일지도 모른다. 가까이 있던 사람의 부재(不在), 그것은 우리에게 유용의 가치에 대해 새로운 자각을 하게 하기도 한다. 우리는 장자의 예화에서 세속의 가치관을 초월하여 한 차원 높은 가치관에 대해 인식할 수 있다. 즉, 타인의 존재 가치를 한 방향의 관점에서만 바라보고 있는 것은 아닌지 또한 자기중심적 사고 방식만을 고집하여 아집에 빠져들고 있는 것은 아닌지를 우리는 늘 자문해야 할 것이다.

① 사물의 본질을 상대적으로 바라보는 태도가 필요하겠네.
② 사물의 핵심을 이해하기 위해서는 다양한 관점이 필요하겠네.
③ 인위적인 요소를 배제하고 자연의 법칙에서 진리를 찾아야 하네.
④ 불필요한 영역까지 진리의 밑바탕이 될 수 있다는 생각은 잘못이네.

09 다음 글의 내용으로 가장 적절한 것은?

> 지진해일은 지진, 해저 화산폭발 등으로 바다에서 발생하는 파장이 긴 파도이다. 지진에 의해 바다 밑바닥이 솟아오르거나 가라앉으면 바로 위의 바닷물이 갑자기 상승 또는 하강하게 된다. 이 영향으로 지진해일파가 빠른 속도로 퍼져나가 해안가에 엄청난 위험과 피해를 일으킬 수 있다.
>
> 전 세계의 모든 해안 지역이 지진해일의 피해를 받을 수 있지만, 우리에게 피해를 주는 지진해일의 대부분은 태평양과 주변해역에서 발생한다. 이는 태평양의 규모가 거대하고 이 지역에서 대규모 지진이 많이 발생하기 때문이다. 태평양에서 발생한 지진해일은 발생 하루 만에 발생지점에서 지구의 반대편까지 이동할 수 있으며, 수심이 깊을 경우 파고가 낮고 주기가 길기 때문에 선박이나 비행기에서도 관측할 수 없다.
>
> 먼바다에서 지진해일 파고는 해수면으로부터 수십 cm 이하이지만, 얕은 바다에서는 급격하게 높아진다. 수심이 6,000m 이상인 곳에서 지진해일은 비행기의 속도와 비슷한 시속 800km로 이동할 수 있다. 지진해일은 얕은 바다에서 파고가 급격히 높아짐에 따라 그 속도가 느려지며, 지진해일이 해안가의 수심이 얕은 지역에 도달할 때 그 속도는 시속 45 ~ 60km까지 느려지면서 파도가 강해진다. 이것이 해안을 강타함에 따라 파도의 에너지는 더 짧고 더 얕은 곳으로 모여 무시무시한 파괴력을 가져 우리의 생명을 위협하는 파도로 발달하게 된다. 최악의 경우 파고가 15m 이상으로 높아지고, 지진의 진앙 근처에서 발생한 지진해일의 경우 파고가 30m를 넘을 수도 있다. 파고가 3 ~ 6m 높이가 되면 많은 사상자와 피해를 일으키는 파괴적인 지진해일이 될 수 있다.
>
> 지진해일의 파도 높이와 피해 정도는 에너지의 양, 지진해일의 전파 경로, 앞바다와 해안선의 모양 등으로 결정된다. 또한 암초, 항만, 하구나 해저의 모양, 해안의 경사 등의 모든 것이 지진해일을 변형시키는 요인이 된다.

① 지진해일은 파장이 짧으며, 화산폭발 등으로 인해 발생한다.

② 태평양 인근에서 발생한 지진해일은 대부분 한 달에 걸쳐 지구 반대편으로 이동하게 된다.

③ 바다가 얕을수록 지진해일의 파고가 높아진다.

④ 지진해일이 해안가에 도달할수록 파도가 강해지며 속도는 800km에 달한다.

10 다음 글의 빈칸에 들어갈 내용으로 가장 적절한 것은?

> 탁월함은 어떻게 습득되며, 그것을 가르칠 수 있는가? 이 물음에 대하여 아리스토텔레스는 지성의 탁월함은 가르칠 수 있지만, 성품의 탁월함은 비이성적인 것이어서 가르칠 수 없고, 훈련을 통해서 얻을 수 있다고 대답한다.
> 그는 좋은 성품을 얻는 것을 기술을 습득하는 것에 비유한다. 아리스토텔레스에 따르면, 리라(Lyra)를 켬으로써 리라를 켜는 법을 배우며 말을 탐으로써 말을 타는 법을 배운다. 어떤 기술을 얻고자 할 때 처음에는 교사의 지시대로 행동한다. 그리고 반복 연습을 통하여 그 행동이 점점 더 수행하기 쉬워지고 마침내 제2의 천성이 된다. 이와 마찬가지로 어린아이는 어떤 상황에서 어떻게 행동해야 진실되고 관대하며 예의를 차리게 되는지 일일이 배워야 한다. 훈련과 반복을 통하여 그런 행위들을 연마하다 보면 그것들을 점점 더 쉽게 할 수 있고, 결국에는 스스로 판단할 수 있게 된다.
> 그는 올바른 훈련이란 강제가 아니고 그 자체가 즐거움이 되어야 한다고 지적한다. 또한 그렇게 훈련받은 사람은 일을 바르게 처리하는 것을 즐기게 되고, 일을 바르게 처리하고 싶어 하게 되며, 올바른 일을 하는 것을 어려워하지 않게 된다. 이처럼 성품의 탁월함이란 사람들이 '하는 것'만이 아니라 사람들이 '하고 싶어 하는 것'과도 관련된다. 그리고 한두 번 관대한 행동을 한 것으로는 충분하지 않으며, 늘 관대한 행동을 하고 그런 행동에 감정적으로 끌리는 성향을 갖고 있어야 비로소 관대함에 관하여 성품의 탁월함을 갖고 있다고 할 수 있다.
> 다음과 같은 예를 통해 아리스토텔레스의 견해를 생각해 보자. 갑돌이는 성품이 곧고 자신감이 충만하다. 그가 한 모임에 참석했는데, 거기서 다수의 사람들이 옳지 않은 행동을 한다고 생각했을 때 그는 다수의 행동에 대하여 비판의 목소리를 낼 것이며 그렇게 하는 데에 별 어려움을 느끼지 않을 것이다. 한편, 수줍어하고 우유부단한 병식이도 한 모임에 참석하였고, 그 역시 다수의 행동이 잘못되었다는 판단을 했다고 하자. 이런 경우에 병식이는 일어나서 다수의 행동이 잘못되었다고 말할 수 있겠지만, 그렇게 하려면 엄청난 의지를 발휘해야 할 것이고 자신과 힘든 싸움도 해야 할 것이다. 그런데도 병식이가 그렇게 행동했다면 우리는 병식이가 용기있게 행동하였다고 칭찬할 것이다. 그러나 아리스토텔레스가 보기에 성품의 탁월함을 가진 사람은 갑돌이다. 왜냐하면 __________________________ '어떤 사람을 존경할 것인가'가 아니라, '우리 아이를 어떤 사람으로 키우고 싶은가'라는 질문을 받는다면 우리는 아리스토텔레스의 견해에 가까워질 것이다. 왜냐하면 우리는 우리 아이들을 갑돌이와 같은 사람으로 키우고 싶어 할 것이기 때문이다.

① 그는 내적인 갈등 없이 옳은 일을 하기 때문이다.
② 그는 옳은 일을 하는 천성을 타고났기 때문이다.
③ 그는 주체적 판단에 따라 옳은 일을 하기 때문이다.
④ 그는 자신이 옳다는 확신을 가지고 옳은 일을 하기 때문이다.

11 다음 글을 읽고 추론한 내용으로 적절한 것을 〈보기〉에서 모두 고르면?

> 가정부 로봇에 대한 갑, 을, 병의 판단을 기준으로 하여, 몇 가지 가상 사례들에 대하여 동일성 여부를 판단해 보았다.
> 철수는 시점 t1에 가정부 로봇을 하나 구입하였다. 인공지능 회로에 고장이 나서 t2에 같은 종류의 새 부품으로 교체하였으며, t3에 새로운 소프트웨어로 로봇을 업그레이드 하였고, t4에 로봇의 외형을 새로운 모습으로 바꾸었다. 화재로 t4의 로봇이 망가지자 철수는 t4 시점의 로봇을 복제한 새 로봇을 t5에 구입하였다.
> 시점 t1부터 t5에 이르는 로봇의 동일성 여부에 대하여 갑, 을, 병은 각기 다른 기준에 따라 다음과 같이 판단하였다.
> • 갑 : 시점 t1과 t4의 로봇은 동일하지만, t5의 로봇은 이들과 동일하지 않다.
> • 을 : 시점 t2와 t3의 로봇은 동일하지만, t1의 로봇은 이들과 동일하지 않다.
> • 병 : 시점 t3과 t5의 로봇은 동일하지만, t2의 로봇은 이들과 동일하지 않다.
>
> 우리는 인간의 신체와 정신의 관계에 대하여 다음 가정을 받아들이기로 한다.
> • 신체와 정신의 관계는 하드웨어와 소프트웨어의 관계와 같다. 두뇌를 포함한 인간의 신체가 하드웨어라면, 정신은 신체를 제어하는 소프트웨어이다.
> • 두뇌가 복제되면 정신도 함께 복제된다.

〈보기〉

ㄱ. 왕자와 거지의 정신이 바뀌어서 왕자의 정신과 거지의 몸이 결합된 사람을 을은 거지라고, 병은 왕자라고 판단할 것이다.
ㄴ. 사고로 두뇌와 신체를 크게 다친 철수는 첨단 기술의 도움으로 인간과 기계가 결합된 사이보그가 되었다. 갑과 을은 둘 다 원래의 철수와 사이보그가 된 철수를 다른 사람이라고 판단할 것이다.
ㄷ. 한 개인의 신체에 관한 모든 정보를 다른 장소로 원격 전송한 다음에, 인근에 있는 분자를 이용하여 그 정보에 따라 신체를 똑같이 조합하였다. 원래의 존재와 조합된 존재를 갑은 다르다고, 병은 같다고 판단할 것이다.

① ㄱ　　② ㄴ
③ ㄱ, ㄷ　　④ ㄴ, ㄷ

12 다음 문단을 논리적 순서대로 바르게 나열한 것은?

(가) 그런데 자연의 일양성은 선험적으로 알 수 있는 것이 아니라 경험에 기대어야 알 수 있는 것이다. 즉, '귀납이 정당한 추론이다.'라는 주장은 '자연은 일양적이다.'라는 다른 지식을 전제로 하는데, 그 지식은 다시 귀납에 의해 정당화되어야 하는 경험 지식이므로 귀납의 정당화는 순환 논리에 빠져 버린다는 것이다. 이것이 귀납의 정당화 문제이다.
(나) 귀납은 논리학에서 연역이 아닌 모든 추론, 즉 전제가 결론을 개연적으로 뒷받침하는 모든 추론을 가리킨다. 귀납은 기존의 정보나 관찰 증거 등을 근거로 새로운 사실을 추가하는 지식 확장적 특성을 지닌다.
(다) 이와 관련하여 철학자이자 역사가인 데이비드 흄은 과거의 경험을 근거로 미래를 예측하는 귀납이 정당한 추론이 되려면 미래의 세계가 과거에 우리가 경험해 온 세계와 동일하다는 자연의 일양성, 곧 한결같음이 가정되어야 한다고 보았다.
(라) 이 특성으로 인해 귀납은 근대 과학 발전의 방법적 토대가 되었지만, 한편으로 귀납 자체의 논리 한계를 지적하는 문제들에 부딪히기도 한다.

① (나) – (가) – (다) – (라)
② (나) – (다) – (가) – (라)
③ (나) – (다) – (라) – (가)
④ (나) – (라) – (다) – (가)

13 수영이와 여동생의 나이 차는 5세이고, 언니의 나이는 수영이와 여동생 나이의 합의 2배이다. 세 자매의 나이의 합이 39세일 때, 3년 뒤 언니의 나이는 얼마인가?

① 22살
② 24살
③ 27살
④ 29살

14 수진이는 이자를 포함해 4년 후 2,000만 원을 갚기로 하고 은행에서 돈을 빌리고자 한다. 연이율 8%가 적용된다면 단리일 때와 복리일 때 빌릴 수 있는 금액의 차이는 얼마인가?(단, $1.08^4=1.36$으로 계산하고, 금액은 천의 자리에서 반올림한다)

① 43만 원
② 44만 원
③ 45만 원
④ 46만 원

15 일정한 규칙으로 수를 나열할 때, 빈칸에 들어갈 수로 옳은 것은?

3 −10 −4 −7 10 −1 ( ) 8

① 4
② −12
③ 8
④ −18

16 A사원과 B팀장은 은행 직원의 추천으로 각자 다른 상품에 가입하였다. 다음 정보를 고려할 때, A사원과 B팀장 중 만기 시 세전 총이자금액을 더 많이 받는 사람은 누구이며, 그 차이는 얼마인가?(단, 백 원 단위에서 반올림한다)

〈정보〉

- A사원
  - 5개월 만기 연이율 12% 월복리 적금상품 가입
  - 매월 초 10만 원 납입
- B팀장
  - 1년 만기 연이율 2% 단리 예금상품 가입
  - 원금 200만 원

① A사원, 15,000원
② A사원, 25,000원
③ B팀장, 15,000원
④ B팀장, 25,000원

17 M금고의 A행원은 K고객에게 적금 만기 문자를 통보하려고 한다. K고객에 대한 정보가 다음과 같을 때 K고객에게 안내할 수령액은 얼마인가?

> • 상품명 : M금고 나라도움적금
> • 가입자 : K(본인)
> • 가입기간 : 24개월(만기)
> • 가입금액 : 매월 초 100,000원 납입
> • 금리 : 기본금리(연 2.3%)+우대금리(최대 연 1.1%p)
> • 저축방법 : 정기적립식
> • 이자지급방식 : 만기일시지급(단리식)
> • 우대금리
>   ⓐ 월 저축금액 10만 원 이상 시 연 0.1%p 가산
>   ⓑ 당행 나라도움 카드 소지 시 증빙서류 제출자에 한하여 연 0.6%p 가산
>   ⓒ 급여이체 실적이 있을 시 연 0.4%p 가산(단, 신규 상품 가입 시 상품 가입 전 최초 급여이체 후 최소 3일이 경과해야 우대가 적용)
> • 기타사항
>   ⓐ K고객은 급여이체가 들어온 당일 계좌를 개설하였음
>   ⓑ M금고의 나라도움 카드를 소지하고 있으며 증빙서류를 제출하여 은행에서 확인받음

① 2,475,000원
② 2,472,000원
③ 2,460,000원
④ 2,426,000원

18 다음은 소매 업태별 판매액에 대한 자료이다. 2022년 대비 2024년 두 번째로 높은 비율로 판매액이 증가한 업태의 2022년 대비 2024년 판매액의 증가율은?(단, 소수점 첫째 자리에서 반올림한다)

〈소매 업태별 판매액〉

(단위 : 십억 원)

구분	2022년	2023년	2024년
백화점	29,028	29,911	29,324
대형마트	32,777	33,234	33,798
면세점	9,198	12,275	14,465
슈퍼마켓 및 잡화점	43,481	44,361	45,415
편의점	16,455	19,481	22,237
승용차 및 연료 소매점	91,303	90,137	94,508
전문 소매점	139,282	140,897	139,120
무점포 소매점	46,788	54,046	61,240
합계	408,312	424,342	440,117

① 31%
② 35%
③ 42%
④ 55%

19 다음은 민간분야 사이버 침해사고 발생현황에 대한 자료이다. 기타 해킹이 가장 많았던 연도의 전체 사이버 침해사고 건수의 전년 대비 증감률은?(단, 소수점 첫째 자리에서 반올림한다)

〈민간분야 사이버 침해사고 발생현황〉

(단위 : 건)

구분	2021년	2022년	2023년	2024년
홈페이지 변조	6,490	10,148	5,216	3,727
스팸릴레이	1,163	988	731	365
기타 해킹	3,175	2,743	4,126	2,961
단순침입시도	2,908	3,031	3,019	2,783
피싱 경유지	2,204	4,320	3,043	1,854
합계	15,940	21,230	16,135	11,690

① −26%
② −25%
③ −24%
④ −23%

20 다음은 국가별 자동차 보유 대수에 대한 자료이다. 이에 대한 설명으로 옳은 것은?

〈국가별 자동차 보유 대수〉

(단위 : 천 대)

구분	전체	승용차	트럭·버스
미국	129,943	104,898	25,045
독일	18,481	17,356	1,125
프랑스	17,434	15,100	2,334
영국	15,864	13,948	1,916
이탈리아	15,400	14,259	1,414
캐나다	10,029	7,823	2,206
호주	5,577	4,506	1,071
네덜란드	3,585	3,230	355

① 자동차 보유 대수에서 승용차가 차지하는 비율이 가장 높은 나라는 프랑스이다.

② 유럽 국가는 미국, 캐나다, 호주와 비교했을 때, 자동차 보유 대수에서 승용차가 차지하는 비율이 높다.

③ 자동차 보유 대수에서 트럭·버스가 차지하는 비율이 가장 높은 나라는 미국이다.

④ 호주의 자동차 보유 대수에서 승용차가 차지하는 비율은 90%를 넘는다.

21 다음은 농·임업 생산액과 부가가치 현황에 대한 자료이다. 이에 대한 설명으로 옳은 것을 〈보기〉에서 모두 고르면?

〈농·임업 생산액 현황〉

(단위 : 십억 원, %)

구분		2019년	2020년	2021년	2022년	2023년	2024년
농·임업 생산액		39,663	42,995	43,523	43,214	46,357	46,648
분야별 비중	곡물	23.6	20.2	15.6	18.5	17.5	18.3
	화훼	28.0	27.7	29.4	30.1	31.7	32.1
	과수	34.3	38.3	40.2	34.7	34.6	34.8

※ 분야별 비중은 농·임업 생산액 대비 해당 분야의 생산액 비중임

※ 곡물, 화훼, 과수는 농·임업 일부 분야임

〈농·임업 부가가치 현황〉

(단위 : 십억 원, %)

구분		2019년	2020년	2021년	2022년	2023년	2024년
농·임업 부가가치		22,587	23,540	24,872	26,721	27,359	27,376
GDP 대비 비중	농업	2.1	2.1	2.0	2.1	2.0	2.0
	임업	0.1	0.1	0.2	0.1	0.2	0.2

※ GDP 대비 비중은 GDP 대비 해당 분야의 부가가치 비중임

※ 농·임업은 농업과 임업으로만 구성됨

〈보기〉

ㄱ. 농·임업 생산액이 전년보다 작은 해에는 농·임업 부가가치도 전년보다 작다.

ㄴ. 화훼 생산액은 매년 증가한다.

ㄷ. 매년 곡물 생산액은 과수 생산액의 50% 이상이다.

ㄹ. 매년 농업 부가가치는 농·임업 부가가치의 85% 이상이다.

① ㄱ, ㄴ
② ㄱ, ㄷ
③ ㄴ, ㄷ
④ ㄴ, ㄹ

22 다음은 M국의 직종별 임금수준에 대한 자료이다. 이에 대한 설명으로 옳은 것을 〈보기〉에서 모두 고르면?

〈직종별 임금수준〉

(단위 : 원, %)

직종 \ 구성	임금총액	정액급여	초과급여	특별급여
고위임직원 및 관리자	2,926,734(13.4)	2,524,456(9.6)	254,278(6.8)	148,000(33.1)
전문직	2,230,152(21.7)	1,678,256(15.3)	89,746(27.7)	462,150(28.4)
기술공 및 준전문가	1,892,107(9.8)	1,548,324(11.0)	48,724(−7.7)	295,059(42.4)
사무 종사자	1,529,637(7.5)	1,254,365(5.6)	25,468(13.4)	249,804(22.2)
서비스 종사자	1,181,811(8.8)	982,546(8.6)	14,233(24.5)	185,032(−5.4)
판매 종사자	1,388,254(12.2)	1,082,365(9.8)	25,466(7.8)	280,423(27.2)
농업, 임업 및 어업 숙련 종사자	1,456,094(13.8)	1,254,832(2.6)	12,456(14.0)	188,806(35.8)
기능원 및 관련기능 종사자	1,477,112(10.8)	1,325,876(9.6)	22,546(3.3)	128,690(12.5)
장치, 기계조작 및 조립 종사자	1,425,276(12.7)	1,254,632(9.0)	33,254(8.9)	137,390(29.5)
단순노무 종사자	970,234(11.7)	824,564(3.7)	12,546(14.2)	133,124(36.9)

※ 괄호 안은 전년 대비 증감률임

〈보기〉

ㄱ. 전년 대비 특별급여 증감률이 가장 높은 직종에서 초과급여는 전년에 비해 감소하였다.
ㄴ. 전년 대비 임금총액 증감률이 10% 미만인 직종은 기술공 및 준전문가, 사무 종사자, 서비스 종사자이다.
ㄷ. 전 직종에서 전년 대비 정액급여와 특별급여는 모두 증가하였다.
ㄹ. 임금총액이 가장 높은 직종에서 초과급여가 가장 높다.

① ㄱ, ㄴ
② ㄱ, ㄷ
③ ㄷ, ㄹ
④ ㄱ, ㄴ, ㄹ

※ 다음은 외국인 직접투자의 투자건수 비율과 투자금액 비율에 대한 자료이다. 이어지는 질문에 답하시오. **[23~24]**

〈투자규모별 외국인 직접투자 건수 · 금액 비율〉

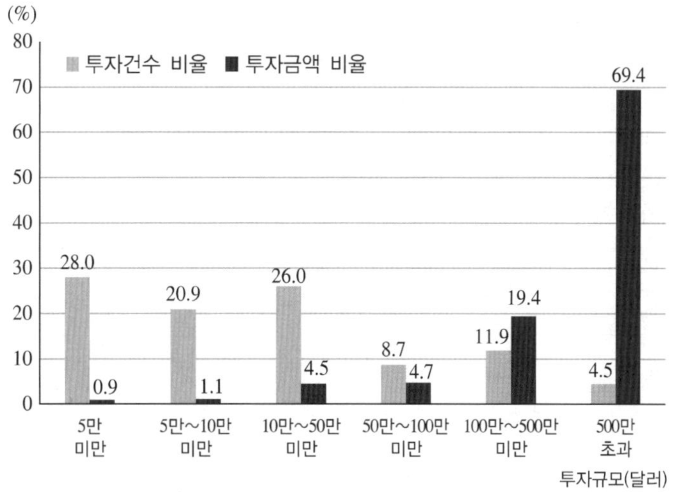

※ 투자규모는 외국인 직접투자의 건당 투자금액을 기준으로 구분

※ $[\text{투자건수 비율(\%)}] = \frac{\text{(투자규모별 외국인 직접투자 건수)}}{\text{(전체 외국인 직접투자 건수)}} \times 100$

※ $[\text{투자금액 비율(\%)}] = \frac{\text{(투자규모별 외국인 직접투자 금액 합계)}}{\text{(전체 외국인 직접투자 건수)}} \times 100$

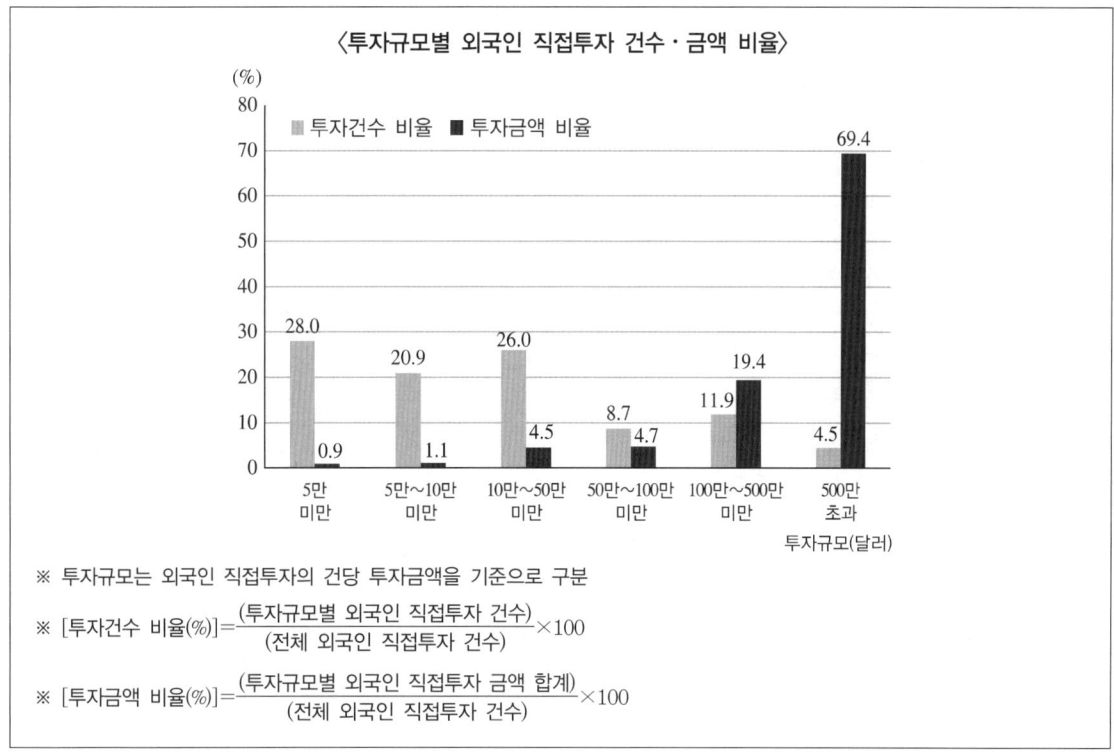

23 다음 중 투자규모가 50만 달러 미만인 투자건수 비율은?

① 83.6% ② 74.9%

③ 68.6% ④ 62.8%

24 다음 중 100만 달러 이상의 투자건수 비율은?

① 16.4% ② 19.6%

③ 23.5% ④ 26.1%

25 **M회사는 근무 연수가 1년씩 늘어날수록 사용할 수 있는 여름휴가 일수가 하루씩 늘어난다. M회사에 근무하는 A ~ E사원은 각각 서로 다른 해에 입사하였고, 최대 근무 연수가 4년을 넘지 않는다고 할 때, 다음 내용에 따라 항상 옳은 것은?**

- 올해로 3년 차인 A사원은 여름휴가일로 최대 4일을 사용할 수 있다.
- B사원은 올해 여름휴가로 5일을 모두 사용하였다.
- C사원이 사용할 수 있는 여름휴가 일수는 A사원의 휴가 일수보다 짧다.
- 올해 입사한 D사원은 1일을 여름휴가일로 사용할 수 있다.
- E사원의 여름휴가 일수는 D사원보다 길다.

① B사원의 올해 근무 연수는 4년이다.
② C사원의 올해 근무 연수는 2년이다.
③ E사원은 C사원보다 늦게 입사하였다.
④ 근무 연수가 1년 미만이면 여름휴가를 사용할 수 없다.

26 **국제영화제 행사에 참석한 영희는 A ~ F영화를 다음 〈조건〉에 맞춰 5월 1일부터 5월 6일까지 하루에 1편씩 보려고 한다. 항상 옳은 것은?**

〈조건〉

- F영화는 3일과 4일 중 하루만 상영된다.
- D영화는 C영화가 상영된 날 이틀 후에 상영된다.
- B영화는 C, D영화보다 먼저 상영된다.
- 첫째 날 B영화를 본다면, 5일에 반드시 A영화를 본다.

① A영화는 C영화보다 먼저 상영될 수 없다.
② C영화는 E영화보다 먼저 상영된다.
③ D영화는 5일에 상영되거나 폐막작으로 상영될 수 없다.
④ B영화는 1일 또는 2일에 상영된다.

27 M사는 자율출퇴근제를 시행하고 있다. 출근시간은 12시 이전에 자유롭게 할 수 있으며 본인 업무량에 비례하여 근무하고 바로 퇴근한다. 다음 1월 28일의 업무에 대한 〈조건〉을 고려할 때 항상 옳은 것은?

〈조건〉

- 점심시간은 12시부터 1시까지이며 점심시간에는 업무를 하지 않는다.
- 업무 1개당 1시간이 소요되며, 출근하자마자 업무를 시작하여 쉬는 시간 없이 근무한다.
- M사에 근무 중인 K팀의 A, B, C, D는 1월 28일에 전원 출근했다.
- A와 B는 오전 10시에 출근했다.
- B와 D는 오후 3시에 퇴근했다.
- C는 팀에서 업무가 가장 적어 가장 늦게 출근하여 가장 빨리 퇴근했다.
- D는 B보다 업무가 1개 더 많았다.
- A는 C보다 업무가 3개 더 많았고, A는 팀에서 가장 늦게 퇴근했다.
- 이날 K팀은 가장 늦게 출근한 사람과 가장 늦게 퇴근한 사람을 기준으로, 오전 11시에 모두 출근하였으며 오후 4시에 모두 퇴근한 것으로 보고되었다.

① A는 4개의 업무를 하고 퇴근했다.
② B의 업무는 A의 업무보다 많았다.
③ C는 오후 2시에 퇴근했다.
④ A와 B는 팀에서 가장 빨리 출근했다.

28 M전자회사의 기획팀에 근무 중인 K사원은 자사에 대한 마케팅 전략 보고서를 작성하려고 한다. K사원이 SWOT 분석을 한 결과가 다음과 같을 때, 분석 결과에 대응하는 전략과 그 내용의 연결이 옳지 않은 것은?

〈M전자회사 SWOT 분석 결과〉

강점(Strength)	약점(Weakness)
• 세계 판매량 1위의 높은 시장 점유율 • 제품의 뛰어난 내구성 • 다수의 특허 확보	• 보수적 기업 이미지 • 타사 제품에 비해 높은 가격 • 경쟁업체 제품과의 차별성 약화
기회(Opportunity)	**위협(Threat)**
• 경쟁업체 제품의 결함 발생 • 해외 신규시장의 등장 • 인공지능, 사물인터넷 등 새로운 기술 등장	• 중국 업체의 성장으로 가격 경쟁 심화 • 미·중 무역전쟁 등 시장의 불확실성 증가에 따른 소비 위축

① SO전략 – 뛰어난 내구성을 강조한 마케팅 전략 수립
② SO전략 – 확보한 특허 기술을 바탕으로 사물인터넷 기반의 신사업 추진
③ WO전략 – 안정적인 기업 이미지를 활용한 홍보 전략으로 해외 신규시장 진출
④ ST전략 – 해외 공장 설립으로 원가 절감을 통한 가격 경쟁력 확보

29 M금고에서는 동절기에 인력을 감축하여 운영한다. 다음의 〈조건〉을 고려할 때, 동절기 업무시간 단축 대상자는 누구인가?

〈동절기 업무시간 단축 대상자 현황〉

구분	업무성과 평가	통근거리	자녀 유무
최나래	C	3km	×
박희영	B	5km	○
이지규	B	52km	×
박슬기	A	55km	○
황보연	D	30km	○
김성배	B	75km	×
이상윤	C	60km	○
이준서	B	70km	○
김태란	A	68km	○
한지혜	C	50km	×

〈조건〉

- M금고의 동절기 업무시간 단축 대상자는 총 2명이다.
- 업무성과 평가에서 상위 40% 이내에 드는 경우 동절기 업무시간 단축 대상 후보자가 된다. (단, 평가는 A>B>C>D로 매기고, 동순위자 발생 시 동순위자를 모두 고려한다)
- 통근거리가 50km 이상인 경우에만 동절기 업무시간 단축 대상자가 될 수 있다.
- 동순위자 발생 시 자녀가 있는 경우에는 동절기 업무시간 단축 대상 우선순위를 준다.
- 위의 조건에서 대상자가 정해지지 않은 경우, 통근거리가 가장 먼 직원부터 대상자로 선정한다.

① 황보연, 이상윤　　② 박슬기, 김태란

③ 이준서, 김태란　　④ 이준서, 김성배

30 다음과 같이 M야구단의 락커룸 8개가 준비되어 있다. 8명의 새로 영입된 선수들이 주어진 〈조건〉에 따라 각각 하나의 락커룸을 배정받을 때, 배정받을 수 있는 경우의 수는 모두 몇 가지인가?

〈락커룸〉

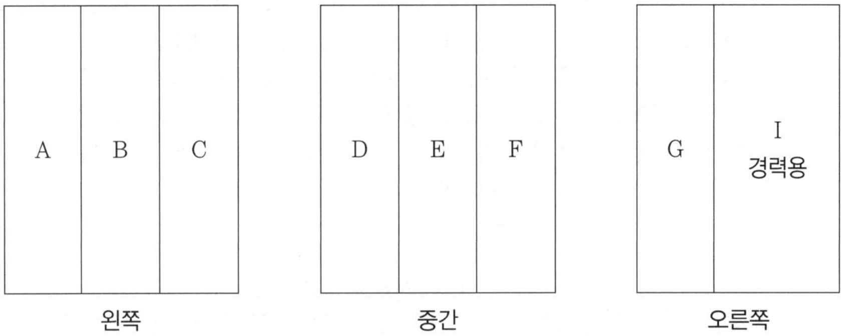

〈조건〉

- 락커룸은 그림과 같이 왼쪽에 3개, 중간에 3개, 오른쪽에 2개가 준비되어 있고, 영입선수 중 2명은 경력선수이고, 나머지는 신입선수이다.
- 오른쪽 끝 락커룸 I에는 경력 선수 2명 중 1명만 배정될 수 있다.
- 왼쪽 락커룸 A, B, C에는 신입선수 2명이 신청하였다.
- 중간 락커룸에 D, E, F에는 신입선수 1명이 신청하였다.
- 굳이 신청 의사가 없는 선수는 임의로 배정받아도 된다.

① 72가지
② 96가지
③ 632가지
④ 864가지

31 인재개발원에서 근무하는 L사원은 IT전략실의 K주임에게 대관 문의를 받았다. 문의내용과 인재개발원 대관안내 자료를 참고하여 K주임에게 안내할 대관료를 바르게 구한 것은?

K주임 : 안녕하세요. IT전략실 IT운영처에서 근무하는 K주임입니다. 다름이 아니라 다음 달 첫째 주 토요일에 인재개발원에서 IT전략실 세미나 행사를 진행하려고 하는데, 대관료 안내를 받으려고 연락드렸습니다. IT기획처와 IT개발처는 같은 곳에서 세미나를 진행하고, IT운영실은 별도로 진행하려고 하는데, 면적이 가장 큰 교육시설과 면적이 2번째로 작은 교육시설을 각각 3시간씩 대관하고 싶습니다. 세미나가 끝난 후에는 친목도모를 위한 레크리에이션 행사를 3시간 진행하려고 하는데, 다목적홀, 이벤트홀, 체육관 중 가장 저렴한 가격으로 이용할 수 있는 곳을 대관했으면 좋겠습니다. 이렇게 했을 때 대관료는 얼마일까요?

〈인재개발원 대관안내〉

구분		면적	대관료(원)		비고
			기본사용료	1시간당 추가사용료	
교육시설	강의실(대)	177.81m^2	129,000	64,500	• 기본 2시간 사용 원칙 • 토, 일, 공휴일 10% 할증
	강의실(중)	89.27m^2	65,000	32,500	
	강의실(소)	59.48m^2	44,000	22,000	
	세미나실	132.51m^2	110,000	55,000	
다목적홀		492.25m^2	585,000	195,000	• 기본 3시간 사용 원칙 • 토, 일, 공휴일 10% 할증 • 토, 일, 공휴일 이벤트홀 휴관
이벤트홀		273.42m^2	330,000	110,000	
체육관		479.95m^2	122,000	61,000	• 기본 2시간 사용 원칙

① 463,810원 ② 473,630원

③ 493,450원 ④ 503,100원

32 다음 글에서 과장이 사원에게 지도하고 있는 방식에 대한 설명으로 적절하지 않은 것은?

> 사원 : 과장님, 이번에 추가된 업무가 너무 많아서 부담스럽습니다. 업무가 추가되기 전에도 처리해야 하는 업무량이 많아서 너무 걱정입니다.
>
> 과장 : 잘 알고 있습니다. 하지만 현재 상황이 한정된 인원으로 업무를 수행해야 하기 때문에 어쩔 수 없는 결정이었습니다. 새로운 업무를 어떻게 수행해야 할지 이야기 해봅시다.
>
> 사원 : 과장님, 다시 한 번 말씀드리지만 새로운 업무를 처리하는 데 시간이 너무 부족합니다. 다른 방법을 찾아야 할 것 같습니다.
>
> 과장 : 혹시 좋은 아이디어가 있나요?
>
> 사원 : 업무를 검토해 보니 중복되는 내용이 많이 있어서 하나로 통합하면 다른 업무를 처리할 시간이 생길 것 같습니다.
>
> 과장 : 좋습니다. 조금 더 자세히 말해줄래요?
>
> 사원 : 고객들이 알아들을 수 없는 불필요한 내용을 삭제하고 고객의 요구를 정리해서 중복되는 내용은 삭제하는 것이 좋을 것 같습니다. 나머지 팀원들도 제 의견과 다르지 않다고 생각합니다.
>
> 과장 : 알겠습니다. 솔직하게 의견을 내주셔서 감사합니다. 이제 새로운 업무를 어떻게 진행시킬 수 있을지에 대해 생각해 보면 될 것 같습니다.

① 커뮤니케이션 과정의 모든 단계에서 활용할 수 없다.

② 통제보다는 경청과 지원을 통해 성과를 이끌어낸다.

③ 다른 사람을 지도하는 측면보다 이끌어주고 영향을 미친다.

④ 명령이나 지시를 내리는 것보다 시간이 많이 든다.

33 다음과 같은 조직의 구분에 따라 〈보기〉에서 비영리조직에 해당하는 것을 모두 고르면?

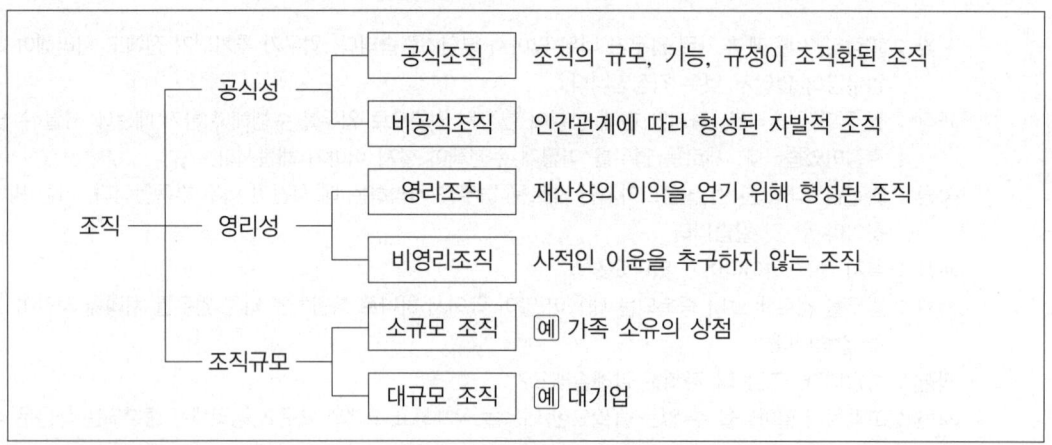

조직	공식성	공식조직	조직의 규모, 기능, 규정이 조직화된 조직
		비공식조직	인간관계에 따라 형성된 자발적 조직
	영리성	영리조직	재산상의 이익을 얻기 위해 형성된 조직
		비영리조직	사적인 이윤을 추구하지 않는 조직
	조직규모	소규모 조직	예 가족 소유의 상점
		대규모 조직	예 대기업

〈보기〉

ㄱ. 사기업
ㄴ. 정부조직
ㄷ. 병원
ㄹ. 대학
ㅁ. 시민단체

① ㄱ, ㄷ
② ㄱ, ㄷ, ㄹ
③ ㄴ, ㄹ, ㅁ
④ ㄴ, ㄷ, ㄹ, ㅁ

34 다음 중 맥킨지의 3S 기법에서 Situation에 해당하는 발언은?

① 죄송하지만 저도 현재 업무가 많아 그 부탁은 들어드리기 힘들 것 같습니다.
② 힘들지 않으세요? 저도 겪어봐서 그 마음 잘 알고 있습니다.
③ 그 일을 도와드릴 수 있는 다른 사람을 추천해드리겠습니다.
④ 다음 달에는 가능할 것 같은데 괜찮으신가요?

35 다음 글을 읽고 리더(Leader)의 입장에서 이해한 내용으로 가장 적절한 것은?

> 존 맥스웰(John Maxwell)의 저서 『121가지 리더십 불변의 법칙』에서는 첫 번째 법칙으로 '뚜껑의 법칙'이 소개된다. 뚜껑의 법칙이란 용기(容器)를 키우려면 뚜껑의 크기도 그에 맞게 키워야만 용기로써의 역할을 제대로 할 수 있으며, 그렇지 않으면 병목 현상이 생겨 제 역할을 할 수 없다는 것이다.

① 리더는 자신에 적합한 인재를 등용할 수 있어야 한다.
② 참된 리더는 부하직원에게 기회를 줄 수 있어야 한다.
③ 리더는 부하직원의 실수도 포용할 수 있어야 한다.
④ 크고 작은 조직의 성과는 리더의 역량에 달려 있다.

36 다음 글에서 알 수 있는 조사의 내용으로 옳지 않은 것은?

> **〈고객만족도 제고를 위한 집단심층면접(Focus Group Interview; FGI) 조사 공고〉**
>
> 고객님께 더 나은 서비스를 제공하고자 고객만족도 제고를 위한 집단심층면접 조사를 실시하게 되어 이를 공고합니다.
>
> • 조사개요
> – 조사명 : 고객만족도 제고를 위한 집단심층면접 조사
> – 조사대상 : 서비스 이용 고객
> – 조사기간 : 2025년 10월
> – 조사수행업체 : 강천리서치(123-456-7890)
>
> • 조사목적 및 내용
> – 선별된 주요 고객과의 심층 인터뷰를 통해 고객의 불만해소, 니즈 파악, 이후의 사업 관련 정보 입수 목적
> – 사업별 만족 요인 심층 조사
> – 전반적인 서비스 만족 / 불만족 주요 요인에 대한 심층 조사
> – 개선이 필요한 서비스 심층 조사

① 고객에 대한 대응 및 고객과의 관계 유지 파악 목적이다.
② 평균치 계산으로 많은 목적이 달성된다.
③ 고객심리 및 평가의 결정요인에 대한 해명 등이 분석의 대상이다.
④ 고객만족도 수준은 어떠한 상황에 있는지, 어떠한 요인에 의해 결정되는지 등 전체적인 관점에서 조사한다.

37 **다음은 A사 내부에서의 사업 추진 상황에 대한 부서별 협상 과정이다. 이에 대한 설명으로 옳지 않은 것을 〈보기〉에서 모두 고르면?**

> A사 운영팀은 사내 추계 체육대회를 계획 중이다. 운영팀은 구체적인 일시와 함께 운동장 대여 및 경품과 도시락 경비 등으로 총 800만 원이 소요되는 경비계획을 포함한 추진안을 재무팀에 전달하였다. 운영팀은 추계 체육대회를 반드시 추진하고자 하며, 이를 위해서는 재무팀의 동의가 반드시 필요하다.
> 재무팀은 체육대회 추진은 가능하지만, 경비로 560만 원 이내의 금액이 소요되어야 한다는 점을 전달하였다. 그러나 운영팀은 기존 경비계획을 일부만 수정하여 총경비가 740만 원이 소요되는 안을 다시 제출하였고, 재무팀은 동일한 이유로 추진이 불가하다는 의견을 전달하였다.
> 하지만 운영팀은 계속하여 600만 원을 초과하는 안을 제출하였고, 재무팀은 해당 안들에 대해 어떠한 추가 의견도 전달하지 않고 있다.

〈보기〉

ㄱ. A사 재무팀은 추계 체육대회 추진안과 관련하여 운영팀과의 협상에서 회피전략을 취하고 있다.
ㄴ. A사 운영팀은 유화전략에 비해 합의도출이 상대적으로 어려운 전략을 취하고 있다.
ㄷ. A사 재무팀은 결과보다는 상대방과의 우호적 관계 유지를 목표로 하여 협상에 임하고 있다.
ㄹ. A사 운영팀은 협력전략을 통해 재무팀의 동의를 이끌어내고자 하고 있다.

① ㄱ, ㄴ
② ㄱ, ㄷ
③ ㄴ, ㄷ
④ ㄷ, ㄹ

38 **다음은 새로 부임한 김과장에 대한 직원들의 대화 내용이다. 키슬러의 대인관계 의사소통에 따를 때, 김과장에게 해줄 조언으로 가장 적절한 것은?**

> A직원 : 최과장님이 본사로 발령 나시면서 홍보팀에 과장님이 새로 부임하셨다며, 어떠셔? 계속 지방에 출장 중이어서 이번에 처음 뵙는데 궁금하네.
> B직원 : 김과장님? 음. 되게 능력이 있으시다고 들었어. 회사에서 상당한 연봉을 제시해 직접 스카웃했다고 들었거든. 근데, 좀 직원들에게 관심이 너무 많으셔.
> C직원 : 맞아. 최과장님은 업무를 지시하시고 나서는 우리가 보고할 때까지 아무 간섭 안 하시고 보고 후에 피드백을 주셔서 일하는 중에는 부담이 덜했잖아. 근데 새로 온 김과장님은 업무 중간 중간에 어디까지 했냐? 어떻게 처리되었냐? 이렇게 해야 한다. 저렇게 해야 한다. 계속 말씀하셔서 너무 눈치 보여. 물론 바로바로 피드백을 받을 수 있어 수정이 수월하긴 하지만 말이야.
> B직원 : 맞아. 그것도 그거지만 나는 회식 때마다 이전 회사에서 했던 프로젝트에 대해 계속 자랑하셔서 이젠 그 대사도 외울 지경이야. 물론 김과장님의 능력이 출중하다는 건 우리도 알기는 하지만….

① 독단적으로 결정하시면 대인 갈등을 겪으실 수도 있으니 직원들과의 상의가 필요합니다.
② 자신만 생각하지 마시고, 타인에게 관심을 갖고 배려해 주세요.
③ 직원들과 어울리지 않으시고 혼자 있는 것만 선호하시면 대인관계를 유지하기 어려워요.
④ 타인에 대한 높은 관심과 인정받고자 하는 욕구는 낮출 필요가 있어요.

39 다음 회의록을 참고할 때, 고객지원팀의 강대리가 해야 할 일로 옳지 않은 것은?

〈회의록〉

회의일시	2025년 8월 1일	부서	기획팀, 시스템개발팀, 고객지원팀
참석자	기획팀 김팀장, 박대리 / 시스템개발팀 이팀장, 김대리 / 고객지원팀 유팀장, 강대리		
회의안건	홈페이지 내 이벤트 신청 시 발생하는 오류로 인한 고객 불만에 따른 대처방안		
회의내용	• 홈페이지 고객센터 게시판 내 이벤트 신청 오류 관련 불만 글 확인 • 이벤트 페이지 내 오류 발생 원인에 대한 확인 필요 • 상담원의 미숙한 대응으로 고객들의 불만 증가(대응 매뉴얼 부재) • 홈페이지 고객센터 게시판에 사과문 게시 • 고객 불만 대응 매뉴얼 작성 및 이벤트 신청 시스템 개선 • 추후 유사한 이벤트 기획 시 기획안 공유 필요		

① 오류 발생 원인 확인 및 신청 시스템 개선

② 상담원 대상으로 CS 교육 실시

③ 홈페이지 내 사과문 게시

④ 민원 처리 및 대응 매뉴얼 작성

40 다음 글의 ㉠과 같은 상황에서의 주의사항으로 옳지 않은 것은?

> 김대리 : 좋은 직장과 안 좋은 직장을 알 수 있는 기준은 참 많지만, 하나를 골라보라면 인수인계를 고를 겁니다. 전임자가 회사를 도망치듯 나오거나, 회사 자체가 인수인계의 중요성을 모르거나, 후임자가 알아서 적응하는 것을 당연시하는 모습을 관행으로 여긴다면 좋은 회사일 리가 없죠.
>
> 정대리 : 저도 그렇게 생각해요. 인수인계를 잘 하는 것이 조직의 경쟁력 중에 하나가 될 수 있는데 말이죠. 앞서 일을 맡은 사람이 긴 시간 동안 보고 듣고 느낀 내용 중 가장 중요한 것만 전달할 수 있는 학습의 장이자, 업무의 질을 한 단계 울릴 수 있는 시간으로 만들 수도 있는데요.
>
> 임대리 : 그러게 말이에요. 제가 지금 딱 그 상황입니다. 이번 달에 부서 이동을 했어요. 업무를 진행하기 전 인수인계 자료를 보면서 업무 파악을 하고 있어요. 그런데 전임자였던 김과장님이 정말 기본적인 정보 외에는 주지 않더군요. 물어볼 사항이 한두 가지가 아닌데, 경쟁자로 의식하나 봅니다. ㉠ 이전에 김과장님이 작성했던 보고서를 참고하려고 자료를 요청했는데, 자신이 직접 작성한 거라 공유하기가 어렵다고 하더군요. 그나마 시급한 문제들은 장과장님이 도와준 덕분에 잘 해결되었으니 다행이죠.
>
> 이대리 : 저도 곧 인사발령이 나면 제 업무를 누군가가 담당해야 할 텐데, 김과장님처럼 본인의 담당업무 외에 일을 맡지 않으려는 분이 있으니 마음이 좀 무겁네요. 서로 도우면 좋을 텐데 말이에요.

① 전임자의 업무 경험과 같이 파일을 공유해야 한다.
② 팀 단위의 상황에서는 과거 사례를 바탕으로 팀원의 핵심역량에 대해 인계해야 한다.
③ 맡았던 모든 일을 일일이 디테일하게 다 알려주어야 한다.
④ 조직 내에서 현재 진행하고 있는 일에 대해 주요 이슈별로 정리해서 현재 진척 상황을 공유해야 한다.

4권

제4회 MG새마을금고 지역본부 필기전형

〈문항 수 및 시험시간〉

영역		문항 수	시험시간	모바일 OMR 답안채점 / 성적분석 서비스
NCS 직업기초능력평가	의사소통능력 수리능력 문제해결능력 조직이해능력 대인관계능력	40문항	40분	

※ 문항 수 및 시험시간은 2025년 상반기 채용공고를 참고하여 구성하였습니다.

※ 시험시간이 종료되고 OMR 답안카드에 마킹하거나 시험지를 넘기는 행동은 부정행위로 간주합니다.

제4회 모의고사

문항 수 : 40문항
시험시간 : 40분

01 다음 〈보기〉의 문장이 들어갈 위치로 가장 적절한 곳은?

(가) 1783년 영국 자연철학자 존 미첼은 빛은 입자라는 생각과 뉴턴의 중력이론을 결합한 이론을 제시하였다. 그는 우선 별들이 어떻게 보일 것인지 사고 실험을 통해 예측하였다.
별의 표면에서 얼마간의 초기 속도로 입자를 쏘아 올려 아무런 방해 없이 위로 올라간다고 가정해보자. (나) 만약에 초기 속도가 충분히 빠르지 않으면 별의 중력은 입자의 속도를 점점 느리게 할 것이며, 결국 그 입자를 별의 표면으로 되돌아가게 할 것이다. 만약 초기 속도가 충분히 빠르면 입자는 중력을 극복하고 별을 탈출할 수 있을 것이다. 이렇게 입자가 별을 탈출할 수 있는 최소한의 초기 속도는 '탈출 속도'라고 불린다.
(다) 이를 바탕으로 미첼은 '임계 둘레'라는 것도 추론해냈다. 임계 둘레란 탈출 속도와 빛의 속도를 같게 만드는 별의 둘레를 말한다. 빛 입자는 다른 입자들처럼 중력의 영향을 받는다. 그로 인해 빛은 임계 둘레보다 작은 둘레를 가진 별에서는 탈출할 수 없다. 그런 별에서 약 30만 km/s의 초기 속도로 빛 입자를 쏘아 올렸을 때 입자는 우선 위로 날아갈 것이다. (라) 그런 다음 멈출 때까지 느려지다가, 결국 별의 표면으로 되돌아갈 것이다. 미첼은 임계 둘레를 쉽게 계산할 수 있었다. 태양과 동일한 질량을 가진 별의 임계 둘레는 약 19km로 계산되었다. 이러한 사고 실험을 통해 미첼은 임계 둘레보다 작은 둘레를 가진 암흑의 별들이 무척 많을 테고, 그 별들에선 빛 입자가 빠져나올 수 없기에 지구에서는 볼 수 없을 것으로 추측했다.

〈보기〉

미첼은 뉴턴의 중력이론을 이용해서 탈출 속도를 계산할 수 있었으며, 그 속도가 별 질량을 별의 둘레로 나눈 값의 제곱근에 비례한다는 것을 유도하였다.

① (가)
② (나)
③ (다)
④ (라)

02 다음 밑줄 친 단어 중 맞춤법이 옳지 않은 것은?(단, 띄어쓰기는 무시한다)

> ○○금융은 금융기술에 ㉠ 특화되고, 혁신기술로 고도화된 서비스를 ㉡ 포괄하는 금융서비스 제공을 지원하고 있습니다. 주요 사업으로는 금융정보시스템사업, 금융정보통신사업, 금융계통ICT사업, 미래성장동력사업이 있습니다. 최근 매출액은 6,256억 원을 ㉢ 달성하였습니다. 또한 동반성장형 R&D 사업화로는 빅데이터를 기반으로 한 금융정보 및 신용상태 진단 등 총 35과제로 700억 원의 사업화를 이룩하였습니다. 더불어 금융피해 예방설비 ㉣ 장애률은 전년 대비 14.5% 감소된 1.496%를 달성하였습니다.

① ㉠ ② ㉡
③ ㉢ ④ ㉣

03 다음은 문제중심학습(PBL)에 대한 내용이다. 〈보기〉 다음에 이어질 문장을 순서대로 바르게 나열한 것은?

〈보기〉

> 개인의 일상생활은 물론 사회생활에서도 의사소통능력은 매우 중요하지만, 과거에는 이러한 중요성에도 불구하고 의사소통능력에 대해 단순 암기위주의 수업을 진행해왔다.

> ㄱ. 이러한 문제중심학습(PBL)은 학생들로 하여금 학습에 더 능동적이게 참여하도록 할 뿐 아니라 자기주도적으로 문제를 해결할 수 있는 문제해결능력도 기를 수 있도록 도와준다.
> ㄴ. 따라서 의사소통능력에 관한 지식은 교수자가 단순히 기존에 확립되어 있는 지식을 학습자들에게 이해시키는 강의 교수법이 아닌, 실제 현장에서 일어나는 사례를 예로 들어 실제 현장에서 학습자들이 적용시킬 수 있는 문제중심학습(PBL)이 더 적절할 것이다.
> ㄷ. 하지만 의사소통은 단순 암기위주로 배울 수 있는 특정한 장소와 시간에 관한 단편적인 지식이 아니다. 의사소통은 본래 실제 상황에서 발생하는 현상을 잘 관찰하고 이해를 해야만 얻어질 수 있는 고차원적인 지식이기 때문이다.
> ㄹ. 단, 이때 교수자는 학생들이 다양한 문제해결능력을 기를 수 있도록 자신의 생각이나 행동들을 객관적 기준으로 생각하지 않게 하는 것이 중요하다.

① ㄱ－ㄴ－ㄷ－ㄹ ② ㄱ－ㄹ－ㄷ－ㄴ
③ ㄴ－ㄷ－ㄱ－ㄹ ④ ㄷ－ㄴ－ㄱ－ㄹ

04 다음 글의 '나'의 입장에서 비판할 수 있는 내용을 〈보기〉에서 모두 고르면?

> 어떤 사람이 내게 말했다.
> "어제 저녁, 어떤 사람이 몽둥이로 개를 때려죽이는 것을 보았네. 그 모습이 불쌍해 마음이 너무 아팠네. 그래서 이제부터는 개고기나 돼지고기를 먹지 않을 생각이네."
> 그 말을 듣고, 내가 말했다.
> "어제 저녁, 어떤 사람이 화로 옆에서 이를 잡아 태워 죽이는 것을 보고 마음이 무척 아팠네. 그래서 다시는 이를 잡지 않겠다고 맹세를 하였네."
> 그러자 그 사람은 화를 내며 말했다.
> "이는 하찮은 존재가 아닌가? 나는 큰 동물이 죽는 것을 보고 불쌍한 생각이 들어 말한 것인데, 그대는 어찌 그런 사소한 것이 죽는 것과 비교하는가? 그대는 지금 나를 놀리는 것인가?"
> 나는 좀 구체적으로 설명할 필요를 느꼈다.
> "무릇 살아 있는 것은 사람으로부터 소, 말, 돼지, 양, 곤충, 개미에 이르기까지 모두 사는 것을 원하고 죽는 것을 싫어한다네. 어찌 큰 것만 죽음을 싫어하고 작은 것은 싫어하지 않겠는가? 그렇다면 개와 이의 죽음은 같은 것이겠지. 그래서 이를 들어 말한 것이지, 어찌 그대를 놀리려는 뜻이 있었겠는가? 내 말을 믿지 못하거든, 그대의 열손가락을 깨물어 보게나. 엄지손가락만 아프고 나머지 손가락은 안 아프겠는가? 우리 몸에 있는 것은 크고 작은 마디를 막론하고 그 아픔은 모두 같은 것일세. 더구나 개나 이나 각기 생명을 받아 태어났는데, 어찌 하나는 죽음을 싫어하고 하나는 좋아하겠는가? 그대는 눈을 감고 조용히 생각해 보게. 그리하여 달팽이의 뿔을 소의 뿔과 같이 보고, 메추리를 큰 붕새와 동일하게 보도록 노력하게나. 그런 뒤에야 내가 그대와 더불어 도(道)를 말할 수 있을 걸세."
>
> – 이규보, 『슬견설』

〈보기〉

ㄱ. 중동의 분쟁에는 관심을 집중하지만, 아프리카에서 굶주림으로 죽어가는 아이들에게는 침묵하는 세계 여론
ㄴ. 우리의 역사를 객관적인 관점에서 평가해야 한다고 주장하는 한 대학의 교수
ㄷ. 집안일은 전통적으로 여자들이 해야 하는 일이므로, 남자는 집안일을 할 필요가 없다고 생각하는 우리 아빠
ㄹ. 한국인 노동자들의 처우는 개선하면서 외국인 노동자들에게 적절한 임금과 근로조건을 제공해주지 않으려 하는 한 기업의 대표
ㅁ. 구체적인 자료를 통해 범죄 사실을 입증하려는 검사

① ㄱ, ㄴ, ㄹ　　② ㄱ, ㄷ, ㄹ
③ ㄴ, ㄷ, ㄹ　　④ ㄴ, ㄹ, ㅁ

05 다음 문단을 논리적 순서대로 바르게 나열한 것은?

(가) 킬러 T세포는 혈액이나 림프액을 타고 몸속 곳곳을 순찰하는 일을 담당하는 림프 세포의 일종이다. 킬러 T세포는 감염된 세포를 직접 공격하는데, 세포 하나하나를 점검하여 바이러스에 감염된 세포를 찾아낸다. 이 과정에서 바이러스에 감염된 세포가 킬러 T세포에게 발각되면 죽게 된다. 그렇다면 킬러 T세포는 어떤 방법으로 바이러스에 감염된 세포를 파괴할까?

(나) 지금도 우리 몸의 이곳저곳에서는 비정상적인 세포분열이나 바이러스 감염이 계속되고 있다. 하지만 우리 몸에 있는 킬러 T세포가 병든 세포를 찾아내 파괴하는 메커니즘이 정상적으로 작동하고 있는 한 건강한 상태를 유지할 수 있다. 이렇듯 면역 시스템은 우리 몸을 지켜주는 수호신이다. 또한 우리 몸이 유기적으로 잘 짜인 구조임을 보여주는 좋은 예라고 할 수 있다.

(다) 그다음 킬러 T세포가 활동한다. 킬러 T세포는 자기 표면에 있는 TCR(T세포 수용체)을 통해 세포 밖으로 나온 MHC와 펩티드 조각이 결합해 이루어진 구조를 인식함으로써 바이러스 감염 여부를 판단한다. 만약 MHC와 결합된 펩티드가 바이러스 단백질의 것이라면 킬러 T세포는 활성화되면서 세포를 공격하는 단백질을 감염된 세포 속으로 보낸다. 이렇게 킬러 T세포의 공격을 받은 세포는 곧 죽게 되며 그 안의 바이러스 역시 죽음을 맞이하게 된다.

(라) 우리 몸은 자연적 치유의 기능을 가지고 있다. 자연적 치유는 우리 몸에 바이러스(항원)가 침투하더라도 외부의 도움 없이 이겨낼 수 있는 면역 시스템을 가지고 있다는 것을 의미한다. 그런데 이러한 면역 시스템에 관여하는 세포 중에서 매우 중요한 역할을 하는 세포가 있다. 그것은 바로 바이러스에 감염된 세포를 직접 찾아내 제거하는 킬러 T세포(Killer T Cells)이다.

(마) 면역 시스템에서 먼저 활동을 시작하는 것은 세포 표면에 있는 MHC(주요 조직 적합성 유전자 복합체)이다. MHC는 꽃게 집게발 모양의 단백질 분자로 세포 안에 있는 단백질 조각을 세포 표면으로 끌고 나오는 역할을 한다. 본래 세포 속에는 자기 단백질이 대부분이지만, 바이러스에 감염되면 원래 없던 바이러스 단백질이 세포 안에 만들어진다. 이렇게 만들어진 자기 단백질과 바이러스 단백질은 단백질 분해효소에 의해 펩티드 조각으로 분해되어 세포 속을 떠돌아다니다가 MHC와 결합해 세포 표면으로 배달되는 것이다.

① (가) – (나) – (마) – (라) – (다)
② (나) – (다) – (가) – (라) – (마)
③ (다) – (가) – (마) – (나) – (라)
④ (라) – (가) – (마) – (다) – (나)

06 다음 글을 읽고 이해한 내용으로 적절하지 않은 것은?

블록체인이 무엇일까. 일반적으로 블록체인은 '분산화된 거래장부' 방식의 시스템으로, 거래 정보를 개인 간 거래(P2P) 네트워크에 분산해 장부에 기록하고 참가자가 그 장부를 공동관리 함으로써 중앙집중형 거래 기록보관 방식보다 보안성이 높은 시스템이라고 정의한다. 보통 사람들은 모든 사용자가 동일한 장부를 보유하고 거래가 일어나면 한쪽에서 고친 내용이 네트워크를 타고 전체에 전파된다는 사실까지는 쉽게 이해하지만, 왜 이런 분산원장 방식이 중앙집중형 관리 방식보다 안전한지까지는 쉽사리 납득하지 못하고 있다. 이는 블록체인에 대한 중요한 특성 한 가지를 간과했기 때문인데 이것이 바로 합의(Consensus) 알고리즘이다. 블록체인 네트워크에서 '합의'는 모든 네트워크 참여자가 같은 결과값을 결정해 나아가는 과정을 뜻한다. 블록체인은 탈중앙화된 즉, 분산된 원장을 지니고 있는 개개인이 운영해나가는 시스템으로 개인들이 보유하고 있는 장부에 대한 절대 일치성(Conformity)이 매우 중요하며, 이를 위해 블록체인은 작업증명(Proof of Work)이라는 합의 알고리즘을 사용한다.

작업증명은 컴퓨터의 계산 능력을 활용하여 거래 장부(블록)를 생성하기 위한 특정 숫자 값을 산출하고 이를 네트워크에 참여한 사람에게 전파함으로써 장부를 확정한다. 여기서 특정 숫자 값을 산출하는 행위를 채굴이라 하고, 이 숫자 값을 가장 먼저 찾아내서 전파한 노드 참가자에게 비트코인과 같은 보상이 주어진다. 네트워크 참여자들은 장부를 확정하기 위한 특정 숫자 값을 찾아내려는 목적으로 지속적으로 경쟁하며, 한 명의 채굴자가 해답을 산출하여 블록을 생성 전파하면 타 채굴자는 해당 블록에 대한 채굴을 멈추고 전파된 블록을 연결하는 작업을 수행한다. 그렇다면 동시에 여러 블록들이 완성되어 전파된다면 어떤 일이 발생할까?

예를 들어 내가 100번 블록까지 연결된 체인을 가지고 있고, 101번째 블록을 채굴하고 있던 도중 이웃으로부터 101번(a)이라는 블록을 받아 채택한 후 102번째 블록을 채굴하고 있었다. 그런데 타 참가자로부터 101번(b)이라는 블록으로부터 생성된 102번째 블록이 완성되어 전파되었다. 이런 경우, 나는 102번째 블록과 103번째 블록을 한꺼번에 채굴하여 전파하지 않는 이상 101(a)를 포기하고 101(b)와 102번째 블록을 채택, 103번째 블록을 채굴하는 것이 가장 합리적이다.

블록체인의 일치성은 이처럼 개별 참여자가 자기의 이익을 최대로 얻기 위해 더 긴 블록체인으로 갈아타게 되면서 유지되는 것이다. 마치 선거를 하듯 노드 투표를 통해 과반수의 지지를 받은 블록체인이 살아남아 승자가 되는 방식으로 블록체인 네트워크 참여자들은 장부의 일치성을 유지시켜 나간다. 이 점 때문에 블록체인 네트워크에서 이미 기록이 완료된 장부를 조작하려면, 과반수 이상의 참여자가 가지고 있는 장부를 동시에 조작해야 하는데 실질적으로 이는 거의 불가능에 가까워 "분산원장 방식이 중앙집중형 방식보다 보안에 강하다."라는 주장이 도출되는 것이다.

① 작업증명에서 특정 숫자 값을 먼저 찾아내서 전파할 경우 보상이 주어진다.
② 블록체인의 일치성은 개별 참여자가 더 긴 블록체인으로 갈아타게 되면서 유지된다.
③ 거래장부 기록 방식은 분산원장 방식이 중앙집중형 관리 방식보다 안전하다.
④ 타인으로부터 특정 블록이 완성되어 전파된 경우, 특정 블록에 대해 경쟁하는 것이 합리적이다.

07 다음 글을 읽고 추론한 내용으로 가장 적절한 것은?

색채는 상징성과 이미지를 지니는 동시에 인간과 심리적 교감을 나눈다. 과거 노란색은 중국 황제를 상징했고, 보라색은 로마 황제의 색이었다. 또한 붉은색은 공산주의의 상징이었다. 백의민족이라 불린 우리 민족은 태양의 광명인 흰색을 숭상했던 것으로 보여진다. 이처럼 각 색채는 희망・열정・사랑・생명・죽음 등 다양한 상징을 갖고 있다. 여기에 각 색깔이 주는 독특한 자극은 인간의 감성과 심리에 큰 영향을 미치고 있으며, 이는 색채심리학이라는 학문의 등장으로 이어졌다.

색채심리학이란 색채와 관련된 인간의 행동(반응)을 연구하는 심리학을 말한다. 색채심리학에서는 색각(色覺)의 문제로부터, 색채가 가지는 인상・조화감 등에 이르는 여러 문제를 다룬다. 그뿐만 아니라 생리학・예술・디자인・건축 등과도 관계를 가진다. 특히 색채가 어떠하며, 우리 눈에 그것이 어떻게 보이고, 어떤 느낌을 주는지는 색채심리학이 다루는 연구대상 중 가장 주요한 부분이다.

우리는 보통 몇 가지의 색을 동시에 보게 된다. 이럴 경우 몇 가지의 색이 상호작용을 하므로, 한 가지의 색을 볼 때와는 다른 현상이 일어난다. 그 대표적인 것이 대비(對比) 현상이다. 색채의 대비는 2개 이상의 색을 동시에 보거나 계속해서 볼 때 일어나는 현상이다. 전자를 '동시 대비', 후자를 '계속 대비'라 한다. 이때 제시되는 색은 서로 영향을 미치며, 각기 지니고 있는 색의 특성을 더욱 강조하는 경향이 생긴다.

이러한 색의 대비 현상을 살펴보면, 색에는 색상・명도(색의 밝기 정도)・채도(색의 선명도)의 3가지 속성이 있으며, 이에 따라 색상 대비・명도 대비・채도 대비의 3가지 대비를 볼 수 있다. 색상 대비는 색상이 다른 두 색을 동시에 이웃하여 놓았을 때 두 색이 서로의 영향으로 색상 차가 나는 현상이다. 다음으로 명도 대비는 명도가 다른 두 색을 이웃하거나 배색하였을 때 밝은 색은 더욱 밝게, 어두운 색은 더욱 어둡게 보이는 현상으로 볼 수 있다. 그리고 채도 대비는 채도가 다른 두 색을 인접시켰을 때 서로의 영향을 받아 채도가 높은 색은 더욱 높아 보이고 채도가 낮은 색은 더욱 낮아 보이는 현상을 말한다.

오늘날 색의 대비 현상은 일상생활에서 많이 활용되고 있다. 색채를 활용하여 먼 거리에서 더 잘 보이게 하거나 뚜렷하게 보이도록 해야 할 때가 있는데, 그럴 경우에는 배경과 그 앞에 놓이는 그림의 속성 차를 크게 해야 한다. 일반적으로 배경색과 그림색의 속성이 다르면 다를수록 그림은 명확하게 인지되고, 멀리서도 잘 보인다. 색의 대비 중 이와 같은 현상에 가장 영향을 미치는 것은 명도 대비이며 그다음이 색상 대비, 채도 대비의 순이다. 특히, 멀리서도 잘 보여야 하는 표지류 등은 대비량이 큰 색을 사용한다.

색이 우리 눈에 보이는 현상으로는 이 밖에도 잔상색・순응색 등이 있다. 흰 종이 위에 빨간 종이를 놓고 잠깐 동안 주시한 다음 빨간 종이를 없애면, 흰 종이 위에 빨간 청록색이 보인다. 이것이 이른바 보색잔상으로서 비교적 밝은 면에서 잔상을 관찰했을 때 나타나는 현상이다. 그러나 암흑 속이나 백광색의 자극을 받을 때는 매우 복잡한 양상을 띤다. 또 조명광이나 물체색(物體色)을 오랫동안 계속 쳐다보고 있으면, 그 색에 순응되어 색의 지각이 약해진다. 그래서 조명에 의해 물체색이 바뀌어도 자신이 알고 있는 고유의 색으로 보이게 되는데 이러한 현상을 '색순응'이라고 한다.

① 어두운 밝기의 회색이 검은색 바탕 위에 놓일 경우 밝아 보이는데 이는 채도 대비로 볼 수 있다.

② 연두색 배경 위에 놓인 노란색은 좀더 붉은 색을 띠게 되는데 이는 색상 대비로 볼 수 있다.

③ 무채색 위에 둔 유채색이 훨씬 선명하게 보이는 현상은 명도 대비로 볼 수 있다.

④ 색의 물체를 응시한 후 흰 벽으로 눈을 옮기면 전자의 색에 칠하여진 동형의 상을 볼 수 있는데 이는 색순응으로 볼 수 있다.

08 **다음 중 자동차산업의 경쟁력 약화 요인에 대한 설명으로 적절하지 않은 것은?**

> 국내 자동차산업이 내·외부적인 리스크에 직면해 있다. 8년 연속 자동차생산 세계 5위의 성과를 거두는 등 글로벌 시장에서 위상이 높아졌지만, 인구구조의 변화와 가계부채 확대 등 국내시장의 수요 정체와 판매 구성의 악화, 수입차 확대, 환율 변동 등 자동차 업체의 경쟁력 약화 요인 증가로 어려움이 가중되고 있다.
> 국내 자동차산업의 경쟁력 약화 요인으로는 먼저 인구구조의 고령화를 들 수 있다. 특히 최대 수요층으로 국내시장의 확대를 주도했던 베이비붐 세대의 은퇴가 본격적으로 진행되면서 이에 따른 소득 감소로 인하여 구매 여력이 감소하고, 생산 부문에도 부정적인 영향이 발생하고 있다.
> 또한 959조 원에 달하는 가계부채도 자동차 수요 위축을 가져올 수 있는 최대 잠재위험 요인이다. 가계부채가 주로 주택담보대출에 집중되어 있어 부동산 경기 침체로 인한 자산가격 하락과 금리상승에 의한 이자상환 부담 증가가 가계소비 감소를 가져오고 있기 때문이다.
> 또한 차급 구조가 경차와 SUV의 비중은 증가하는 반면, 준중형과 중형 승용의 점유율은 하락하는 등 판매 구성도 악화되고 있다. SUV 등 성장 차급도 소형 차급의 비중이 증가하고 있고, 대형차급에서도 수입차 비중이 커지는 등 국내업체의 수익성 악화가 예상된다. 여기에 수입차는 FTA 발효에 따른 가격 경쟁력 향상, 다양한 신차 출시, 구매에 대한 심리적 장벽 약화로 판매가 중소형 모델로까지 확대되고 있어 국산차의 위치가 위협받는 상황이다.
> 최근 환율 상황도 큰 문제이다. 2012년 말부터 시작된 엔/달러 환율 상승세와 원/달러 환율 하락세의 환율 흐름이 장기화될 경우 신흥시장에서 일본업체의 공세는 강화되어 직접 경쟁구도를 형성하고 있는 국내 업체의 수익성 악화가 부담으로 작용할 전망이다.
> 1990년대 이후 자국시장의 방어 실패와 생산기반 약화로 위기를 겪으며 침체가 지속되고 있는 이탈리아의 경험은 시사하는 바가 크다. 일본도 1990년대 초 부동산시장 침체로 촉발된 장기 침체가 고령화, 엔고, 정부정책 등과 맞물리면서 자동차 판매 감소와 생산 경쟁력 약화가 빠르게 진행되었다. 이 시기 일본업체들은 수익성 악화에 대응하기 위해 해외 현지생산 규모를 확대하는 방식으로 돌파구를 마련했었다.
> 현재 국내 자동차산업은 새로운 도전에 직면해 있다. 산적해 있는 리스크 요인을 해소하고 성장을 지속하기 위해서는 협력적이고 생산적인 노사관계를 토대로 임금 및 노동 유연성과 생산성 제고 등을 통한 현장 경쟁력 제고가 절실하다. 이를 위해 정부, 기업, 노조 간의 생산적이고 협력적인 논의가 필요하며, 최근의 리스크 요인들을 경쟁력 강화의 계기로 삼아 변화와 혁신을 지속적으로 추진해야 할 것이다.

① 인구가 고령화되고 있다.
② 가계부채가 증가하고 있다.
③ 엔/달러 환율이 하락하고 원/달러 환율이 상승하고 있다.
④ 대형차급에서 수입차 비중이 증가하고 있다.

09 다음 글의 ㉠과 같은 시기에 대한 설명으로 가장 적절한 것은?

> 하나의 패러다임 형성은 애초에 불완전하고, 다만 이후 연구의 방향을 제시하고 소수 특정 부분의 성공적인 결과를 약속할 수 있을 뿐이다. 그러나 패러다임의 정착은 연구의 정밀화, 집중화 등을 통하여 자기 지식을 확장해가며 차츰 폭넓은 이론 체계를 구축한다.
> 철학자 토마스 쿤은 이처럼 과학자들이 패러다임을 기반으로 하여 연구를 진척시키는 것을 '정상과학'이라고 부른다. 기초적인 전제가 확립되었으므로, 과학자들은 이 시기에 상당히 심오한 문제의 세밀한 영역들에 집중함으로써, 그렇지 않았더라면 상상조차 못했을 자연의 어느 부분을 깊이 있게 탐구하게 된다. 그에 따라 각종 실험 장치들도 정밀해지고 다양해지며, 문제를 해결해가는 특정 기법과 규칙들이 만들어진다. 연구는 이제 혼란으로서의 다양성이 아니라, 이론과 자연 현상을 일치시켜가는 지식의 확장으로서 다양성을 이루게 된다.
> 그러나 정상과학은 완성된 과학이 아니다. 과학적 사고방식과 관습, 기법 등이 하나의 기반으로 통일되어 있다는 것일 뿐 해결해야 할 과제는 무수하다. 패러다임이란 과학자들 사이의 세계관 통일이지, 세계에 대한 해석의 끝은 아니다.
> 그렇다면 ㉠ 정상과학의 시기에는 어떤 연구가 어떻게 이루어지는가? 정상과학의 시기에는 이미 이론의 핵심 부분들은 정립되어 있다. 따라서 과학자들의 연구는 근본적인 새로움을 좇아가지는 않으며, 다만 연구의 세부 내용이 좀 더 깊어지거나 넓어질 뿐이다. 이러한 시기에 과학자들의 열정과 헌신성은 무엇으로 유지될 수 있을까? 연구가 고작 예측된 결과를 좇아갈 뿐이고, 예측된 결과가 나오지 않으면 실패라고 규정되는 상태에서 과학의 발전은 어떻게 이루어지는가?
> 토마스 쿤은 이 물음에 대하여 '수수께끼 풀이'라는 대답을 제시한다. 어떤 현상의 결과가 충분히 예측된다 할지라도 정작 그 예측이 달성되는 세세한 과정은 대개 의문 속에 있게 마련이다. 자연 현상의 전 과정을 우리가 일목요연하게 알고 있는 것은 아니기 때문이다. 이론으로서의 예측 결과와 실제의 현상을 일치시키기 위해서는 여러 복합적인 기기적, 개념적, 수학적인 방법이 필요하다. 이것이 수수께끼 풀이이다.

① 패러다임을 기반으로 하여 연구를 진척하기 때문에 다양한 학설과 이론이 등장한다.
② 예측된 결과만을 좇을 수밖에 없기 때문에 과학자들의 열정과 헌신성은 낮아진다.
③ 기초적인 전제가 확립되었으므로 작은 범주의 영역에 대한 연구에 집중한다.
④ 과학자들 사이의 세계관이 통일된 시기이기 때문에 완성된 과학이라고 부를 수 있다.

※ 다음 글을 읽고 이어지는 질문에 답하시오. [10~11]

(가) 인류가 바람을 에너지원으로 사용한 지 1만 년이 넘었고, 풍차는 수천 년 전부터 사용되었다. 풍력발전이 시작된 지도 100년이 넘었지만, 그동안 전력 생산비용이 저렴하고 사용하기 편리한 화력발전에 밀려 빛을 보지 못하다가 최근 온실가스 배출 등의 환경오염 문제를 해결하는 대안인 신재생 에너지로 주목받고 있다.

(나) 풍력발전은 바람의 운동에너지를 회전에너지로 변환하고, 발전기를 통해 전기에너지를 얻는 기술로, 공학자들은 계속적으로 높은 효율의 전기를 생산하기 위해 풍력발전시스템을 발전시켜 나가고 있다. 풍력발전시스템의 하나인 요우 시스템(Yaw System)은 바람에 따라 풍력발전기의 방향을 바꿔 회전날개가 항상 바람의 정면으로 향하게 하는 것이다. 또 다른 피치 시스템(Pitch System)은 비행기의 날개와 같이 바람에 따라 회전날개의 각도를 변화시킨다. 이 외에도 회전력을 잃지 않기 위해 직접 발전기에 연결하는 방식 등 다양한 방법을 활용한다. 또한 무게를 줄이면 높은 곳에 풍력발전기를 매달 수 있어 더욱 효율적인 발전이 가능해진다.

(다) 풍력발전기를 설치하는 위치도 중요하다. 풍력발전기의 출력은 풍속의 세제곱과 프로펠러 회전면적의 제곱에 비례한다. 풍속이 빠를수록, 프로펠러의 면적이 클수록 출력이 높아지는 것이다. 지상에서는 바람이 빠르지 않고, 바람도 일정하게 불지 않아 풍력발전의 출력을 높이는 데 한계가 있다. 따라서 풍력발전기는 최대 풍속이 아닌 최빈 풍속에 맞춰 설계된다. 이러한 한계를 극복하기 위해 고고도(High Altitude)의 하늘에 풍력발전기를 설치하려는 노력이 계속되고 있다.

(라) 그렇다면 어떻게 고고도풍(High Altitude Wind)을 이용할까? 방법은 비행선, 연 등에 발전기를 달아 하늘에 띄우는 것이다. 캐나다의 한 회사는 헬륨 가스 비행선에 발전기를 달아 공중에 떠 있는 발전기를 판매하고 있다. 이 발전기는 비행선에 있는 발전기가 바람에 의해 풍선이 회전하도록 만들어져 있으며, 회전하는 풍선이 발전기와 연결되어 있어 전기를 생산할 수 있다. 또 다른 회사는 이보다 작은 비행선 수십 대를 연결하여 바다 위에 띄우는 방식을 고안하고 있다. 서로 연결된 수십 대의 작은 비행선 앞에 풍차가 붙어 있어 발전할 수 있도록 되어 있다.

고고도풍을 이용한 풍력발전은 결국 대류권 상층부에 부는 초속 30m의 편서풍인 제트기류를 이용하게 될 것이다. 연구에 따르면 최대 초속 100m를 넘는 제트기류를 단 1%만 이용해도 미국에서 사용하는 전기에너지를 모두 충당할 수 있다고 한다. 우리나라 상공도 이 제트기류가 지나가기 때문에 이를 활용할 수 있다면 막대한 전기를 얻을 수 있을 것으로 전망된다.

10 다음 중 (가) 문단을 읽고 추론할 수 있는 내용으로 적절하지 않은 것은?

① 풍력에너지는 인류에서 가장 오래된 에너지원이다.

② 화력발전은 풍력발전보다 전력 생산비용이 낮다.

③ 신재생 에너지가 대두되면서 풍력발전이 새롭게 주목받고 있다.

④ 화력발전은 온실가스 배출 등 환경오염 문제를 일으킨다.

11 다음 중 (가) ~ (라) 문단에 대한 주제로 적절하지 않은 것은?

① (가) : 환경오염 문제의 새로운 대안인 풍력발전

② (나) : 바람 에너지를 이용한 다양한 풍력발전시스템

③ (다) : 풍력발전기 설치 위치의 중요성

④ (라) : 고고도풍을 이용하는 기술의 한계

12 다음 빈칸에 들어갈 내용으로 가장 적절한 것은?

> 최근 경제·시사분야에서 빈번하게 등장하는 단어인 탄소배출권(CER; Certified Emission Reduction)에 대한 개념을 이해하기 위해서는 먼저 교토메커니즘(Kyoto Mechanism)과 탄소배출권거래제(Emission Trading)를 알아둘 필요가 있다.
> 교토메커니즘은 지구 온난화의 규제 및 방지를 위한 국제 협약인 기후변화협약의 수정안인 교토의정서에서, 온실가스를 보다 효과적이고 경제적으로 줄이기 위해 도입한 세 가지 유연성체제 '공동이행제도', '청정개발체제', '탄소배출권거래제'를 묶어 부르는 것이다.
> 이 중 탄소배출권거래제는 교토의정서 6대 온실가스인 이산화탄소, 메테인, 아산화질소, 과불화탄소, 수소불화탄소, 육불화황의 배출량을 줄여야 하는 감축의무국가가 의무감축량을 초과 달성하였을 경우에 그 초과분을 다른 국가와 거래할 수 있는 제도로, ____________________
> 결국 탄소배출권이란 현금화가 가능한 일종의 자산이자 가시적인 자연보호성과인 셈이며, 이에 따라 많은 국가 및 기업에서 탄소배출을 줄임과 동시에 탄소감축활동을 통해 탄소배출권을 획득하기 위해 동분서주하고 있다. 특히 기업들은 탄소배출권을 확보하는 주요 수단인 청정개발체제 사업을 확대하는 추세인데, 청정개발체제 사업은 개발도상국에 기술과 자본을 투자해 탄소배출량을 줄였을 경우에 이를 탄소배출량 감축목표달성에 활용할 수 있도록 한 제도이다.

① 다른 국가를 도왔을 때, 그로 인해 줄어든 탄소배출량을 감축목표량에 더할 수 있는 것이 특징이다.

② 다른 감축의무국가를 도움으로써 획득한 탄소배출권이 사용되는 배경이 되는 제도이다.

③ 6대 온실가스 중에서도 특히 이산화탄소를 줄이기 위해 만들어진 제도이다.

④ 의무감축량을 준수하지 못한 경우에도 다른 국가로부터 감축량을 구입할 수 있는 것이 특징이다.

13 다음 글에 대한 비판으로 가장 적절한 것은?

> 현대 사회에서 스타는 대중문화의 성격을 규정짓는 가장 중요한 열쇠이다. 스타가 생산, 관리, 활용, 거래, 소비되는 전체적인 순환 메커니즘이 바로 스타 시스템이다. 이것이 자본주의 대중문화의 가장 핵심적인 작동 원리로 자리 잡게 되면서 사람들은 스타가 되기를 열망하고, 또 스타 만들기에 진력하게 되었다.
> 스크린과 TV 화면에 보이는 스타는 화려하고 강하고 영웅적이며, 누구보다 매력적인 인간형으로 비춰진다. 사람들은 스타에 열광하는 순간 스타와 자신을 무의식적으로 동일시하며 그 환상적 이미지에 빠진다. 스타를 자신들이 스스로 결여되어 있다고 느끼는 부분을 대리 충족시켜 주는 대상으로 생각하기 때문이다. 그런 과정이 가장 전형적으로 드러나는 장르가 영화이다.
> 영화는 어떤 환상도 쉽게 먹혀들어 갈 수 있는 조건에서 상영되며 기술적으로 완벽한 이미지를 구현하여 압도적인 이미지로 관객을 끌어들인다. 컴컴한 극장 안에서 관객은 부동자세로 숨죽인 채 영화에 집중하게 되며 자연스럽게 영화가 제공하는 이미지에 매료된다. 그리고 그 순간 무의식적으로 자신을 영화 속의 주인공과 동일시하게 된다. 관객은 매력적인 대상과 자신을 동일시하면서 자신의 진짜 모습을 잊고 이상적인 인간형을 간접 체험하게 되는 것이다.
> 스크린과 TV 화면에 비친 대중이 선망하는 스타의 모습은 현실적인 이미지가 아니라 허구적인 이미지에 불과하다. 사람들은 스타 역시 어쩔 수 없는 약점과 한계를 안고 사는 한 인간일 수밖에 없다는 사실을 아주 쉽게 망각해 버리곤 한다. 이렇게 스타에 대한 열광의 성립은 대중과 스타의 관계가 기본적으로 익명적일 수밖에 없다는 데서 가능해진다.
> 자본주의의 특징 가운데 하나는 필요 이상의 물건을 생산하고 그것을 팔기 위해 갖은 방법으로 소비자들의 욕망을 부추긴다는 것이다. 스타는 그 과정에서 소비자들의 구매 욕구를 불러일으키는 가장 중요한 연결고리 역할을 함과 동시에 그들도 상품처럼 취급되어 소비되는 경향이 있다.
> 스타 시스템은 대중문화의 안과 밖에서 스타의 화려하고 소비적인 생활 패턴의 소개를 통해 사람들의 욕망을 자극하게 된다. 또한 스타들을 상품의 생산과 판매를 위한 도구로 이용하며, 끊임없이 오락과 소비의 영역을 확장하고 거기서 이윤을 발생시킨다. 이 모든 것이 가능한 것은 많은 대중이 스타를 닮고자 하는 욕구를 가지고 있어 스타의 패션과 스타일, 소비 패턴을 모방하기 때문이다.
> 스타 시스템을 건전한 대중문화의 작동 원리로 발전시키기 위해서는 우선 대중문화 산업에 종사하고 싶어하는 사람들을 위한 활동 공간과 유통 구조를 확보하여 실험적이고 독창적인 활동을 다양하게 벌일 수 있는 토양을 마련해 주어야 한다. 나아가 이러한 예술 인력을 스타 시스템과 연결하는 중간 메커니즘도 육성해야 할 것이다.

① 대중과 스타의 관계가 익명적 관계임을 근거로 대중과 스타의 관계를 무의미한 것으로 치부하고 있다.

② 스타 시스템이 대중문화를 대변하고 있다는 데 치중하여 스타 시스템의 부정적인 측면을 간과하고 있다.

③ 스타 시스템과 스타가 소비 대중에게 가져다 줄 전망만을 주로 다룸으로써 대책 없는 낙관주의에 빠져 있다.

④ 스타를 스타 시스템에 의해 조종되는 수동적인 존재로만 보고, 그들도 주체성을 지니고 행동한다는 사실을 간과하고 있다.

14 다음 글의 ㉠과 같은 현상이 나타나게 된 이유로 적절하지 않은 것은?

> 고려와 조선은 국가적으로 금속화폐의 통용을 추진한 적이 있다. 화폐 주조권을 장악하여 세금을 효과적으로 징수하고 효율적으로 저장하려는 것이 그 목적이었다. 그러나 물품화폐에 익숙한 농민들은 금속화폐를 불편하게 여겼으므로 금속화폐의 유통 범위는 한정되고, 끝내는 삼베를 비롯한 물품화폐에 압도당하고 말았다. ㉠ <u>조선 태종 때와 세종 때에도 동전의 유통을 시도하였지만 실패하였다</u>. 조선 전기 은화(銀貨)는 서울을 중심으로 유통되었는데, 주로 왕실과 관청, 지배층과 상인, 역관(譯官) 등이 이용한 '돈'이었다. 그러나 은화(銀貨)는 고액 화폐였다. 그 때문에 서민의 경제생활에서는 여전히 무명 옷감이 화폐의 기능을 담당하였다. 그러한 가운데서도 농업생산력의 발전과 인구의 증가, 17세기 이후 지방시장의 성장은 금속화폐 통용을 위한 여건이 마련되었음을 뜻하였다. 17세기 전반 이미 개성에서는 모든 거래가 동전으로 이루어지고 있었다. 이러한 여건 아래에서 1678년(숙종 4년)부터 강력한 통용책이 추진되면서 금속화폐가 널리 보급될 수 있었다. 동전인 상평통보 1개는 1푼(分)이었다. 10푼이 1전(錢), 10전이 1냥(兩), 10냥이 1관(貫)이다. 대원군이 집권할 때 주조된 당백전(當百錢)과 1883년 주조된 당오전(當五錢)은 1개가 각각 100푼과 5푼의 가치를 가지는 동전이었다. 동전 주조가 늘면서 그 유통 범위가 경기, 충청지방으로부터 점차 확산되어 18세기 초에는 전국에 미칠 정도였다. 동전을 시전(市廛)에 무이자로 대출하고, 관리의 녹봉을 동전으로 지급하고, 일부 세금을 동전으로 거두어들이는 등의 국가 정책도 동전의 통용을 촉진하였다. 화폐경제의 성장은 상업적 동기를 촉진시키고 경제생활, 나아가 사회생활에 변화를 주었다.
> 이러한 가운데 일부 위정자들은 화폐경제로 인한 부작용을 우려했는데 특히 농촌 고리대금업(高利貸金業)의 성행을 가장 심각한 문제로 생각했다. 그래서 동전의 폐지를 주장하는 이도 있었다. 1724년 등극한 영조는 이 주장을 받아들여 동전 주조를 정지하였다. 그런데 당시에 동전은 이미 일상생활로 퍼졌기 때문에 동전의 수요에 비해 공급이 부족한 현상이 일어나 동전주조의 정지는 화폐 유통질서와 상품경제에 타격을 가하였다. 돈이 매우 귀하여 농민과 상인의 교역에 불편을 가져다준 것이다. 또한 소수의 부유한 상인이 동전을 집중적으로 소유하여 고리대금업(高利貸金業) 활동을 강화함에 따라서 오히려 농민 몰락이 조장되었다. 결국 영조 7년 이후 동전은 다시 주조되기 시작했다.

① 화폐가 통용될 시장이 발달하지 않았다.
② 화폐가 주로 일부계층 위주로 통용되었다.
③ 백성들이 화폐보다 물품화폐를 선호하였다.
④ 국가가 수요량에 맞추어 화폐를 원활하게 공급하지 못했다.

15 할머니와 민규의 나이 차는 55세이고, 아버지와 민규의 나이 차는 20세이다. 민규의 나이가 11세이면 할머니와 아버지의 나이의 합은 얼마인가?

① 96세 ② 97세
③ 98세 ④ 99세

16 현재 1,000만 원을 보유한 A씨는 매년 이자가 10%인 M금고 예금상품에 3년 동안 전액을 예치하려 한다. 다음과 같은 예금방식이 있을 때, 두 방식의 원리합계 합은 얼마인가?(단, 연 복리를 적용하고, $1.1^3=1.331$로 계산한다)

- 단리예금 : 목돈을 원하는 만큼 맡기고, 원금과 원금에 대해서만 이자를 산정하여 만기 시까지 추가 입금이 불가한 금융상품
- 복리예금 : 원금과 이자에 대한 이자를 받을 수 있고, 만기 시까지 추가 입금이 불가하며, 이자 지급기간에 따라 연 복리, 월 복리, 일 복리로 구분하는 금융상품

① 2,122만 원 ② 2,331만 원
③ 2,482만 원 ④ 2,631만 원

17 일정한 규칙으로 수를 나열할 때, 빈칸에 들어갈 수로 옳은 것은?

( ) −76 −58 −4 158 644

① −80 ② −82
③ −84 ④ −86

18 A는 개인사유로 인해 5년간 재직했던 회사를 그만두게 되었다. A에게 지급된 퇴직금이 1,900만 원일 때, A의 평균연봉을 바르게 계산한 것은?(단, 평균연봉은 1일 평균임금으로 계산하며 평균임금 계산 시 천의 자리에서 반올림한다)

〈퇴직금 산정방법〉

- 고용주는 퇴직하는 근로자에게 계속근로기간 1년에 대해 30일분 이상의 평균임금을 퇴직금으로 지급해야 한다.
  - '평균임금'이란 이를 산정해야 할 사유가 발생한 날 이전 3개월 동안에 해당 근로자에게 지급된 임금의 총액을 그 기간의 총 일수로 나눈 금액을 말한다.
  - 평균임금이 근로자의 통상임금보다 적으면 그 통상임금을 평균임금으로 한다.
- 퇴직금 산정공식
  (퇴직금)=[(1일 평균임금)×(30일)×(총 계속근로기간)]÷365

① 4,110만 원
② 4,452만 원
③ 4,650만 원
④ 4,745만 원

19 다음은 혁신클러스터 시범단지 현황에 대한 자료이다. 반월시화 공단과 울산 공단의 업체당 평균 고용인원의 차이는 몇 명인가?(단, 업체당 평균 고용인원은 소수점 둘째 자리에서 반올림한다)

〈혁신클러스터 시범단지 현황〉

구분	특화업종	입주기업(개)	생산규모(억 원)	수출액(백만 불)	고용인원(명)	지정시기(년)
창원	기계	1,893	424,399	17,542	80,015	2004
구미	전기전자	1,265	612,710	36,253	65,884	2004
반월시화	부품소재	12,548	434,106	6,360	195,635	2004
울산	자동차	1,116	1,297,185	57,329	101,677	2004

① 83.1명
② 75.5명
③ 71.4명
④ 68.6명

20 다음은 연령별 인구에 대한 자료이다. 이에 대한 설명으로 옳지 않은 것은?(단, 2030년부터는 예상 수치이다)

〈연령별 인구수 및 구성비〉

(단위 : 천 명, %)

구분		2000년	2010년	2020년	2030년	2040년	2050년
인구수	0 ~ 14세	9,911	7,907	6,118	5,525	4,777	3,763
	15 ~ 64세	33,702	35,611	35,506	31,299	26,525	22,424
	65세 이상	3,395	5,357	7,701	11,811	15,041	16,156
구성비	0 ~ 14세	21.1	16.2	12.4	11.4	10.3	8.9
	15 ~ 64세	71.7	72.9	72	64.4	57.2	53
	65세 이상	7.2	11	15.6	24.3	32.5	38.2

① 14세 이하의 인구는 점점 감소하고 있다.

② 15 ~ 64세 인구는 2000년 이후 계속 감소하고 있다.

③ 65세 이상 인구의 구성비는 2000년과 비교했을 때, 2050년에는 5배 이상이 될 것이다.

④ 15 ~ 64세 인구의 구성비가 가장 높은 해와 낮은 해의 차이는 19.9%p이다.

※ 다음은 금융기관별 · 개인신용 등급별 햇살론 보증잔액 현황에 대한 자료이다. 이어지는 질문에 답하시오. **[21~22]**

〈금융기관별 · 개인신용 등급별 햇살론 보증잔액 현황〉

(단위 : 백만 원)

구분	A은행	B은행	C은행	D은행	E은행	F은행	계
1등급	2,425	119	51	4,932	7,783	3,785	19,095
2등급	6,609	372	77	14,816	22,511	16,477	60,862
3등급	8,226	492	176	18,249	24,333	27,133	78,609
4등급	20,199	971	319	44,905	53,858	72,692	192,944
5등급	41,137	2,506	859	85,086	100,591	220,535	450,714
6등급	77,749	5,441	1,909	147,907	177,734	629,846	1,040,586
7등급	58,340	5,528	2,578	130,777	127,705	610,921	935,849
8등급	11,587	1,995	738	37,906	42,630	149,409	244,265
9등급	1,216	212	75	1,854	3,066	1,637	8,060
10등급	291	97	2	279	539	161	1,369
계	227,779	17,733	6,784	486,711	560,750	1,732,596	3,032,353

21 **다음 중 위 자료에 대한 설명으로 옳지 않은 것은?**

① E은행의 개인신용 1등급 햇살론 보증잔액은 전체 개인신용 1등급 햇살론 보증잔액의 약 40.8%를 차지한다.
② B은행의 햇살론 보증잔액 중 개인신용 1 ~ 3등급의 비율은 C은행의 햇살론 보증잔액 중 개인신용 1 ~ 3등급의 비율보다 크다.
③ D은행의 햇살론 보증잔액은 A은행의 햇살론 보증잔액의 2배 이상이다.
④ 가장 많은 햇살론 보증잔액을 가지고 있는 금융기관과 두 번째로 햇살론 보증잔액을 많이 가지고 있는 금융기관에서 보증잔액 차이가 가장 큰 등급은 6등급이다.

22 **다음 중 위 자료를 이용하여 A은행의 개인신용 등급별 햇살론 보증잔액 구성비를 나타낸 그래프로 옳은 것은?(단, 소수점 둘째 자리에서 반올림한다)**

①
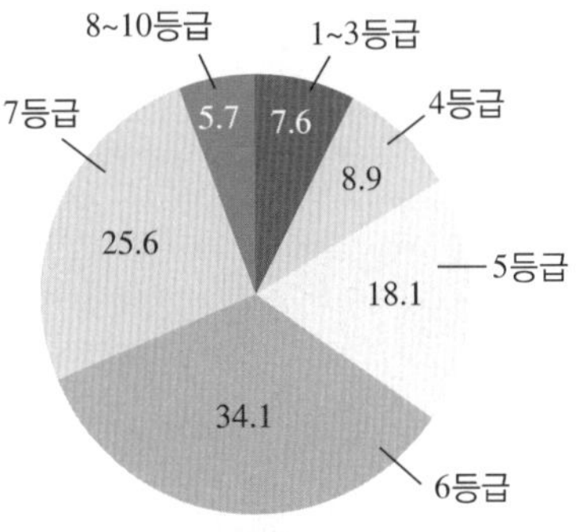

②
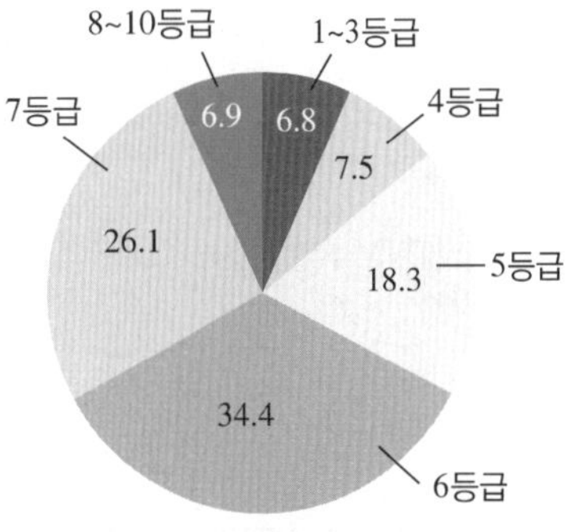

③
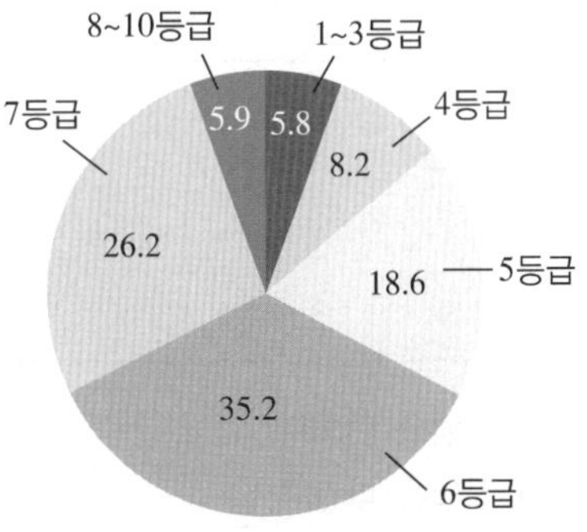

④
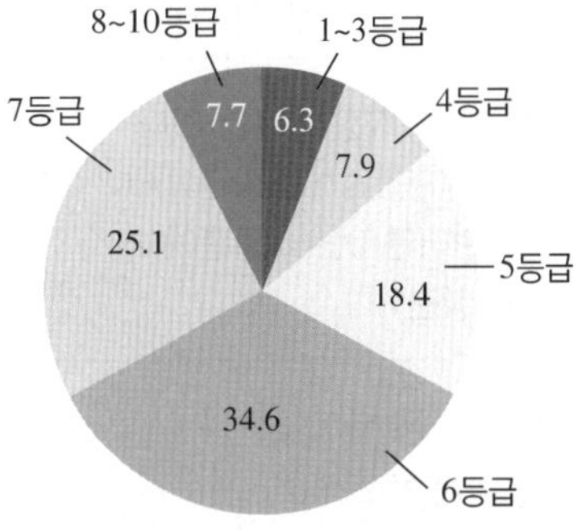

23 다음은 M금고의 고객 신용등급 변화 확률에 대한 자료이다. 이에 대한 설명으로 옳은 것을 〈보기〉에서 모두 고르면?

〈고객 신용등급 변화 확률〉

(단위 : 원, %)

구분		(t+1)년			
		A등급	B등급	C등급	D등급
t년	A등급	0.7	0.2	0.08	0.02
	B등급	0.14	0.65	0.16	0.05
	C등급	0.05	0.15	0.55	0.25

※ 고객 신용등급은 매년 1월 1일 0시에 연 1회 산정되며, A등급이 가장 높고 B, C, D등급 순임
※ 한 번 D등급이 되면 고객 신용등급은 5년 동안 D등급을 유지함
※ 고객 신용등급 변화 확률은 매년 동일함

〈보기〉

ㄱ. 2023년에 B등급이었던 고객이 2025년까지 D등급이 될 확률은 0.08 이상이다.
ㄴ. 2023년에 C등급이었던 고객의 신용등급이 2026년까지 변화할 수 있는 경로는 모두 40가지이다.
ㄷ. B등급 고객의 신용등급이 1년 뒤에 하락할 확률은 C등급 고객의 신용등급이 1년 뒤에 상승할 확률보다 낮다.

① ㄱ
② ㄷ
③ ㄱ, ㄴ
④ ㄴ, ㄷ

24 경찰관 또는 소방관이 직업인 A ~ D에 대해 다음 〈조건〉이 모두 참일 때, 반드시 참인 것은?

〈조건〉

- A ~ D는 각자 직장 동료가 있다.
- A가 소방관이면 B가 소방관이거나 C가 경찰관이다.
- C가 경찰관이면 D는 소방관이다.
- D는 A의 상관이다.

① A, B의 직업은 다르다.
② A, C의 직업은 다르다.
③ B, C의 직업은 같다.
④ B, D의 직업은 다르다.

25 **다음 명제가 모두 참일 때, 옳지 않은 것은?**

> • 사과 수확량이 감소하면, 사과 가격이 상승한다.
> • 사과 소비량이 감소하면, 사과 수확량이 감소한다.
> • 사과 수확량이 감소하지 않으면, 사과 주스 가격이 상승하지 않는다.

① 사과 주스의 가격이 상승하면, 사과 가격이 상승한다.

② 사과 가격이 상승하지 않으면, 사과 수확량이 감소하지 않는다.

③ 사과 소비량이 감소하지 않으면, 사과 주스 가격이 상승하지 않는다.

④ 사과 수확량이 감소하지 않으면, 사과 소비량이 감소하지 않는다.

26 **M사 총무팀 7명이 중국집에 점심식사를 하러 가서 짜장면 2개, 짬뽕 3개, 볶음밥 2개를 주문했다. 직원들이 제시된 〈조건〉과 같이 주문하였을 때, 다음 중 옳지 않은 것은?**

〈조건〉

> • 팀원은 A팀장, K과장, S과장, N대리, J대리, D사원, P사원이다.
> • 1인당 1가지 메뉴를 시켰는데, 좋아하는 메뉴는 반드시 시키고, 싫어하는 메뉴는 반드시 시키지 않았으며, 같은 직급끼리는 같은 메뉴를 시키지 않았다.
> • A팀장은 볶음밥을 좋아한다.
> • J대리는 짜장면을 싫어한다.
> • D사원은 대리와 같은 메뉴를 시키지 않았다.
> • S과장은 짬뽕을 싫어한다.
> • K과장은 사원과 같은 메뉴를 시켰다.
> • N대리는 볶음밥을 싫어한다.

① S과장은 반드시 짜장면을 시킨다.

② A팀장은 모든 직급의 팀원들과 같은 메뉴를 시킬 수 있다.

③ K과장은 반드시 짬뽕을 시킨다.

④ J대리가 볶음밥을 시키면 N대리는 짬뽕을 시킨다.

27 S사의 기획팀에서 근무하고 있는 직원 A ~ D는 서로의 프로젝트 참여 여부에 관하여 다음과 같이 진술하였고, 이들 중 단 1명만이 진실을 말하였다. 이들 가운데 반드시 프로젝트에 참여하는 사람은 누구인가?

- A : 나는 프로젝트에 참여하고, B는 프로젝트에 참여하지 않는다.
- B : A와 C 중 적어도 1명은 프로젝트에 참여한다.
- C : 나와 B 중 적어도 1명은 프로젝트에 참여하지 않는다.
- D : B와 C 중 1명이라도 프로젝트에 참여한다면, 나도 프로젝트에 참여한다.

① A ② B
③ C ④ D

28 업무수행과정에서 발생하는 문제를 발생형, 탐색형, 설정형의 세 가지 문제 유형으로 분류한다고 할 때, 다음 〈보기〉의 ㄱ ~ ㅂ을 문제 유형에 따라 바르게 분류한 것은?

〈보기〉

ㄱ. 제품을 배송하는 과정에서 고객의 개인정보를 잘못 기입하는 바람에 배송이 지연되고 있다.
ㄴ. 제약업계는 개발의 효율성 및 성과를 위해 매출액 가운데 상당 부분을 연구·개발에 투자하고 있으나, 기대만큼의 성과를 도출하지 못하고 있다.
ㄷ. 제품에서 기준치를 초과한 발암물질이 검출됨에 따라 회사는 전 제품에 대한 리콜을 고민하고 있다.
ㄹ. 연구팀은 제품 개발에 필수적인 제작 과정을 획기적으로 줄일 수 있는 기술을 개발할 것을 요청받았다.
ㅁ. 회사는 10대 전략 과제를 선정하고 부서별 역할과 세부추진계획을 점검하기로 하였다.
ㅂ. 정부의 사업 허가 기준이 강화될 것이라는 예측에 따라 새로운 사업 계획서 작성 방향에 대해 기업의 고민도 커질 것으로 예상된다.

	발생형	탐색형	설정형
①	ㄱ, ㄷ	ㄴ, ㄹ	ㅁ, ㅂ
②	ㄴ, ㄷ	ㄱ, ㄹ	ㅁ, ㅂ
③	ㄷ, ㄹ	ㄱ, ㅁ	ㄴ, ㅂ
④	ㄹ, ㅁ	ㄴ, ㅂ	ㄱ, ㄷ

29 다음은 SWOT 분석에 대한 설명과 유기농 수제버거 전문점에 대한 SWOT 분석 결과이다. 이에 따른 전략과 그 내용으로 옳은 것은?

SWOT은 Strength(강점), Weakness(약점), Opportunity(기회), Threat(위협)의 머리글자를 따서 만든 단어로 경영 전략을 세우는 방법론이다. SWOT으로 도출된 조직의 내·외부 환경을 분석하고, 이 결과를 통해 대응전략을 구상하는 분석방법론이다.

'SO(강점 – 기회)전략'은 기회를 활용하기 위해 강점을 사용하는 전략이고, 'WO(약점 – 기회)전략'은 약점을 보완 또는 극복하여 시장의 기회를 활용하는 전략이다. 'ST(강점 – 위협)전략'은 위협을 피하기 위해 강점을 활용하는 방법이며, 'WT(약점 – 위협)전략'은 위협요인을 피하기 위해 약점을 보완하는 전략이다.

내부 / 외부	강점(Strength)	약점(Weakness)
기회(Opportunity)	SO(강점 – 기회)전략	WO(약점 – 기회)전략
위협(Threat)	ST(강점 – 위협)전략	WT(약점 – 위협)전략

〈유기농 수제버거 전문점의 SWOT 분석 결과〉

SWOT	분석 결과
강점(Strength)	• 주변 외식업 상권 내 독창적 아이템 • 커스터마이징 고객 주문 서비스 • 주문 즉시 조리 시작
약점(Weakness)	• 높은 재료 단가로 인한 비싼 상품 가격 • 대기업 버거 회사에 비해 긴 조리 과정
기회(Opportunity)	• 웰빙을 추구하는 소비 행태 확산 • 치즈 제품을 선호하는 여성들의 니즈 반영
위협(Threat)	• 제품 특성상 테이크아웃 및 배달 서비스 불가

① ST전략 : 테이크아웃이 가능하도록 버거의 사이즈를 조금 줄이고 사이드 메뉴를 서비스로 제공한다.

② SO전략 : 주변 상권의 프랜차이즈 샌드위치 전문업체의 제품을 벤치마킹해 샌드위치도 함께 판매한다.

③ WO전략 : 유기농 채소와 유기농이 아닌 채소를 함께 사용하여 단가를 낮추고 가격을 내린다.

④ WT전략 : 조리과정을 단축시키기 위해 커스터마이징 형식의 고객 주문 서비스 방식을 없애고, 미리 조리해놓은 버거를 배달 제품으로 판매한다.

30 M금고에서 체육대회를 개최한다. 지점별로 출전선수를 선발하는데, W지점 직원 A ~ J는 각자 2종목씩 필수로 출전해야 한다. 다음 중 계주에 꼭 출전해야 하는 사람을 고르면?

〈지점별 참가 인원〉

(단위 : 명)

훌라후프	계주	줄넘기	줄다리기	2인 3각
1	4	5	8	2

〈W지점의 직원별 참가 가능 종목〉

(단위 : 명)

구분	훌라후프	계주	줄넘기	줄다리기	2인 3각
A	×	×	○	○	○
B	×	○	○	○	×
C	○	○	○	×	×
D	○	×	×	○	×
E	×	○	×	○	×
F	×	×	○	○	×
G	×	×	×	○	○
H	○	○	○	○	×
I	×	○	○	○	×
J	×	○	○	×	×

① C, E, J
② C, E, H
③ D, E, J
④ D, G, I

31 M사의 평가지원팀 A팀장, B대리, C대리, D주임, E주임, F주임, G사원, H사원 8명은 기차를 이용해 대전으로 출장을 가려고 한다. 다음 〈조건〉에 따라 직원들의 좌석이 배정될 때, 〈보기〉 중 팀원들이 앉을 좌석에 대한 설명으로 옳지 않은 것을 모두 고르면?(단, 이웃하여 앉는다는 것은 두 사람 사이에 복도를 두지 않고 양옆으로 붙어 앉는 것을 의미한다)

〈기차 좌석표〉

앞

창가	1가	1나	복도	1다	1라	창가
	2가	2나		2다	2라	

뒤

〈조건〉

- 팀장은 반드시 두 번째 줄에 앉는다.
- D주임은 2다 석에 앉는다.
- 주임끼리는 이웃하여 앉지 않는다.
- 사원은 나 열 혹은 다 열에만 앉을 수 있다.
- 팀장은 대리와 이웃하여 앉는다.
- F주임은 업무상 지시를 위해 H사원과 이웃하여 앉아야 한다.
- B대리는 창가 쪽 자리에 앉는다.

〈보기〉

ㄱ. E주임은 1가 석에 앉는다.
ㄴ. C대리는 라 열에 앉는다.
ㄷ. G사원은 E주임과 이웃하여 앉는다.
ㄹ. A팀장의 앞좌석에는 G사원 혹은 H사원이 앉는다.

① ㄱ
② ㄱ, ㄹ
③ ㄴ, ㄷ
④ ㄱ, ㄴ, ㄹ

32 다음은 M금고에서 취급하는 신용카드 5종에 대한 정보이다. 고객 A씨에 대한 정보에 따를 때, 할인혜택이 가장 많은 카드는?

〈신용카드 5종 정보〉

카드	구분	내용
All드림	연회비	• 10,000원
	기본혜택	• 커피 / 편의점 청구할인(전국 모든 커피 전문점, 편의점 포함. 단, 편의점 청구할인은 일 1건, 월 2회에 한함) • 배달앱 청구할인 : B배달앱, Y배달앱, C배달앱 결제 시 • 이동통신요금 청구할인 : S통신, K통신, L통신, 알뜰폰 자동납부 시
	상세혜택	아래 표 참조

구분	커피 / 편의점	배달앱	이동통신요금
50만 원 이상	10% / 5천 원	10% / 1만 원	10% / 1만 원

카드	구분	내용
S1카드	연회비	• 10,000원
	기본혜택	• 7개 업종 중 선택한 1개 업종에서 해당 카드 사용 시 7% 청구할인(주유 시 리터당 60원 청구할인) ※ 7개 업종 : 마트(전국 모든 마트, 슈퍼, 편의점), 외식(전국 모든 음식점, 커피 전문점, 제과점), 쇼핑(전국 모든 백화점, 면세점, 홈쇼핑, 온라인쇼핑), 여가(전국 모든 골프장, 골프연습장, 스포츠센터, 레포츠클럽), 교육(전국 모든 학원 포함. 단, 온라인강의 제외), 의료(전국 모든 병원 포함. 단, 동물병원 제외), 주유(전국 모든 주유소, 가스충전소)
	상세혜택	• 전월 이용실적 제한 없음

카드	구분	내용
락시(樂SEA)	연회비	• 20,000원
	기본혜택	• 승선비 · 낚시 용품 청구할인 : 제휴 가맹점 이용 시(아웃렛, 할인점 매장 제외) • 주유소 청구할인 : 전국 모든 주유소 가맹점 이용 시(LPG 포함) • 편의점 청구할인 : G편의점, C편의점, S편의점 가맹점 이용 시(일 1건, 월 2회에 한함)
	상세혜택	아래 표 참조

구분	승선비 · 낚시 용품	주유소	편의점
30만 원 이상	–	리터당 60원	1만 원 이상 시 최대 1천 원

카드	구분	내용
RealReal	연회비	• 15,000원
	기본혜택	• 이동통신요금 청구할인 : S통신, K통신, L통신 자동납부 시(알뜰폰 통신사 제외) • 디지털 정기결제 청구할인 : N플랫폼, Y플랫폼 회원권 정기결제 시(월 1건에 한함)
	상세혜택	아래 표 참조

구분	이동통신요금	디지털 정기결제
30만 원 이상	–	20% / 3천 원
50만 원 이상	20% / 1.5만 원	30% / 5천 원

카드	구분	내용
찐카드	연회비	• 15,000원
	기본혜택	• 커피 청구할인 : S커피, P커피, T커피, A커피, E커피 이용 시 • 이동통신요금 청구할인 : S통신, K통신, L통신, 알뜰폰 자동납부 시 • 편의점 · 배달앱 청구할인 : C편의점, S편의점, B배달앱 결제 시
	상세혜택	아래 표 참조

구분	커피	이동통신요금	편의점 · 배달앱
30만 원 이상	10% / 5천 원	5% / 5천 원	5% / 5천 원
50만 원 이상	20% / 1만 원	10% / 1만 원	10% / 1만 원

※ 상세혜택 : 전월 이용실적에 따른 할인율 및 대상 가맹점 월 통합 할인한도

※ – : 전월 이용실적 및 할인한도 해당 없음

〈고객 A씨 정보〉

- 연회비 15,000원 이하인 카드를 선호함
- 월 평균 이용금액은 30만 원 이상 50만 원 미만임
- 알뜰폰 통신요금을 해당 카드로 자동납부할 예정임
- 매일 T커피에 들러 하루 두 잔씩 커피를 마심

① All드림 ② S1카드
③ 락시(樂SEA) ④ 찐카드

33 **A씨는 감독과 팀원들이 자신을 인정하지 않는다고 생각하며 합동 연습에 부정적인 시각을 가지고 있다. A씨는 어떤 멤버십의 유형에 속하는가?**

E-스포츠 팀인 M팀은 올해 K리그 경기 출전하여 우승했다. M팀은 작년에 예선 탈락이라는 패배를 겪고 M팀 주장과 감독은 패배의 실패 원인을 분석했다. 대부분이 개인플레이로 진행되었고 협동적으로 공격해야 할 때 각자 공격하는 방식을 취해 실패한 것으로 판단하였다. 그래서 M팀은 이번 리그를 준비하면서 개인플레이의 실력을 향상시키는 것보다 협동 공격의 연습에 집중하였다. 협동 공격 연습을 진행하던 중 불만이 생긴 A씨는 개인플레이어로서의 실력이 경기에서의 우승을 좌우하는 것이라고 주장하며 감독과 동료들 사이에서 마찰을 일으켰다. 결국, A씨는 자신의 의견이 받아들여지지 않자 팀을 탈퇴하였고 M팀은 새로운 배치로 연습을 진행해야 했다. 불과 리그를 6개월 앞둔 상황에서 벌어진 일이었다. M팀 감독은 M팀의 사기 저하를 신경 쓰면서 팀의 연습에 대해서 서로 의견을 나누어 결정할 수 있게 도왔으며, 팀 개개인에게 칭찬과 동기부여를 지속적으로 제공했다. 그리고 아무도 예상하지 못한 결과로 M팀은 K리그 경기에서 우승하였다.

① 소외형 ② 순응형
③ 실무형 ④ 수동형

34 다음은 경영전략 추진과정을 나타낸 것이다. 경영전략 추진과정에서 (A) 부분에 대한 사례 중 그 성격이 다른 것은?

〈경영전략 추진과정〉

전략목표 설정 → (A) → 경영전략 도출 → 경영전략 실행 → 평가 및 피드백

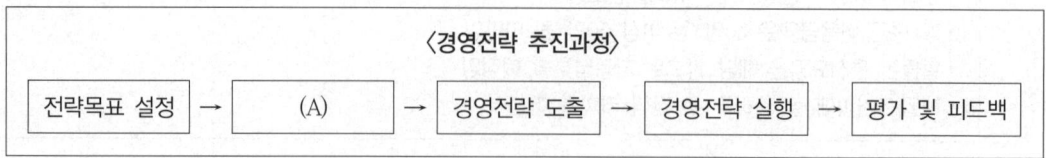

① 제품 개발을 위해 예산의 현황을 파악하기
② 자사 제품의 시장 개척을 위해 법적으로 문제가 없는지 확인하기
③ 이번에 발표된 정부의 정책으로 자사 제품이 어떠한 영향을 받을 수 있는지 확인하기
④ 신제품 출시를 위해 경쟁사들의 동향을 파악하기

35 다음은 M사 직무전결표의 일부분이다. 이에 따라 처리한 문서 중 바르게 처리되지 않은 것을 〈보기〉에서 모두 고르면?

직무내용	대표이사	위임전결권자		
		전무	이사	부서장
직원 채용 승인	○			
직원 채용 결과 통보				○
교육훈련 대상자 선정			○	
교육훈련 프로그램 승인		○		
직원 국내 출장 승인			○	
직원 해외 출장 승인		○		
임원 국내 출장 승인		○		
임원 해외 출장 승인	○			

〈보기〉

ㄱ. 전무가 출장 중이어서 교육훈련 프로그램 승인을 위해서 일단 이사 전결로 처리하였다.
ㄴ. 인사부장 명의로 영업부 직원 채용 결과서를 통보하였다.
ㄷ. 영업부 대리의 국내 출장을 승인받기 위해서 이사의 결재를 받았다.
ㄹ. 기획부의 교육훈련 대상자를 선정하기 위해서 기획부장의 결재를 받아 처리하였다.

① ㄱ, ㄴ
② ㄱ, ㄴ, ㄷ
③ ㄱ, ㄴ, ㄹ
④ ㄱ, ㄷ, ㄹ

36 다음 조직도를 바르게 이해한 사람을 〈보기〉에서 모두 고르면?

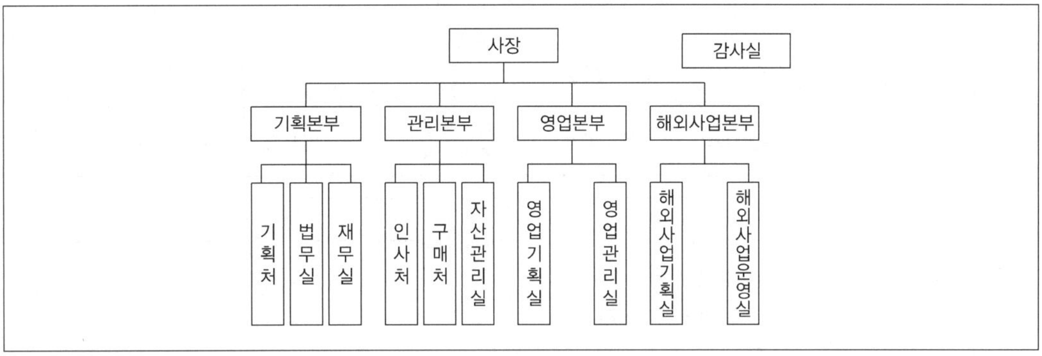

〈보기〉

A : 조직도를 보면 4개 본부, 3개의 처, 8개의 실로 구성돼 있어.
B : 사장 직속으로 4개의 본부가 있고, 그중 한 본부에서는 인사를 전담하고 있네.
C : 감사실은 사장 직속이지만 별도로 분리되어 있구나.
D : 해외사업기획실과 해외사업운영실은 둘 다 해외사업과 관련이 있으니까 해외사업본부에 소속되어 있는 것이 맞아.

① A, B
② A, D
③ B, C
④ B, D

37 다음은 발명 기법인 SCAMPER 발상법의 7단계이다. 〈보기〉의 사례는 각각 어느 단계에 속하는가?

〈SCAMPER〉

S	C	A	M	P	E	R
대체하기	결합하기	조절하기	수정・확대・축소하기	용도 바꾸기	제거하기	역발상・재정리하기

〈보기〉

㉠ 짚신 → 고무신 → 구두
㉡ 스마트폰=컴퓨터+휴대폰+카메라
㉢ 화약 : 폭죽 → 총

	㉠	㉡	㉢
①	A	E	E
②	S	C	P
③	M	C	C
④	A	P	P

38 다음 업무수행 시트에서 볼 수 있는 고유한 특징으로 옳은 것은?

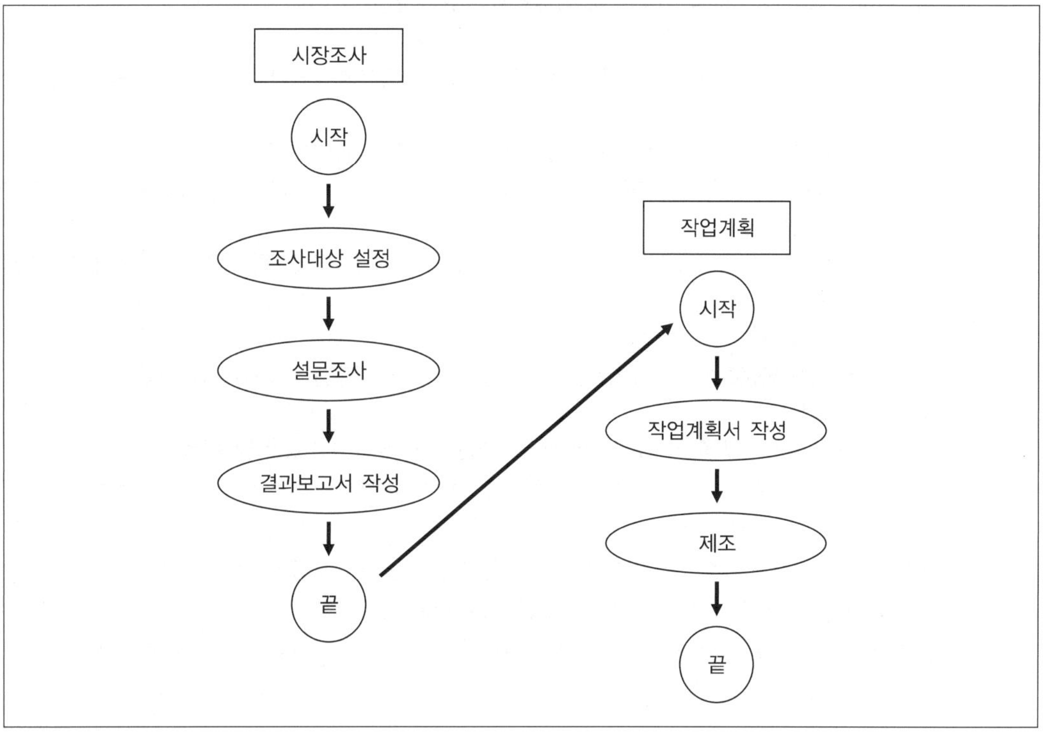

① 관찰도구나 질문지로 활용되기 용이하다.
② 작업 목적에 부합하는 항목들로 구성되어야 한다.
③ 주된 작업과 부차적인 작업을 구분해서 표현할 수 있다.
④ 특별한 이유가 없다면 중복되는 내용이 없도록 항목을 배타적으로 구성해야 한다.

39 **행원인 귀하는 새로 입사한 A가 은행 업무에 잘 적응할 수 있도록 근무 지도를 하고 있다. 다음 상황을 토대로 귀하가 A에게 지도할 사항으로 적절하지 않은 것은?**

> A : 안녕하십니까? 고객님. 어떤 업무를 도와드릴까요?(자리에서 앉아 컴퓨터 모니터를 응시한 채로 고객을 반김)
> 고객 : 지난 한 달간 제가 거래한 내역이 필요해서요. 발급이 가능한가요?
> A : 네, 지난 한 달간 은행 입출금 거래내역서 발급을 도와드리겠습니다. 신분증을 확인할 수 있을까요?
> 고객 : 여기 있습니다.
> A : 네, 감사합니다(응대용 접시에서 신분증만 회수함). 1월 1일부터 1월 30일까지 거래내역을 조회해드리면 될까요?
> 고객 : 네. 그리고 체크카드 신청도….
> A : 우선 먼저 요청하신 거래내역서를 발급해드리고 다른 업무를 도와드리겠습니다.
> 고객 : 알겠습니다.
> A : (거래내역서 인쇄 중) 거래내역서 발급 시에는 2천 원의 수수료가 발생합니다.

① 고객이 다가오면 하는 일을 멈추고 고객을 응시해야 한다.
② 고객을 맞이할 때에는 되도록이면 자리에서 일어나 밝은 모습으로 반기도록 한다.
③ 고객과 대화할 때에는 고객의 말을 끊지 않도록 한다.
④ 업무 처리와 관련하여 고객이 알아야 할 모든 사항은 업무가 완료된 후에 전달해야 한다.

40 다음 글에 제시된 상황 1 ~ 4의 갈등해결 방법을 설명한 내용으로 옳지 않은 것은?

A기업의 영업팀은 최근 많은 영업 활동으로 잦은 출장을 다니고 있다. A기업은 출장에 대해 직원별로 수당을 비롯하여 출장 중 발생한 교통비, 식비, 숙박료 등의 비용에 대해 증빙이 가능한 사항에 대해서 출장료를 지급하고 있다. 영업팀 김과장은 최근 지방 출장으로 발생한 왕복한 KTX 비용, 택시비, 호텔비, 식사비를 경리팀에 청구하였으나 경리팀에서는 원칙상 택시는 비용 청구 대상이 되지 않는다며 지급을 거부한 상태이다. 김과장은 경리팀 곽과장에게 자신이 출장을 간 지역은 버스나 지하철 등 다른 대중교통이 다니지 않아 어쩔 수 없었다고 설명하였으나, 곽과장은 규정대로 처리하겠다고 밝힌 상황이다. 이러한 상황에서 점심식사를 마치고 구내식당을 지나가던 곽과장은 맞은편에서 걸어오고 있는 김과장을 마주치게 되었다.

〈상황〉

- 상황 1 : 곽과장은 멈칫했지만, 이내 김과장을 피해 옆 복도로 향하였다.
- 상황 2 : 곽과장을 마주친 김과장은 불같이 화를 내며 곽과장을 닦달하기 시작했다. 하지만 곽과장도 지지 않고 맞받아쳐 두 사람은 10분간 말다툼을 하였다. 결국 김과장은 곽과장에게 '출장 중 특별한 경우에 이용한 택시비용을 지급할 수 있도록 규정을 바꿔달라고 회사에 함께 요구하자.'라고 제안하였고, 곽과장은 그렇게 하자고 대답하였다.
- 상황 3 : 조금이라도 자신이 손해를 입는 것을 견디지 못하고, 자신이 손해를 입었을 경우 보복을 하는 김과장의 성격을 잘 아는 곽과장은 '규정을 위반해서라도 택시비용을 지급해 줄 테니 기다려 달라.'라고 말하였다.
- 상황 4 : 곽과장은 김과장에게 '규정대로 처리할 것이니 그렇게 알라'며 자꾸 똑같은 일로 자신을 귀찮게 하면 인사팀에 정식으로 항의서를 제출할 것이라고 말하였다.

① 상황 1 : 갈등 상황에 대하여 상황이 나아질 때까지 문제를 덮어 두거나 피하려고 하는 경우이다.
② 상황 2 : 갈등 당사자들이 반대의 끝에서 시작하여 중간 정도 지점에서 타협하여 해결점을 찾는 것이다.
③ 상황 3 : '나는 지고 너는 이기는' 갈등해결 방법이다.
④ 상황 4 : 상대방의 목표 달성은 희생시키면서, 자신의 목표를 위해 전력을 다하려는 경우이다.

5권

제5회 MG새마을금고 지역본부 필기전형

www.sdedu.co.kr

〈문항 수 및 시험시간〉

영역		문항 수	시험시간	모바일 OMR 답안채점 / 성적분석 서비스
NCS 직업기초능력평가	의사소통능력 수리능력 문제해결능력 조직이해능력 대인관계능력	40문항	40분	

※ 문항 수 및 시험시간은 2025년 상반기 채용공고를 참고하여 구성하였습니다.

※ 시험시간이 종료되고 OMR 답안카드에 마킹하거나 시험지를 넘기는 행동은 부정행위로 간주합니다.

MG새마을금고 지역본부 필기전형

제5회 모의고사

문항 수 : 40문항
시험시간 : 40분

01 다음 중 어법상 수정할 부분이 없는 문장은?

① 단편 소설은 길이가 짧은 대신, 장편 소설이 제공할 수 없는 강한 인상이다.
② 모든 청소년은 자연을 사랑하고 그 속에서 심신을 수련해야 한다.
③ 신문은 우리 주변의 모든 일이 기사 대상이다.
④ 거칠은 솜씨로 정교한 작품을 만들기는 어렵다.

02 다음 문단을 논리적 순서대로 바르게 나열한 것은?

(가) 문화재(문화유산)는 옛 사람들이 남긴 삶의 흔적이다. 그 흔적에는 유형의 것과 무형의 것이 모두 포함된다. 문화재 가운데 가장 가치 있는 것으로 평가받는 것은 다름 아닌 국보이며, 현행 문화재보호법 체계상 국보에 무형문화재는 포함되지 않는다. 즉 국보는 유형문화재만을 대상으로 한다.
(나) 국보 선정 기준에 따라 우리의 전통 문화재 가운데 최고의 명품으로 꼽힌 문화재로는 국보 1호 숭례문이 있다. 숭례문은 현존 도성 건축물 중 가장 오래된 건물이다. 다음으로 온화하고 해맑은 백제의 미소로 유명한 충남 서산 마애여래삼존상은 국보 84호이다. 또한 긴 여운의 신비하고 그윽한 종소리로 유명한 선덕대왕신종은 국보 29호, 유네스코 세계유산으로도 지정된 석굴암은 국보 24호이다. 이렇듯 우리나라 전통문화의 상징인 국보는 다양한 국보 선정의 기준으로 선발된 것이다.
(다) 문화재보호법에 따르면 국보는 특히 "역사적 · 학술적 · 예술적 가치가 큰 것, 제작 연대가 오래되고 그 시대를 대표하는 것, 제작 의장이나 제작 기법이 우수해 그 유례가 적은 것, 형태 품질 용도가 현저히 특이한 것, 저명한 인물과 관련이 깊거나 그가 제작한 것" 등을 대상으로 한다. 이것이 국보 선정의 기준인 셈이다.
(라) 이처럼 국보 선정의 기준으로 선발된 문화재는 지금 우리 주변에서 여전히 숨쉬고 있다. 우리와 늘 만나고 우리와 늘 교류한다. 우리에게 감동과 정보를 주기도 하고, 때로는 이 시대의 사람들과 갈등을 겪기도 한다. 그렇기에 국보를 둘러싼 현장은 늘 역동적이다. 살아있는 역사라 할 수 있다. 문화재는 그 스스로 숨쉬면서 이 시대와 교류하기에, 우리는 그에 어울리는 시선으로 국보를 바라볼 필요가 있다.

① (가) – (나) – (라) – (다)
② (가) – (다) – (나) – (라)
③ (다) – (가) – (나) – (라)
④ (다) – (나) – (가) – (라)

03 다음 글의 중심 내용으로 가장 적절한 것은?

> 그동안 전국의 많은 근대건축물은 제도적 지원과 보호로부터 배제되고 대중과 소유주의 무관심 등으로 방치되어 왔다. 다수의 근대건축물이 철거와 멸실의 위기에 처해있는 것이 사실이다.
> 국민이 이용하기 편리한 공간으로 용도를 바꾸면서도, 물리적인 본 모습은 유지하려는 노력을 일반적으로 '보전 가치'라고 규정한다. 근대건축물의 보전 가치를 높이기 위해서는 자산의 상태를 합리적으로 진단하고, 소유자 및 이용자가 건물을 효율적으로 활용할 수 있도록 지원하는 관리체계가 필수적이다. 하지만 지금까지 건축자산의 등록, 진흥계획 수립 등을 통해 관리주체를 공공화하려는 노력은 있었으나 구체적인 관리 기법이나 모니터링에 대한 고민은 부족했다. 즉, 기초조사를 통해 현황을 파악하고 기본적인 관리만 하는 수준에 그치고 있었던 것이다. 오랜 시간이 지나 기록도 없이 건물만 존재하는 경우도 많다.
> 근대건축물은 현대 건물과는 다른 건축양식과 특성을 지니고 있어 단순 정보의 수집으로는 건물의 현황을 제대로 관리하기가 어렵다. 그렇다면 보전 가치를 높이기 위해서는 어떤 대책이 필요할까?
> 먼저 일반인이 개별 소유하고 있는 건축물의 현황정보를 통합하여 관리하기 위해서는 중립적이고 객관적인 공공의 참여와 지속적인 지원이 전제되어야 한다. 특히, 근대건축물은 현행 건축·도시 관련 법률 등과 관련되어 다양한 민원과 행정업무가 수반되므로, 법률 위반과 재정 지원 여부 등을 판단하는 데 있어 객관성과 중립성이 요구된다. 또한 근대건축물 관리는 도시재생, 문화관광 등의 분야에서 개별 사업으로 추진될 가능성이 높아 일원화된 관리기준도 필요하다. 만약 그렇지 못하면 사업이 일회성으로 전개될 우려가 크기 때문이다. 근대건축물이 그 정체성을 유지하고 가치를 증진하기 위해서는 공공이 주축이 된 체계화·선진화된 관리방법론이 요구되는 이유이다.

① 근대건축물의 정의와 종류

② 근대건축물을 공공에 의해 체계적으로 관리해야 하는 이유

③ 근대건축물의 현대적 가치와 중요성

④ 현대 시민에게 요구되는 근대건축물에 대한 태도

04 다음 글에서 알 수 있는 내용으로 가장 적절한 것은?

> 국내에서 벤처버블이 발생한 1999 ~ 2000년 동안 한국뿐 아니라 미국, 유럽 등 전 세계 주요 국가에서 벤처버블이 나타났다. 미국 나스닥의 경우 1999년 초 이후에 주가가 급상승하여 2000년 3월을 전후해서 정점에 이르렀는데, 이는 한국의 주가 흐름과 거의 일치한다. 또한 한국에서는 1998년 5월부터 외국인의 종목별 투자한도를 완전 자유화하였는데, 외환위기 이후 해외투자를 유치하기 위한 이런 주식시장의 개방은 주가 상승에 영향을 미쳤다. 외국인 투자자들은 벤처버블이 정점에 이르렀던 1999년 12월에 벤처기업으로 구성되어 있는 코스닥 시장에서 투자금액을 이전 달의 1조 4천억 원에서 8조 원으로 늘렸으며, 투자비중도 늘렸다. 또한 벤처버블 당시 국내에서는 인터넷이 급속히 확산되고 있었다. 초고속 인터넷 서비스는 1998년 첫해에 1만 3천 가구에 보급되었지만 1999년에는 34만 가구로 확대되었다. 또한 1997년 163만 명이던 인터넷 이용자는 1999년에 1,000만 명으로 폭발적으로 증가하였다. 이처럼 초고속 인터넷의 보급과 인터넷 사용인구의 급증은 뚜렷한 수익모델이 없는 업체라 할지라도 인터넷을 활용한 비즈니스를 내세우면 투자자들 사이에서 높은 잠재력을 가진 기업으로 인식되는 효과를 낳았다.
>
> 한편 1997년 8월에 시행된 벤처기업 육성에 관한 특별조치법은 다음과 같은 상황으로 인해 제정되었다. 법 제정 당시 우리 경제는 혁신적 기술이나 비즈니스 모델에 의한 성장보다는 설비확장에 토대한 외형성장에 주력해 왔다. 그러나 급격한 임금상승, 공장용지와 물류 및 금융 관련 비용 부담 증가, 후발국가의 추격 등은 우리 경제가 하루빨리 기술과 지식을 경쟁력의 기반으로 하는 구조로 변화해야 할 필요성을 높였다. 게다가 1997년 말 외환위기로 30대 재벌의 절반이 부도 또는 법정관리에 들어가게 되면서 재벌을 중심으로 하는 경제성장 방식의 한계가 지적되었고, 이에 따라 우리 경제는 고용창출과 경제성장을 주도할 새로운 기업군을 필요로 하게 되었다. 이로 인해 시행된 벤처기업 육성 정책은 벤처기업에 세제 혜택은 물론, 기술개발, 인력공급, 입지공급까지 다양한 지원을 제공하면서 벤처기업의 폭증에 많은 영향을 주게 되었다.

① 해외 주식시장의 주가 상승은 국내 벤처버블 발생의 주요 원인이 되었다.

② 벤처버블은 한국뿐 아니라 전 세계 모든 국가에서 거의 비슷한 시기에 발생했다.

③ 국내의 벤처기업 육성책 실행은 한국 경제구조 변화의 필요성과 관련을 맺고 있다.

④ 국내 초고속 인터넷 서비스 확대는 벤처기업을 활성화시켰으나 대기업 침체의 요인이 되었다.

05 다음 글을 읽고 핀테크에 대해 이해한 내용으로 적절하지 않은 것을 고르면?

> 요즘은 스마트폰이 은행원의 일을 한다. 예를 들어, 핀테크 간편 송금 앱 '토스(Toss)'를 사용하면 1개의 비밀번호로 3단계만 거쳐도 송금이 완료된다. 토스 이전에 송금의 절차에는 평균적으로 5개의 암호와 약 37회의 클릭이 필요했지만 이제는 간소화되었다. 이처럼 핀테크(FinTech)란 금융(Finance)과 기술(Technology)의 합성어로, 금융과 IT의 결합을 통한 금융서비스를 의미한다.
> 이처럼 핀테크의 가장 강력한 장점은 지급과 결제의 간편성으로 볼 수 있다. 그냥 앱을 열고 기기에 갖다 대기만 하면 된다. 스마트폰에 저장된 신용카드나 계좌정보가 NFC 결제 기기와 자연스럽게 반응하여 처리된다. 송금 서비스는 더 쉽다. '공인인증서'가 당신에게 선사했던 절망의 시간을 떠올려 보라. 핀테크의 물결 속에서 보수적이었던 금융권 역시 오픈 뱅킹으로 속속 전환하고 있다. 외환 송금 또한 무리가 없다. 심지어 수수료도 절감할 수 있다. 여기에 우리나라 핀테크의 꽃이라고 할 수 있는 인터넷 전문은행도 있다. 가입부터 개설까지 10분도 걸리지 않는다. 100년 후에 지갑이라는 물건은 조선시대 상투처럼 사라질지도 모른다.
> 핀테크는 리스크 관리 수준 또한 끌어올리고 있다. 과거의 경우 통장을 만들기 위해서는 은행 창구 방문이 필수였다. 신분증을 내밀고 본인 확인을 거쳐야만 했다. 지금은 어떤가? 비대면 실명 인증이라는 기술이 금융을 만나 핀테크로 완성되었다. 인터넷 전문은행 또한 비대면 실명 인증을 통해 실현된 핀테크다. 물론 여전히 보안 문제가 걱정이긴 하다. 개인정보를 캐내는 해킹 수법도 날이 갈수록 발전하고 있다. 하지만 핀테크는 기존의 방식을 넘어 발전 중이다. 이미 스마트폰에는 지문 인식, 안면 인식을 통한 본인 인증 기술이 쓰이고 있다. 조만간 핀테크는 간편성을 넘어 보이스피싱과 같은 금융 범죄를 근본적으로 방지하는 형태로 발전할 것이다.
> 다음으로 핀테크는 이상적인 금융 플랫폼을 실현하고 있다. 과거에는 수수료를 당연하게 여기던 때가 있었다. 마치 문자 하나에 50원의 가격을 매기는 것처럼 말이다. 어떤 거래에 있어 은행이나 금융기관의 매개 비용은 당연한 대가였다. 이제 핀테크는 그 당연함을 지웠다. 또한 핀테크는 온라인 플랫폼을 통해 새로운 형태의 대출을 만들어냈다. 바로 P2P(Peer to Peer) 대출이다. P2P 대출은 공급자(투자)와 수요자(대출)가 금융기관의 개입 없이도 직접 자금을 주고받을 수 있게끔 만들었다. 크라우드 펀딩도 하나의 핀테크다. 크라우드 펀딩은 사업자 등이 익명의 다수(Crowd)로부터 SNS를 통해 후원을 받거나 특정 목적으로 인터넷과 같은 플랫폼을 통해 자금을 모으는 투자 방식이다. 실험적이고 번뜩이는 아이템을 가졌지만, 수익성을 이유로 투자받지 못했던 창업가에게는 기적 같은 통로가 생긴 것이다.

① 핀테크를 활용한 P2P 대출은 금융기관의 개입을 통한 투자와 대출을 가능하게 한다.

② 핀테크는 비대면 실명 인증을 가능하게 하여, 고객들은 은행에 가지 않아도 된다.

③ 핀테크는 수수료 절감을 통해 이상적인 금융 플랫폼을 실현하고 있다.

④ 핀테크의 크라우드 펀딩은 자금력이 부족한 창업자들에게 기회가 될 수 있다.

06 다음 글을 읽고 추론한 내용으로 가장 적절한 것은?

세계화 시대에는 국가 간 교류가 활발하여 우리 국민들이 외국으로 여행을 가기도 하고 외국인들도 한국으로 여행을 많이 온다. 또한 외국으로부터 경제활동에 필요한 원자재는 물론이고 자동차나 의약품 등 다양한 상품을 수입하기도 한다. 이처럼 외국 상품을 구입하거나 외국 여행을 할 때는 물론이고 해외 투자를 할 때도 외국 돈, 즉 외화가 필요하다.

이러한 외화를 살 때 지불하는 외화의 가격을 환율이라 하며, 달러당 환율이 1,000원이라는 것은 1달러를 살 때 지불하는 가격이 1,000원이라는 것이고 유로(Euro) 환율이 1,300원이라는 것은 1유로의 가격이 1,300원이라는 것을 의미한다. 외화를 외국 상품과 같은 의미로 이해하면 환율은 다른 상품의 가격처럼 외국 돈 한 단위의 가격으로 이해할 수 있다. 100달러를 환전하는 것, 즉 100달러를 구입하는 것은 개당 1,000원인 상품을 100개 구입하는 것과 같은 것으로 생각할 수 있는 것이다.

환율을 표시할 때는 외국돈 1단위당 원화의 금액으로 표시한다. 따라서 환율의 단위는 원/$, 원/€와 같은 것이 된다(예 1,000원/$, 1,300원/€). 수입품과 수출품의 가격은 이러한 환율의 단위를 고려하면 쉽게 계산할 수 있다. 국산품의 수출가격은 국내가격을 환율로 나누어서 구할 수 있고 반대로 수입상품의 수입가격은 국제가격에 환율을 곱해서 구할 수 있다.

- 환율이 1,000원/$일 때 국내 시장에서 가격이 1만 원인 상품의 수출가격
  : [수출가격(달러)]=(국내가격/환율)=(10,000원)/(1,000원/$)=$10
- 환율이 1,000원/$일 때 국제 시장에서 가격이 $100인 상품의 수입가격
  : [수입가격(원)]=(국제가격)×(환율)=$100×(1,000원/$)=100,000원

앞에서 외화를 마치 상품처럼 이해한다고 하였는데 상품의 가격이 수요와 공급에 의해서 변동하는 것처럼 외화의 가격인 환율도 외환시장에서 수요와 공급에 의해서 결정된다. 수출이 늘어나거나 외국인들의 한국여행 그리고 외국인 투자가 늘어나면 외화 공급이 증가하기 때문에 환율이 떨어진다. 상품 가격이 하락하면 화폐 가치가 올라가는 것처럼 환율이 하락하면 외국돈에 비해서 우리 돈의 가치가 올라간다고 할 수 있다. 반면에 한국의 수입 증가, 국민들의 외국 여행 증가 그리고 자본의 유출이 일어나면 외화 수요가 증가하기 때문에 환율이 올라간다. 상품의 가격이 올라가면 화폐 가치가 떨어지는 것처럼 환율이 상승한다는 것은 화폐, 즉 우리 돈의 가치가 떨어진다는 것을 의미한다. 이처럼 환율이 상승하면 원화 가치가 하락하고 반대로 환율이 하락하면 원화 가치가 올라간다고 생각할 수 있다. 환율 상승을 '원화 약세'라고 하고 환율 하락을 '원화 강세'라고 이해하면 편하다.

① 환율이 하락하는 원인으로는 수입 증가를 볼 수 있다.
② 환율이 상승하면 국산품의 수출가격은 하락할 것이다.
③ 중국인 관광객들이 우리나라에 많이 여행 온다면 환율이 상승할 것이다.
④ 환율이 하락하면 수입품의 수입가격은 상승한다.

07 다음 글의 ㉠과 같은 사례를 추론한 내용으로 가장 적절한 것은?

> 화학 공정을 통하여 저렴하고 풍부한 원료로부터 원하는 물질을 제조하고자 할 때, 촉매는 활성화 에너지가 낮은 새로운 반응 경로를 제공하여 마치 마술처럼 원하는 반응이 쉽게 일어나도록 돕는다. 제1차 세계 대전 직전에 식량 증산에 크게 기여하였던 철 촉매에서부터 최근 배기가스를 정화하는 데 사용되는 백금 촉매에 이르기까지 다양한 촉매가 여러 가지 문제 해결의 핵심 기술이 되고 있다. 그러나 전통적인 공업용 촉매 개발은 시행착오를 반복하다가 요행히 촉매를 발견하는 식이었다.
>
> 이러한 문제점을 해결하기 위해 촉매 설계 방법이 제안되었는데, 이는 표면 화학 기술과 촉매 공학의 발전으로 가능해졌다. 촉매 설계 방법은 ㉠ <u>회귀 경로를 통하여 오류를 최소 과정 내에서 통제할 수 있는 체계</u>로서 크게 세 단계로 이루어진다. 첫 번째 단계에서는 대상이 되는 반응을 선정하고, 열역학적 검토와 경제성 평가를 거쳐 목표치를 설정한다. 두 번째 단계에서는 반응물이 촉매 표면에 흡착되어 생성물로 전환되는 반응 경로 모델을 구상하며, 그다음에 반응의 진행을 쉽게 하는 활성 물질, 활성 물질의 기능을 증진시키는 증진제 그리고 반응에 적합한 촉매 형태를 유지시키는 지지체를 선정한다. 마지막 단계에서는 앞에서 선정된 조합으로 촉매 시료를 제조한 후 실험하고, 그 결과를 토대로 촉매의 활성·선택성·내구성을 평가한다. 여기서 결과가 목표치에 미달하면 다시 촉매 조합을 선정하는 단계로 돌아가며, 목표치를 달성하는 경우에도 설정된 경로 모델대로 반응이 진행되지 않았다면, 다시 경로 모델을 설정하는 단계로 회귀한다. 설정된 경로 모델에 따라 목표치에 도달하면 촉매 설계는 완료된다.
>
> 미래 사회에서는 에너지 자원의 효율적 사용과 환경 보존을 최우선시하여, 다양한 촉매의 개발이 필요하게 될 것이다. 특히 반응 단계는 줄이면서도 효과적으로 원하는 물질을 생산하고, 낮은 온도에서 선택적으로 빠르게 반응을 진행시킬 수 있는 새로운 촉매가 필요하게 된다. 촉매 설계 방법은 환경 및 에너지 문제를 해결하는 마법의 돌을 만드는 체계적 접근법인 것이다.

① 민준이는 현관문 잠금 장치의 비밀번호를 잊어버려 여러 번호를 입력하다가 운 좋게 다섯 번 만에 문을 열었다.

② 승재는 고등학생 때 『목민심서』를 여러 번 읽었으나 잘 이해할 수 없었다. 그 후 대학생이 되어 다시 읽어 보니 내용을 보다 쉽게 이해할 수 있었다.

③ 수아는 좋은 시어를 찾기 위해 우리말 형용사 사전을 뒤졌으나 적절한 시어를 찾지 못했다. 그러던 어느 날 『토지』를 읽다가 적절한 시어를 찾아냈다.

④ 시안이는 설문지를 작성하여 설문 조사를 하던 중에 설문지의 질문이 잘못된 것을 발견하여 설문지 작성 과정으로 돌아와 질문을 수정하였다.

08 다음은 한국은행 금융통화위원회의 구성 및 운영에 대한 규정이다. 이에 대한 설명으로 적절하지 않은 것은?

> 〈금융통화위원회의 구성〉
>
> 금융통화위원회는 한국은행의 통화신용정책에 관한 주요 사항을 심의・의결하는 정책결정기구로서 한국은행 총재 및 부총재를 포함하여 총 7인의 위원으로 구성된다.
> 한국은행 총재는 금융통화위원회 의장을 겸임하며 국무회의 심의를 거쳐 대통령이 임명한다. 부총재는 총재의 추천에 의해 대통령이 임명하며, 다른 5인의 위원은 각각 기획재정부 장관, 한국은행 총재, 금융위원회 위원장, 대한상공회의소 회장, 전국은행연합회 회장 등의 추천을 받아 대통령이 임명한다.
> 총재의 임기는 4년이고 부총재는 3년으로 각각 1차에 한하여 연임할 수 있으며, 나머지 금통위원의 임기는 4년으로 연임할 수 있다.
>
> 〈금융통화위원회의 운영〉
>
> 한국은행 총재는 금융통화위원회를 대표하는 의장으로서 회의를 주재한다. 금융통화위원회의 본회의는 의장이 필요하다고 인정하는 때, 또는 위원 2인 이상의 요구가 있을 때 의장이 소집할 수 있는데 현재는 매월 둘째 주, 넷째 주 목요일에 정기회의가 개최되고 있다. 본회의에 상정되는 안건을 심의・의결하기 위해서는 통상 7인의 금통위원 중 5인 이상의 출석과 출석위원 과반수의 찬성이 필요하며 금융통화위원회가 의결을 한 때에는 의결서를 작성한다. 한편 본회의의 논의내용에 대해서는 의사록을 작성하고, 의사록 내용 중 통화신용정책에 관한 사항에 대해서는 외부에 공개한다.
> 본회의 이외의 회의로는 상정 안건과 관련한 논의 등을 위한 간담회, 금융경제동향 등에 관하여 관련 부서의 보고를 듣고 서로 의견을 교환하기 위한 협의회 등이 있다. 한편, 대국회 보고를 위한 통화신용정책보고서나 연차보고서, 금융안정보고서, 한국은행의 예산 등과 같은 중요 사안에 대해서는 별도로 심의위원회를 구성하여 보다 면밀한 검토가 이루어지도록 하고 있다.

① 면밀한 검토가 필요한 사안에 대해서는 본회의 외에 별도 위원회가 구성되기도 한다.

② 금융통화위원회 의장은 한국은행 총재이다.

③ 총재, 부총재를 제외한 금융통화위원은 총재가 임명한다.

④ 정기회의 개최를 위해서는 의장을 제외한 금융통화위원 최소 2인의 요구가 필요하다.

09 다음 글의 ㉠ ~ ㉢에 대한 설명으로 적절하지 않은 것은?

> 국내 연구팀이 반도체 집적회로에 일종의 ㉠ '고속도로'를 깔아 신호의 전송 속도를 높이는 신개념 반도체 소재 기술을 개발했다. 탄소 원자를 얇은 막 형태로 합성한 2차원 신소재인 그래핀을 반도체 회로에 깔아, 기존 금속 선로보다 많은 양의 전자를 빠르게 운송하는 것이다.
> 최근 반도체 내에 많은 소자가 집적되면서 소자 사이의 신호를 전송하는 ㉡ '도로'인 금속 재질의 선로에 저항이 기하급수적으로 증가하는 문제가 발생했다. 이러한 집적화의 한계를 극복하기 위해 연구팀은 금속 재질 대신 그래핀을 신호 전송용 길로 활용했다.
> 그래핀은 탄소 원자가 육각형으로 결합한, 두께 0.3나노미터의 얇은 2차원 물질로 전선에 널리 쓰이는 구리보다 전기 전달 능력이 뛰어나며 전자 이동속도도 100배 이상 빨라 이상적인 반도체용 물질로 꼽힌다. 그러나 너무 얇다 보니 전류나 신호를 전달하는 데 방해가 되는 저항이 높고, 전하 농도가 낮아 효율이 떨어진다는 단점이 있었다.
> 연구팀은 이런 단점을 해결하고자 그래핀에 불순물을 얇게 덮는 방법을 생각했다. 그래핀 표면에 비정질 탄소를 흡착시켜 일종의 ㉢ '코팅'처럼 둘러싼 것이다. 연구 결과 이 과정에서 신호 전달을 방해하던 저항은 기존 그래핀 선로보다 60% 감소했고, 신호 손실은 약 절반 정도로 줄어들었으며, 전달할 수 있는 전하의 농도는 20배 이상 증가했다. 이를 통해 연구팀은 금속 선로의 수백분의 1 크기로 작으면서도 효율성은 그대로인 고효율, 고속 신호 전송 선로를 완성하였다.

① 연구팀은 ㉡을 ㉠으로 바꾸었다.
② 반도체 내에 많은 소자가 집적될수록 ㉡에 저항이 증가한다.
③ ㉠은 구리보다 전기 전달 능력과 전자 이동속도가 뛰어나다.
④ 연구팀은 전자의 이동속도를 높이기 위해 ㉠에 ㉢을 하였다.

10 다음 글에 대한 설명으로 적절한 것은?

> 인공지능을 면접에 활용하는 것은 바람직하지 않다. 인공지능 앞에서 면접을 보느라 진땀을 흘리는 인간의 모습을 생각하면 너무나 안타깝다. 사람들은 미래에 인공지능이 인간의 고유한 영역까지 대신할 것이라고 말하는데, 과연 정말로 인공지능이 인간을 대신할 수 있을까? 인간과 인공지능의 관계는 어떠해야 할까?
> 인공지능은 인간의 삶을 편리하게 돕는 도구일 뿐이다. 인간이 만든 도구인 인공지능이 인간을 평가할 수 있는지에 대해 생각해 볼 필요가 있다. 도구일 뿐인 기계가 인간을 평가하는 것은 정당하지 않다. 인간이 개발한 인공지능이 인간을 판단한다면 주체와 객체가 뒤바뀌는 상황이 발생할 것이다.
> 인공지능이 아무리 발전하더라도 인간과 같은 사고는 불가능하다. 인공지능은 겉으로 드러난 인간의 말과 행동을 분석하지만, 인간은 말과 행동 이면의 의미까지 고려하여 사고한다. 인공지능은 빅데이터를 바탕으로 결과를 도출해 내는 기계에 불과하므로, 통계적 분석을 할 뿐 타당한 판단을 할 수 없다. 기계가 타당한 판단을 할 것이라는 막연한 기대를 한다면 머지않아 인간이 기계에 예속되는 상황이 벌어질지도 모른다.
> 인공지능은 사회적 관계를 맺을 수 없다. 반면 인간은 사회에서 의사소통을 통해 관계를 형성한다. 이 과정에서 축적된 인간의 경험이 바탕이 되어야 타인의 잠재력을 발견할 수 있다.

① 인공지능과 인간의 공통점을 통해 논지를 주장하고 있다.
② 인공지능은 빅데이터를 바탕으로 타당한 판단을 할 수 있다고 보고 있다.
③ 인공지능은 의사소통을 통해 사회적 관계를 형성한다고 주장한다.
④ 인공지능이 인간을 평가하는 것은 정당하지 않다고 주장한다.

11 다음 글에서 〈보기〉의 문장이 들어갈 위치로 가장 적절한 곳은?

> 컴퓨터는 0 또는 1로 표시되는 비트를 최소 단위로 삼아 내부적으로 데이터를 표시한다. 컴퓨터가 한 번에 처리하는 비트 수는 정해져 있는데, 이를 워드라고 한다. 예를 들어 64비트의 컴퓨터는 64개의 비트를 1워드로 처리한다. (가) 4비트를 1워드로 처리하는 컴퓨터에서 양의 정수를 표현하는 경우, 4비트 중 가장 왼쪽 자리인 최상위 비트는 0으로 표시하여 양수를 나타내고 나머지 3개의 비트로 정수의 절댓값을 나타낸다. (나) 0111의 경우 가장 왼쪽 자리인 '0'은 양수를 표시하고 나머지 '111'은 정수의 절댓값 7을 이진수로 나타낸 것으로, +7을 표현하게 된다. 이때 최상위 비트를 제외한 나머지 비트를 데이터 비트라고 한다.
>
> 그런데 음의 정수를 표현하는 경우에는 최상위 비트를 1로 표시한다. −3을 표현한다면 −3의 절댓값 3을 이진수로 나타낸 011에 최상위 비트 1을 덧붙이면 된다. (다) 이러한 음수 표현 방식을 '부호화 절댓값'이라고 한다. 그러나 부호화 절댓값은 연산이 부정확하다. 예를 들어 7−3을 계산한다면 7+(−3)인 0111+1011로 표현된다. 컴퓨터에서는 0과 1만 사용하기 때문에 1에 1을 더하면 바로 윗자리 숫자가 올라가 10으로 표현된다. 따라서 0111에 1011을 더하면 10010이 된다. (라) 하지만 부호화 절댓값에서는 오버플로를 처리하는 별도의 규칙이 없기 때문에 계산 값이 부정확하다. 또한 0000 또는 1000이 0을 나타내어 표현의 일관성과 저장 공간의 효율성이 떨어진다.

〈보기〉

> 10010은 4비트 컴퓨터가 처리하는 1워드를 초과하게 된 것으로, 이러한 현상을 오버플로라 한다.

① (가) ② (나)

③ (다) ④ (라)

12 현재 M금고 A부서 팀원 25명의 평균 나이는 38세이다. 다음 달에 52세의 팀원이 퇴사하고 27세의 신입사원이 입사할 예정일 때, A부서 팀원 25명의 평균 나이는?(단, 주어진 조건 외에 다른 인사이동은 없다)

① 35세
② 36세
③ 37세
④ 38세

13 일정한 규칙으로 수를 나열할 때, 빈칸에 들어갈 수로 옳은 것은?

101 104 98 107 95 ( )

① 88
② 97
③ 110
④ 113

14 귀하는 A은행 영업점에서 외환업무 전문상담원으로 근무하고 있다. 다음은 ○월 ○일자 고시된 환율표이다. 귀하가 이해한 내용으로 옳지 않은 것은?

〈환율 전광판〉

(단위 : KRW)

통화명	매매기준율	현찰		송금	
		살 때	팔 때	보낼 때	받을 때
USD	1,191.70	1,212.55	1,170.85	1,203.30	1,180.10
JPY 100	1,052.00	1,070.41	1,033.59	1,062.30	1,041.70
EUR	1,344.71	1,362.18	1,317.96	1,358.15	1,331.27
CNY	182.10	194.84	173.00	183.92	180.28

※ 환전 수수료 등 기타비용은 발생하지 않는다고 가정함

① 전신환율과 현찰환율 등 거래 환율을 정하는 데 중심이 되는 환율은 매매기준율이다.
② 고객이 은행에서 외화를 원화로 교환할 때에는 전광판의 '팔 때' 환율이 적용된다.
③ 고객이 여행비를 마련하기 위해 달러가 필요하다면 1달러당 1,212.55원으로 은행에서 환전할 수 있다.
④ 고객이 보유하고 있는 위안화 ¥3,500을 은행에서 엔화로 환전하면 약 ¥565.67을 받을 수 있다.

15 귀하는 미디어 매체별 이용자 분포 자료를 토대로 보고서에 추가할 그래프를 제작하였다. 완성된 보고서를 상사에게 제출하였는데, 그래프 중 잘못된 것이 있다는 피드백을 받았다. 이때 수정이 필요한 그래프는?

〈미디어 매체별 이용자 분포〉

(단위 : %)

구분		TV	스마트폰	PC/노트북
사례 수		7,000명	6,000명	4,000명
성별	남	49.4	51.7	51.9
	여	50.6	48.3	48.1
연령	10대	9.4	11.2	13.0
	20대	14.1	18.7	20.6
	30대	17.1	21.1	23.0
	40대	19.1	22.2	22.6
	50대	18.6	18.6	15.0
	60세 이상	21.7	8.2	5.8
직업	사무직	20.1	25.6	28.2
	서비스직	14.8	16.6	14.9
	생산직	20.3	17.0	13.4
	학생	13.2	16.8	19.4
	주부	20.4	17.8	18.4
	기타	0.6	0.6	0.6
	무직	10.6	5.6	5.1
소득	상	31.4	35.5	38.2
	중	45.1	49.7	48.8
	하	23.5	14.8	13.0
도시 규모	대도시	45.3	47.5	49.5
	중소도시	37.5	39.6	39.3
	군지역	17.2	12.9	11.2

① 연령대별 스마트폰 이용자 수(단위 : 명)

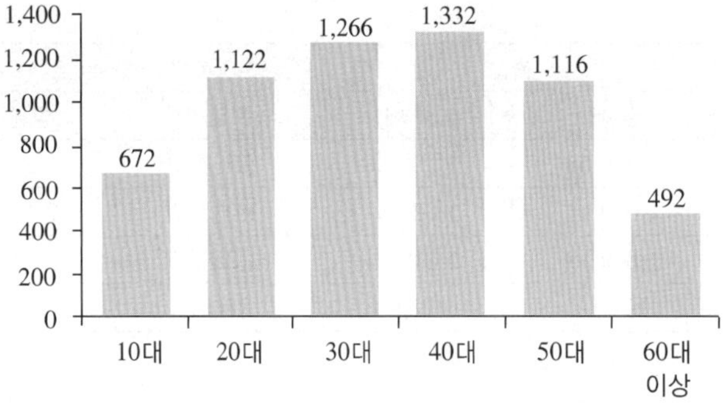

② 성별 매체이용자 수(단위 : 명)

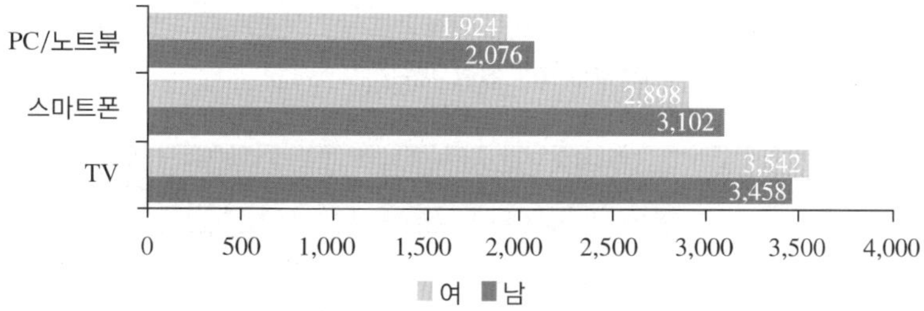

③ 매체별 소득수준 구성비

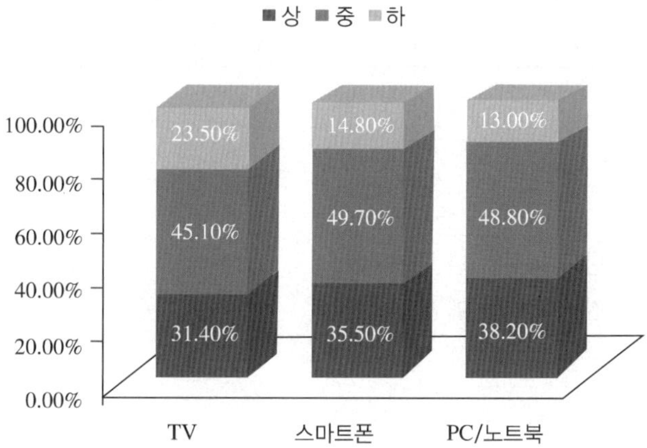

④ TV+스마트폰 이용자의 도시 규모별 구성비

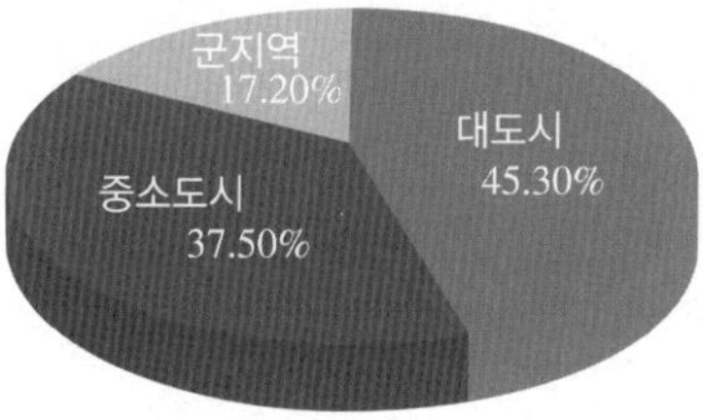

16 다음은 M기업의 사채발행차금 상각 과정에 대한 자료이다. 이에 대한 설명으로 옳지 않은 것은?

〈사채발행차금 상각 과정〉

(단위 : 백만 원)

구분 \ 연도		1차년도	2차년도	3차년도	4차년도
이자비용(A)[=(전년도 E)×0.1]		–	900	( )	( )
액면이자(B)		–	600	600	600
사채발행차금	상각액(C)[=(당해년도 A)−(당해년도 B)]	–	300	( )	( )
	미상각잔액(D)[=(전년도 D)−(당해년도 C)]	3,000	2,700	( )	( )
사채장부가액(E)[=(전년도 E)+(당해년도 C)]		9,000	9,300	( )	9,993

※ 1차년도의 미상각잔액(3,000백만 원)과 사채장부가액(9,000백만 원)은 주어진 값임

① 3차년도의 사채장부가액은 96억 원 이하이다.
② 3차년도, 4차년도의 상각액은 전년도 대비 매년 증가한다.
③ 3차년도, 4차년도의 이자비용은 전년도 대비 매년 증가한다.
④ 3차년도, 4차년도의 미상각잔액은 전년도 대비 매년 감소한다.

17 다음은 M그룹의 등급별 인원비율 및 성과 상여금에 대한 자료이다. 마케팅부서의 인원은 15명이고, 영업부서 인원은 11명일 때, 상여금에 대한 설명으로 옳지 않은 것은?(단, 인원은 소수점 첫째 자리에서 반올림한다)

〈등급별 인원비율 및 성과 상여금〉

구분	S등급	A등급	B등급	C등급
인원비율	15%	30%	40%	15%
상여금	500만 원	420만 원	330만 원	290만 원

① 마케팅부서의 S등급 상여금을 받는 인원과 영업부서의 C등급 상여금을 받는 인원의 수가 같다.
② A등급 1인당 상여금액은 B등급 1인당 상여금액보다 27% 많다.
③ 영업부서 A등급과 B등급의 인원은 마케팅부서 인원보다 각각 2명씩 적다.
④ 영업부서에 지급되는 총 상여금액은 마케팅부서 총 상여금액보다 1,200만 원이 적다.

18 다음은 15 ~ 24세를 대상으로 조사한 가장 선호하는 직장에 대한 자료이다. 이에 대한 설명으로 옳지 않은 것은?

〈15 ~ 24세가 가장 선호하는 직장〉

(단위 : %)

구분		국가기관	공기업	대기업	벤처기업	외국계기업	전문직기업	중소기업	해외취업	자영업	기타
성별	남성	32.2	11.1	19.5	5	2.8	11.9	2.9	1.8	11.9	0.9
	여성	34.7	10.9	14.8	1.8	4.5	18.5	2	3.7	7.9	1.2
연령	청소년(15 ~ 18세)	35.9	8.1	18.4	4.1	3.1	17.2	2.2	2.7	7.1	1.2
	청소년(19 ~ 24세)	31.7	13.2	16	2.7	4.2	14	2.6	2.8	11.9	0.9
학력	중학교 재학	35.3	10.3	17.6	3.5	3.9	16.5	2	3.1	6.7	1.1
	고등학교 재학	35.9	7.8	18.5	4.3	3	17.5	2.1	2.8	6.8	1.3
	대학교 재학	34.3	14.4	15.9	2.3	5.4	14.6	1.9	3.8	6.5	0.9
	기타	30.4	12.1	16.1	3	3.3	13.5	3.1	2.3	15.3	0.9
가구소득	100만 원 미만	31.9	9.5	18.5	3.9	2.8	15	3	2.5	11.3	1.6
	100 ~ 200만 원 미만	32.6	10.4	19.1	3.5	3.1	14.2	2.6	2.2	11.4	0.9
	200 ~ 300만 원 미만	34.7	11.2	15.9	3.1	3.1	16.1	2.5	2.5	9.8	1.1
	300 ~ 400만 원 미만	36.5	12	15.3	3.6	4	14.5	2.1	3	8.2	0.8
	400 ~ 600만 원 미만	31.9	12	17	2.4	6.4	16.5	1.9	4.6	6.5	0.8
	600만 원 이상	29.1	11.1	15.5	2.8	6.1	18	1.7	3.5	10.5	1.7

① 가구소득이 많을수록 중소기업을 선호하는 비율은 줄어들고 있다.

② 연령을 기준으로 3번째로 선호하는 직장은 15 ~ 18세의 경우와 19 ~ 24세의 경우가 같다.

③ 국가기관은 모든 기준에서 가장 선호하는 직장임을 알 수 있다.

④ 남성과 여성 모두 국가기관에 대한 선호 비율은 공기업에 대한 선호 비율의 3배 이상이다.

19 A～G 7명은 주말 여행지를 고르기 위해 투표를 진행하였다. 다음 〈조건〉과 같이 투표를 진행하였을 때, 투표를 하지 않은 사람을 모두 고르면?

〈조건〉

- D와 G 중 적어도 1명이 투표하지 않으면, F는 투표한다.
- F가 투표하면, E는 투표하지 않는다.
- B나 E 중 적어도 1명이 투표하지 않으면, A는 투표하지 않는다.
- A를 포함하여 투표한 사람은 모두 5명이다.

① B, E ② B, F
③ C, D ④ C, F

20 다음 A～E 다섯 사람 중 두 사람만 진실을 말하고 있다. 진실을 말하는 두 사람은 누구인가?

- A : B는 거짓말을 하지 않아.
- B : C의 말은 거짓이야.
- C : D의 말은 진실이야.
- D : C는 진실을 말하고 있어.
- E : D는 거짓말을 하지 않아.

① A, B ② A, C
③ B, D ④ C, E

21 M사의 신입사원인 K는 a ~ h의 여덟 가지 교육 과제를 차례대로 수행하려 한다. K가 e과제를 네 번째로 수행한다고 할 때, 다음 〈조건〉에 따라 다섯 번째로 수행할 교육 과제는 무엇인가?

〈조건〉

- 8가지 교육 과제 중 a과제와 d과제는 수행하지 않는다.
- b과제를 c과제보다 먼저 수행한다.
- c과제를 f과제보다 먼저 수행한다.
- g과제와 h과제는 b과제보다 나중에 수행한다.
- h과제는 f과제와 g과제보다 나중에 수행한다.
- f과제는 e과제보다 먼저 수행한다.

① b과제　② c과제
③ f과제　④ g과제

22 환경부의 인사실무 담당자는 환경정책과 관련된 특별위원회를 구성하는 과정에서 외부 환경전문가를 위촉하려 한다. 현재 거론되고 있는 외부 전문가는 A ~ F 6명으로, 인사실무 담당자는 다음 〈조건〉에 따라 외부 환경전문가를 위촉해야 한다. 만약 B가 위촉되지 않는다면, 총 몇 명의 환경전문가가 위촉되는가?

〈조건〉

- 만약 A가 위촉되면, B와 C도 위촉되어야 한다.
- 만약 A가 위촉되지 않는다면, D가 위촉되어야 한다.
- 만약 B가 위촉되지 않는다면, C나 E가 위촉되어야 한다.
- 만약 C와 E가 위촉되면, D는 위촉되지 않는다.
- 만약 D나 E가 위촉되면, F도 위촉되어야 한다.

① 1명　② 2명
③ 3명　④ 4명

23 다음은 아이돌봄 서비스 종류 중 하나인 시간제 돌봄(일반형) 서비스에 대한 내용이다. 이에 따라 〈보기〉 중 가장 많은 본인부담금을 납부하는 사람은?(단, 서비스 이용요금은 하루를 기준으로 하며, 갑 ~ 정은 모두 정부지원 대상이다)

〈시간제 돌봄(일반형) 서비스〉

- 이용대상 : 만 3개월 이상 만 12세 이하 아동
- 이용시간 : 1회 2시간 이상 사용
  - 양육공백이 발생하는 가정(취업한부모, 장애부모, 맞벌이 가정, 다자녀 가정, 기타 양육부담 가정)은 연 600시간 내에서 정부지원
  - 양육공백이 발생하지 않은 정부미지원 가정(전업주부 등) 및 정부지원시간을 다 사용한 가정은 전액 본인부담으로 서비스 이용 가능
- 서비스 내용(가사활동은 제외)
  - 부모가 올 때까지 임시 보육, 놀이활동, 준비된 식사 및 간식 챙겨주기, 보육시설 및 학교 등・하원, 준비물 보조 등(영아를 대상으로 시간제 돌봄을 제공할 경우 영아종일제 업무 병행)
- 서비스 이용요금 : 시간당 7,800원
  - 야간(오후 10시 ~ 오전 6시)・휴일에는 시간당 3,900원의 본인부담금 추가
  - 한 가정에 돌봄 아동이 2명일 경우 총 금액의 15% 할인, 돌봄 아동이 3명일 경우 총 금액의 33.3% 할인

구분	소득기준 (4인 가족 기준 중위소득)	시간제(시간당 7,800원)			
		A형(2015. 01. 01. 이후 출생 아동)		B형(2014. 12. 31. 이전 출생 아동)	
		정부지원	본인부담	정부지원	본인부담
가형	60% 이하	6,240원 (80%)	1,560원 (20%)	5,460원 (70%)	2,340원 (30%)
나형	85% 이하	3,900원 (50%)	3,900원 (50%)	–	7,800원
다형	120% 이하	2,340원 (30%)	5,460원 (70%)	–	7,800원
라형	120% 초과	–	7,800원	–	7,800원

※ 본인부담금 계산 시 원 단위 이하는 절사함

〈보기〉

〈신청자별 정보〉

구분	소득기준	신청시간	돌봄대상
갑	130%	오전 10시 ~ 오후 4시	2015년생 남아 1명
을	84%	오후 4 ~ 9시	2016년생 여아 1명, 2018년생 남아 2명
병	100%	오후 6 ~ 11시	2013년생 여아 1명
정	50%	오후 3시 ~ 자정	2012년생 남아 1명, 2015년생 여아 1명

① 갑 ② 을
③ 병 ④ 정

24 M사에서는 A ~ N직원 중 면접위원을 선발하고자 한다. 면접위원의 구성 조건이 다음과 같을 때, 이에 대한 설명으로 옳지 않은 것은?

〈면접위원 구성 조건〉

- 면접관은 총 6명으로 구성한다.
- 이사 이상의 직급으로 50% 이상 구성해야 한다.
- 인사팀을 제외한 모든 부서는 2명 이상 선출할 수 없고, 인사팀은 반드시 2명 이상을 포함한다.
- 모든 면접위원의 입사 후 경력은 3년 이상으로 한다.

직원	직급	부서	입사 후 경력
A	대리	인사팀	2년
B	과장	경영지원팀	5년
C	이사	인사팀	8년
D	과장	인사팀	3년
E	사원	홍보팀	6개월
F	과장	홍보팀	2년
G	이사	고객지원팀	13년
H	사원	경영지원	5개월
I	이사	고객지원팀	2년
J	과장	영업팀	4년
K	대리	홍보팀	4년
L	사원	홍보팀	2년
M	과장	개발팀	3년
N	이사	개발팀	8년

① L사원은 면접위원으로 선출될 수 없다.
② N이사는 반드시 면접위원으로 선출된다.
③ B과장이 면접위원으로 선출됐다면 반드시 K대리도 선출된다.
④ 과장은 2명 이상 선출되었다.

25 다음은 환경 분석에 사용하는 3C 분석 방법에 대한 자료이다. (가) ~ (다) 항목에 대한 분석 내용을 〈보기〉에서 찾아 바르게 연결한 것은?

> 사업 환경을 구성하고 있는 요소인 자사(Company), 경쟁사(Competitor), 고객(Customer)을 3C라고 하며, 3C에 대한 체계적인 분석을 통해 환경 분석을 수행할 수 있다.
>
> 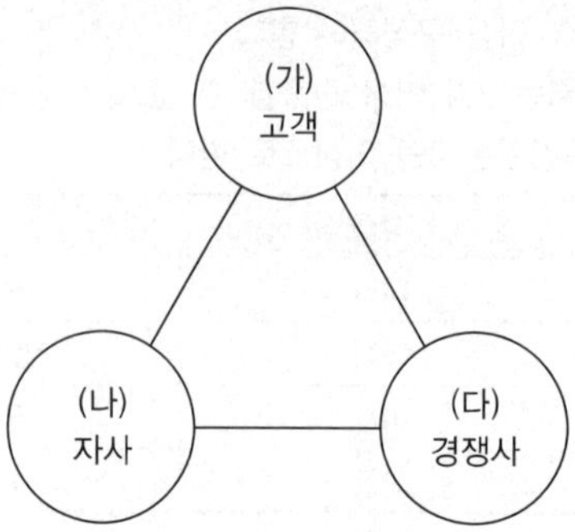
>

〈보기〉

ㄱ. 주요 소비층은 무엇을 좋아하는가?
ㄴ. 우리 조직의 장단점은 무엇인가?
ㄷ. 신규 경쟁자의 진입장벽은 무엇인가?
ㄹ. 경쟁사의 핵심 경쟁력은 무엇인가?
ㅁ. 소비자들의 정보습득 및 교환은 어디서 일어나는가?

	(가)	(나)	(다)
①	ㄱ, ㄷ	ㄴ, ㄹ	ㅁ
②	ㄱ, ㅁ	ㄴ	ㄷ, ㄹ
③	ㄴ, ㄹ	ㄱ, ㅁ	ㄷ
④	ㄴ, ㅁ	ㄷ, ㄹ	ㄱ

26 다음은 M기관에 대한 SWOT 분석 결과이다. SWOT 분석 결과를 바탕으로 한 적절한 전략을 〈보기〉에서 모두 고르면?

〈M기관에 대한 SWOT 분석 결과〉

강점(Strength)	약점(Weakness)
• 공공기관으로서의 신뢰성 • 국토의 종합적 이용·개발	• 국토개발로 인한 환경파괴 • 정부 통제 및 보수적 조직문화
기회(Opportunity)	**위협(Threat)**
• 정부의 해외 개발 사업 추진 • 환경친화적 디지털 신도시에 대한 관심 확대	• 환경보호 단체, 시민 단체와의 충돌 • 건설 경기 위축 및 침체

〈보기〉

ㄱ. 공공기관으로서의 높은 신뢰도를 바탕으로 정부의 해외 개발 사업에 적극적으로 참여한다.
ㄴ. 침체된 건설 경기를 회복하기 위해 비교적 개발이 진행되지 않은 산림, 해안지역 등의 개발을 추진한다.
ㄷ. 환경파괴를 최소화하면서도 국토를 효율적으로 이용할 수 있는 환경친화적 신도시를 개발한다.
ㄹ. 환경보호 단체나 시민 단체에 대한 규제 강화를 통해 공공기관으로서의 역할을 수행한다.

① ㄱ, ㄴ
② ㄱ, ㄷ
③ ㄴ, ㄷ
④ ㄴ, ㄹ

27 경영기획실에서 근무하는 귀하는 매년 부서별 사업계획을 정리하는 업무를 맡고 있다. 부서별 사업계획을 간략하게 정리한 다음 보고서를 보고 귀하가 할 수 있는 생각으로 가장 적절한 것은?

〈사업별 기간 및 소요예산〉

- A사업 : 총 사업기간은 2년으로, 첫해에는 1조 원, 둘째 해에는 4조 원의 예산이 필요하다.
- B사업 : 총 사업기간은 3년으로, 첫해에는 15조 원, 둘째 해에는 18조 원, 셋째 해에는 21조 원의 예산이 필요하다.
- C사업 : 총 사업기간은 1년으로, 총 소요예산은 15조 원이다.
- D사업 : 총 사업기간은 2년으로, 첫해에는 15조 원, 둘째 해에는 8조 원의 예산이 필요하다.
- E사업 : 총 사업기간은 3년으로, 첫해에는 6조 원, 둘째 해에는 12조 원, 셋째 해에는 24조 원의 예산이 필요하다.

올해를 포함한 향후 5년간 위의 5개 사업에 투자할 수 있는 예산은 다음과 같다.

〈연도별 가용예산〉

(단위 : 조 원)

1차 연도(올해)	2차 연도	3차 연도	4차 연도	5차 연도
20	24	28.8	34.5	41.5

〈규정〉

- 모든 사업은 한번 시작하면 완료될 때까지 중단할 수 없다.
- 예산은 당해 사업연도에 남아도 상관없다.
- 각 사업연도의 예산은 이월될 수 없다.
- 모든 사업을 향후 5년 이내에 반드시 완료한다.

① B사업을 세 번째 해에 시작하고 C사업을 최종연도에 시행한다.
② A사업과 D사업을 첫해에 동시에 시작한다.
③ 첫해에는 E사업만 시작한다.
④ D사업을 첫해에 시작한다.

※ 귀하는 회사 내 직원복지제도 중 하나인 온라인 강의 및 도서 제공 서비스를 담당하고 있다. 이어지는 질문에 답하시오. **[28~29]**

〈FAQ〉

Q1. 도서 환불 규정
Q2. 동영상 프로그램 재설치 방법
Q3. 스트리밍서버에 접근 오류 대처방법
Q4. 플레이어 업데이트를 실패하였을 때 대처방법
Q5. 동영상 강좌 수강신청 방법
Q6. 수강 중인 강의의 수강 잔여일 또는 수강 종료일은 어디서 확인하나요?
Q7. 수강기간은 어떻게 되나요?
Q8. 동영상 환불 규정
Q9. 강좌의 수강 횟수가 정해져 있나요?
Q10. 동영상 플레이어 끊김 또는 화면이 안 나올 때 대처 방법

28 귀하는 인트라넷 개편에 따라 기존 정보를 분류하여 정리하려고 한다. ㉠과 ㉡에 들어갈 수 있는 질문이 바르게 연결된 것은?

Best FAQ		
환불	수강방법	동영상 오류
㉠	㉡	Q2, Q3, Q4

① ㉠ : Q1, Q5
② ㉠ : Q6, Q8
③ ㉡ : Q5, Q10
④ ㉡ : Q6, Q9

29 총무팀에 근무하는 B씨는 지난달 중국어 강의를 신청했지만, 새로운 프로젝트를 진행하게 되면서 강의를 거의 듣지 못했다. 프로젝트가 마무리 단계에 접어들자 저번에 신청했던 중국어 강의가 생각이 난 B씨는 직원복지팀의 귀하에게 아직 남은 수강일이 며칠인지, 수강기간이 얼마 남지 않았다면 강의를 취소하고 도서와 함께 환불받을 수 있는지 문의했다. 귀하가 B씨에게 참고하라고 알려줄 수 있는 경로는?

① [인트라넷] – [직원복지제도] – [온라인 강의] – [FAQ] – [Q1, Q6, Q8]
② [인트라넷] – [직원복지제도] – [온라인 강의] – [FAQ] – [Q2, Q4, Q5]
③ [인트라넷] – [직원복지제도] – [온라인 강의] – [FAQ] – [Q3, Q7, Q8]
④ [인트라넷] – [직원복지제도] – [온라인 강의] – [FAQ] – [Q6, Q8, Q10]

※ 다음은 창의적 사고 개발 기법 중 하나인 '스캠퍼(SCAMPER) 기법'에 대한 자료이다. 이어지는 질문에 답하시오. **[30~31]**

▸ 스캠퍼 기법

– 창의력 증진기법으로 아이디어를 얻기 위해 의도적으로 시험할 수 있는 7가지 규칙을 의미한다.

▸ 스캠퍼 기법의 유형

S	Substitute(대체)	기존 사물의 형태, 용도, 방법 등을 다른 것으로 대체하는 것이다.
C	Combine(조합)	두 가지 또는 그 이상의 것들을 결합·혼합해서 새로운 것을 생각하는 것이다.
A	Adapt(적용)	어떤 형태나 원리, 방법을 다른 분야의 조건이나 목적에 맞도록 적용하는 것이다.
M	Modify(수정)	기존 상품이나 아이디어에 색, 모양, 의미 등을 조금 수정해서 변화를 주는 것이다.
	Magnify(확대)	보다 크게, 무겁게, 강하게 만드는 것이다.
	Minify(축소)	작게, 가볍게, 가늘게 축소하여 만드는 것이다.
P	Put to Other Use(다른 용도)	어떤 사물이나 아이디어를 다른 방법으로 활용하는 방법이다.
E	Eliminate(삭제)	사물의 한 부분을 삭제해서 새로운 것이나 더 발전된 아이디어를 떠올리는 방법이다.
R	Rearrange(재배치)	형식, 순서, 구성 등을 바꾸어서 새로운 상품이나 문제 해결의 아이디어를 얻는 방법이다.
	Reverse(반전)	앞과 뒤, 왼쪽과 오른쪽, 안과 밖, 위와 아래, 원인과 결과 등 형태, 순서, 방법, 아이디어를 거꾸로 뒤집어서 새로운 것을 떠올리는 방법이다.

30 ○○회사는 다음 달에 신제품으로 '베개'를 출시하기 위해 베개에 대한 아이디어 회의를 진행하였다. 다음 중 스캠퍼 기법이 적용된 아이디어 내용으로 거리가 먼 것은?

① 베개 외피를 제거하여 베개를 일체형으로 만들어보면 어떨까요?
② 캠핑족들을 위해 베개를 더 작고 가볍게 만들어 보는 것은 어떨까요?
③ 다른 경쟁사들의 베개와 비교해보는 것은 어떨까요?
④ 베개 속을 기존과 다르게 한약재나 구슬 등으로 바꿔보면 어떨까요?

31 다음 중 스캠퍼 기법의 유형에서 Adapt(적용) 유형의 사례로 적절한 것은?

① 새로운 소스를 개발하여 만든 파스타
② 씨앗이 옷에 붙는 것을 보고 만든 벨크로 찍찍이
③ 내구성을 더 강화시킨 강화유리
④ 불량 접착제를 활용해 만든 포스트잇

32 다음은 협상전략의 유형을 설명한 것이다. 빈칸 (A) ~ (D)에 들어갈 용어로 옳은 것은?

> ___(A)___은 상대방이 제시하는 것을 일방적으로 수용하여 협상의 가능성을 높이려는 전략이다. 즉, 상대방의 욕구와 주장에 자신의 욕구와 주장을 조정하고 순응시켜 굴복한다.
> ___(B)___은 자신이 상대방보다 힘에 있어서 우위를 점유하고 있을 때 자신의 이익을 극대화하기 위한 공격적 전략이다. 즉, 상대방의 주장을 무시하고 자신의 힘으로 일방적으로 밀어붙여 상대방에게 자신의 입장을 강요하는 전략이다.
> ___(C)___은 무행동전략이며, 협상으로부터 철수하는 철수전략이다. 협상을 피하거나 잠정적으로 중단하거나 철수하는 전략이다.
> ___(D)___은 협상 참여자들이 협동과 통합으로 문제를 해결하고자 하는 협력적 문제해결전략이다. 문제를 해결하는 합의에 이르기 위해서 협상 당사자들이 서로 협력하는 것이다.

	(A)	(B)	(C)	(D)
①	회피전략	협력전략	강압전략	유화전략
②	회피전략	강압전략	유화전략	협력전략
③	유화전략	강압전략	협력전략	회피전략
④	유화전략	강압전략	회피전략	협력전략

33 **M금고는 핀테크 기술 도입을 위해 핀테크 협력업체를 선정하고자 한다. 다음 〈보기〉의 설명 중 주어진 상황에서 M금고의 핀테크전략팀이 취할 협상전략에 대한 설명으로 적절한 것을 모두 고르면?**

M금고의 핀테크전략팀은 핀테크 관련 금융보안업체인 K사의 기술이전팀을 상대로 빅데이터 기반의 전략형 수신상품 출시를 위한 빅데이터 기술이전 협상을 진행 중이다. M금고는 사업전략상 반드시 보안수준이 높은 K사로부터 빅데이터 기술을 이전받고자 하며, 기술이전이 8월 전에 완료되기를 희망한다. 하지만 K사가 제시한 비용이 부담 가능한 수준이기는 하더라도 타 경쟁사에 비해 과도하다고 판단하였다. K사의 담당부서인 기술이전팀은 기술이전 사업에 소요되는 기간을 고려하면 8월 전에 완료하는 것은 불가능하며, 제시한 비용은 합리적 수준이라고 주장하고 있다. M금고는 빅데이터 기술이전 이후에도 스마트신용조회 시스템 도입 또한 K사와 추진하기를 희망하고 있으며, K사는 이후에도 거래를 이어갈 만한 안정적인 수요처가 필요하나 M금고 외에는 적절한 수요처를 찾지 못하고 있는 상황이다.

〈보기〉

ㄱ. M금고 핀테크전략팀 입장에서는 기술이전 사업의 기한을 연장하고 K사와 계약을 체결하는 것이 합리적이다.
ㄴ. K사 기술이전팀으로서는 회피전략을 취하더라도 협상을 성사시킬 수 있는 가능성이 높다.
ㄷ. 기술이전이 전략상 반드시 필요한 M금고 핀테크전략팀으로서는 강압전략을 취함으로써 협상 성사 가능성을 극대화할 수 있다.

① ㄱ
② ㄴ
③ ㄱ, ㄴ
④ ㄴ, ㄷ

34 다음은 대부분 조직에서 활용하고 있는 부서명과 담당 업무의 내용을 나타낸 자료이다. 이에 따라 부서명과 담당 업무의 내용이 바르게 연결되지 않은 것은?

부서	업무 내용
총무부	주주총회 및 이사회 개최 관련 업무, 의전 및 비서 업무, 집기비품 및 소모품의 구매와 관리, 사무실 임차 및 관리, 차량 및 통신시설의 운영, 국내외 출장 업무 협조, 복리후생 업무, 법률자문과 소송관리, 사내외 홍보 광고 업무
인사부	조직기구의 개편 및 조정, 업무분담 및 조정, 인력수급 계획 및 관리, 직무 및 정원의 조정 종합, 노사관리, 평가관리, 상벌관리, 인사발령, 교육체계 수립 및 관리, 임금제도, 복리후생제도 및 지원 업무, 복무관리, 퇴직관리
기획부	경영계획 및 전략 수립, 전사기획업무 종합 및 조정, 중장기 사업계획의 종합 및 조정, 경영정보 조사 및 기획보고, 경영진단업무, 종합예산수립 및 실적관리, 단기사업계획 종합 및 조정, 사업계획, 손익추정, 실적관리 및 분석
회계부	회계제도의 유지 및 관리, 재무상태 및 경영실적 보고, 결산 관련 업무, 재무제표 분석 및 보고, 법인세, 부가가치세, 국세 지방세 업무자문 및 지원, 보험가입 및 보상업무, 고정자산 관련 업무
영업부	판매 계획, 판매예산의 편성, 시장조사, 광고 선전, 견적 및 계약, 제조지시서의 발행, 외상매출금의 청구 및 회수, 제품의 재고 조절, 거래처로부터의 불만처리, 제품의 사후관리, 판매원가 및 판매가격의 조사 검토

① 사옥 이전에 따르는 이전 비용 산출과 신사옥 입주를 대내외에 홍보해야 할 업무는 기획부 소관 업무이다.

② 작년 판매분 중 일부 제품에 하자가 발생하여 고객의 클레임을 접수하고 하자보수 등의 처리를 담당하는 것은 영업부의 주도적인 역할이다.

③ 회사의 지속가능경영보고서에 수록되어 주주들에게 배포될 경영실적 관련 자료를 준비하느라 회계부 직원들은 연일 야근 중이다.

④ 사무실 이전 계획에 따라 새로운 사무실의 층간 배치와 해당 위치별 공용 사무용기 분배 관련 작업은 총무부에서 실시한다.

35 다음 상황에서 M사의 대외협력팀이 취할 협상전략에 대한 설명으로 적절한 것을 〈보기〉에서 모두 고르면?

> M사의 대외협력팀은 A사의 배터리사업부와 전기자동차를 생산하는 사업을 추진하고자 협상 중이다. M사는 A사가 납품하는 배터리의 사양을 낮추고 단가를 낮추고자 한다. 하지만 A사는 저사양의 배터리 모델을 별도로 생산하는 투자비용에 부담을 느껴 기존 사양과 단가대로 납품하고자 한다.
> A사 배터리사업부에서는 내부에서 받은 의견에 따라 사양 변경을 위한 추가 투자는 불가능함을 M사 대외협력팀에 전달하였다. M사는 A사와 협력하는 전기자동차 사업이 장기적으로 유망한 핵심 사업이라 판단하여 반드시 추진하고자 한다.

〈보기〉

ㄱ. Lose – Win전략을 취함으로써 A사와의 의견충돌을 피할 수 있는 전략을 취할 것이다.
ㄴ. M사 대외협력팀은 회피전략을 취할 것이다.
ㄷ. 단기적으로는 사업 추진에 있어서 부담이 되지만, 장기적으로는 M사의 수익성에 도움이 되는 결과를 가져올 것이다.
ㄹ. 강압전략을 취함으로써 A사로부터 차량용 배터리 사양 변경을 위한 투자를 이끌어낼 것이다.

① ㄱ, ㄴ　　② ㄱ, ㄷ
③ ㄴ, ㄷ　　④ ㄷ, ㄹ

36 다음 상황에서 팀장의 지시를 적절히 수행하기 위하여 오대리가 거쳐야 할 부서명을 순서대로 나열한 것은?

> 오대리, 내가 내일 출장 준비 때문에 무척 바빠서 그러는데 자네가 좀 도와줘야 할 것 같군. 우선 박비서한테 가서 오후 사장님 회의 자료를 좀 가져다주게나. 오는 길에 지난주 기자단 간담회 자료 정리가 되었는지 확인해 보고 완료됐으면 한 부 챙겨오고. 다음 주에 승진자 발표가 있을 것 같은데 우리 팀 승진 대상자 서류가 잘 전달되었는지 그것도 확인 좀 해줘야겠어. 참, 오후에 바이어가 내방하기로 되어 있는데 공항 픽업 준비는 잘해 두었지? 배차 예약 상황도 다시 한번 점검해 봐야 할 거야. 그럼 수고 좀 해주게.

① 기획팀 – 홍보팀 – 총무팀 – 경영관리팀
② 비서실 – 홍보팀 – 인사팀 – 총무팀
③ 인사팀 – 법무팀 – 총무팀 – 기획팀
④ 경영관리팀 – 법무팀 – 총무팀 – 인사팀

37 A부장은 직원들의 업무 효율성이 많이 떨어졌다는 생각이 들어, 각자의 의견을 들어 보고자 회의를 열었다. 다음 중 회의에서 나온 의견으로 적절하지 않은 것은?

① B대리 : 요즘 업무 외적인 통화에 시간을 낭비하는 경우가 많은 것 같습니다. 확실한 목표업무량을 세우고 목표량 달성 후 퇴근을 하는 시스템을 운영하면 개인 활동으로 낭비되는 시간이 줄어 생산성이 높아지지 않을까요?
② C주임 : 여유로운 일정이 주원인이라고 생각합니다. 1인당 최대 작업량을 잡아 업무를 진행하면 업무 효율성이 극대화될 것입니다.
③ D대리 : 계획을 짜면 업무를 체계적으로 진행할 수 있다는 의미에서 C주임의 말에 동의하지만, 갑자기 발생할 수 있는 일에 대해 대비해야 한다고 생각합니다. 어느 정도 여유 있게 계획을 짜는 게 좋지 않을까요?
④ E사원 : 목표량 설정 이외에도 업무 진행과정에서 체크리스트를 사용해 기록하고 전체적인 상황을 파악할 수 있게 하면 효율이 높아질 것입니다.

38 다음 자료는 갈등해결을 위한 6단계 프로세스이다. 3단계에 해당하는 대화의 예로 가장 적절한 것은?

1단계 사전 준비하기 ⇨	2단계 긍정적인 분위기에서 대화 시작하기 ⇨	3단계 상대방의 입장 파악하기 ⇩
6단계 최종적으로 해결책 선택 및 실행하기	⇦ 5단계 해결책 평가하기	⇦ 4단계 상대방의 입장에서 해결책 생각해보기

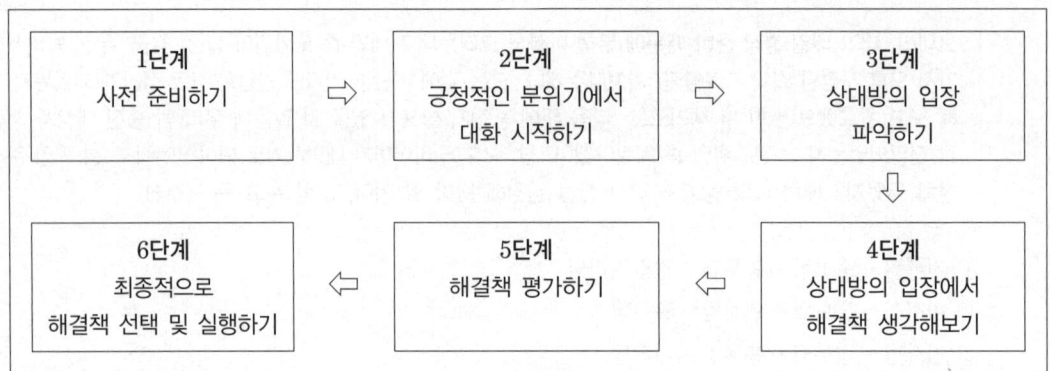

① 그럼 A씨의 생각대로 진행해 보시죠.

② 제 생각은 이런데, A씨의 생각은 어떠신지 말씀해 주시겠어요?

③ 저도 좋아요. 그것으로 결정해요.

④ 저는 모두가 만족하는 해결책을 찾고 싶어요.

※ 당신은 M금고의 상담사이며, 현재 불만고객을 응대하는 중이다. 이어지는 질문에 답하시오. **[39~40]**

상담사 : 안녕하십니까. M금고 상담사 ㅁㅁㅁ입니다.
고객 : 학자금 대출 이자 납입 건으로 문의할 게 있어서요.
상담사 : 네, 고객님 어떤 내용인지 말씀해 주시면 제가 도움을 드리겠습니다.
고객 : 제가 M금고로부터 대출을 받고 있는데 아무래도 대출 이자가 잘못 나간 것 같아서요. 안 그래도 바쁘고 시간도 없는데 이것 때문에 비 오는 날 우산도 없이 은행에 왔다 갔다 했네요. 도대체 일을 어떻게 처리하는 건지….
상담사 : 아 그러셨군요, 고객님. 먼저 본인 확인 부탁드립니다. 성함과 전화번호를 말씀해주세요.
고객 : 네, △△△이고요. 전화번호는 000-0000-0000입니다.
상담사 : 확인해 주셔서 감사합니다. ______________________________.

39 위 대화에서 언급된 불만고객은 다음 중 어떤 유형의 불만고객에 해당하는가?

① 거만형
② 의심형
③ 트집형
④ 빨리빨리형

40 위 대화에서 상담사의 마지막 발언 직후 빈칸에 들어갈 내용으로 적절한 것을 〈보기〉에서 모두 고르면?

〈보기〉

ㄱ. 어떤 해결방안을 제시해주는 것이 좋은지 고객에게 의견을 묻는다.
ㄴ. 고객 불만 사례를 동료에게 전달하겠다고 한다.
ㄷ. 고객이 불만을 느낀 상황에 대한 빠른 해결을 약속한다.
ㄹ. 대출 내역을 검토한 후 어떤 부분에 문제가 있었는지 확인하고 답변해 준다.

① ㄱ, ㄴ
② ㄱ, ㄷ
③ ㄴ, ㄷ
④ ㄷ, ㄹ

6권

MG새마을금고 지역본부 필기전형

정답 및 해설

온라인 모의고사 무료쿠폰

2회분 I ATPB-00000-506F5

[쿠폰 사용 안내]

1. **합격시대 홈페이지**(www.sdedu.co.kr/pass_sidae_new)에 접속합니다.
2. 홈페이지 우측 상단 '쿠폰 입력하고 모의고사 받자' 배너를 클릭합니다.
3. 쿠폰번호를 등록합니다.
4. 내강의실 > 모의고사 > 합격시대 모의고사 클릭 후 응시합니다.

※ 본 쿠폰은 등록 후 30일 이내에 사용 가능합니다.
※ 쿠폰 등록 및 응시는 윈도우 기반 PC에서만 가능합니다.
※ 모바일 및 macOS 운영체제에서는 서비스되지 않습니다.

시대 에듀

끝까지 책임진다! 시대에듀!

QR코드를 통해 도서 출간 이후 발견된 오류나 개정법령, 변경된 시험 정보, 최신기출문제, 도서 업데이트 자료 등이 있는지 확인해 보세요! **시대에듀 합격 스마트 앱**을 통해서도 알려 드리고 있으니 구글 플레이나 앱 스토어에서 다운받아 사용하세요. 또한, 파본 도서인 경우에는 구입하신 곳에서 교환해 드립니다.

제1회 모의고사 정답 및 해설

01	02	03	04	05	06	07	08	09	10
①	①	④	①	③	①	②	②	④	③
11	12	13	14	15	16	17	18	19	20
④	③	①	③	③	③	①	②	①	③
21	22	23	24	25	26	27	28	29	30
④	②	②	④	③	①	③	③	③	③
31	32	33	34	35	36	37	38	39	40
④	④	③	②	④	②	③	①	③	④

01

정답 ①

오답분석

② '냉냉하다'가 아닌 '냉랭하다'가 옳은 표현이다.
③ '요컨데'가 아닌 '요컨대'가 옳은 표현이다.
④ '바램'이 아닌 '바람'이 옳은 표현이다.

02

정답 ①

제시문의 첫 번째 문단에서는 이산화탄소로 메탄올을 만드는 곳이 있다며 관심을 유도하고, 두 번째 문단에서 해당 원료를 어떻게 만드는지 또 어디서 사용하는지 구체적으로 설명함으로써 이산화탄소 재활용의 긍정적인 측면을 부각하고 있다. 하지만 세 번째 문단에서는 앞선 내용과 달리 이렇게 만들어진 이산화탄소의 부정적인 측면을 설명하고, 마지막 문단에서는 이와 같은 이유로 결론이 나지 않았다며 글을 마무리하고 있다. 따라서 제시문의 주제로 가장 적절한 것은 이산화탄소 재활용의 이면을 나타내는 '탄소 재활용의 득과 실'이다.

오답분석

② 두 번째 문단에 한정된 내용으로, 제시문 전체를 다루는 주제로 보기에 적절하지 않다.
③ 지열발전소의 부산물을 통해 메탄올이 만들어진 것은 맞지만, 새롭게 탄생한 연료로 보기는 어려우며, 제시문의 전체를 다루는 주제로도 적절하지 않다.
④ 제시문의 첫 번째, 두 번째 문단을 통해 버려진 이산화탄소 및 부산물의 재활용을 통해 '메탄올'을 제조함으로써 미래 원료를 해결할 것처럼 보이지만, 이어지는 두 문단은 이렇게 만들어진 '메탄올'이 과연 미래 원료로 적합한지 의문점을 제시하고 있다. 따라서 제시문의 주제로 적절하지 않다.

03

정답 ④

보기에서 특정 시기에 산업선의 역할이 부각되었다는 내용과 (라) 바로 앞의 '한국 철도는 다시 경제발전과 지역사회 개발의 주역으로 부상하였다.'라는 문장으로 보아 보기는 (라)에 들어가는 것이 가장 적절하다.

04

정답 ①

제시문은 융의 실험을 통해 심리학에서의 연구 방법에 대해 다루고 있다. 따라서 (가) 대상이 되는 연구 방법의 진행 과정과 그 한계 – (마) 융이 기존의 연구 방법에 추가한 과정을 소개 – (라) 기존 연구자들이 간과했던 새로운 사실을 찾아낸 융의 실험의 의의 – (나) 융의 실험을 통해 새롭게 드러난 결과 분석 – (다) 새롭게 드러난 심리적 개념을 정의한 융의 사상 체계에서의 핵심적 요소에 대한 설명 순으로 나열하는 것이 적절하다.

05

정답 ③

제시문에 따르면 역사의 가치는 변하는 것이며, 시대나 사회의 흐름에 따라 달라지는 상대적인 것이다.

06

정답 ①

파산재단의 자산을 이용해 채권자에게 변제하는 것은 파산관재인의 업무이며, 파산관재인은 파산재단 자산이 실질적으로 파산관재인의 점유가 되도록 파산재단의 현금, 예금통장 등을 확보하고 장부를 폐쇄한다.

오답분석

② 파산재단은 법원의 파산선고와 동시에 구성된다.
③ 파산채권자는 채권의 개별행사가 금지된다.
④ 세 번째 문단을 보면 파산관재인은 누락되는 자산이 없도록 파산재단 자산을 조사한다.

07

정답 ②

자제력이 있는 사람은 합리적 선택에 따라 행위를 하고, 합리적 선택에 따르는 행위는 모두 자발적 행위라고 했다. 따라서 자제력이 있는 사람은 자발적으로 행위를 한다.

08 정답 ②

제시문은 각 기초 훈련 코스의 특징을 설명하면서 코스 주행 시 습득할 수 있는 운전 요령을 언급하고 있다.

09 정답 ④

제시문에서는 사유 재산에 대한 개인의 권리 추구로 다수가 피해를 입게 된다면 사익보다 공익을 우선시하여 개인의 권리가 제한되어야 한다고 주장한다. 따라서 이러한 주장에 대한 반박으로는 개인인 땅 주인이 권리를 행사함에 따라 다수인 마을 사람들에게 발생하는 피해가 법적으로 증명되어야만 권리를 제한할 수 있다는 ④가 가장 적절하다.

10 정답 ③

제시문은 태양의 온도를 일정하게 유지해 주는 에너지원에 대한 설명이다. 태양의 온도가 일정하게 유지되는 이유는 태양 중심부의 온도가 올라가 핵융합 에너지가 늘어나면 에너지의 압력으로 수소를 밖으로 밀어내어 중심부의 밀도와 온도를 낮춰주기 때문이다. 즉, 태양 내부에서 중력과 핵융합 반응의 평형상태가 유지되기 때문에 태양은 50억 년 동안 빛을 낼 수 있었고, 앞으로도 50억 년 이상 더 빛날 수 있는 것이다. 따라서 빈칸에 들어갈 내용으로는 '태양이 오랫동안 안정적으로 빛을 낼 수 있게 된다.'가 가장 적절하다.

11 정답 ④

㉠에 해당하는 모딜리아니 – 밀러 이론은 이상적 시장 상태를 가정했을 때 기업의 자본 구조와 가치는 연관이 없다는 이론이고, 이에 반대하여 현실적 요소들을 고려한 상충 이론과 자본 조달 순서 이론이 등장하였다. 반박에 직면하여, 밀러는 다양한 현실적 요소들을 고려하였고, 그럼에도 불구하고 기업의 자본 구조와 가치는 연관이 없다는 결론인 ㉡을 도출하였다.

오답분석

① · ③ 밀러의 기존 이론이 고려하지 않은 것을 고려하였다.

② 개량된 이론에서는 개별 기업을 고려하였지만, 기존 이론에서 밀러가 개별 기업을 분석 단위로 삼았다고 볼 근거가 없다.

12 정답 ③

다섯 번째 문단에 따라, 이론별로 부채와 요건 간의 관계를 정리하면 다음과 같다.

구분	기업 규모	성장성
상충 이론	비례	반비례
자본 조달 순서 이론	반비례	비례

문제에서 A씨는 상충 이론에 따르므로 2행만 참조하면 된다. N기업은 성장성이 높은 작은 기업이므로, A씨는 N기업에게 부채 비율을 낮출 것을 권고하는 것이 타당하다. 기업 규모가 작은 경우에는 법인세 감세 효과로 얻는 편익보다 기대 파산 비용이 높다고 판단되고, 성장성이 높은 경우에도 기대 파산 비용이 높다고 보이기 때문이다. 이를 통해서 ①, ②, ④가 옳지 않은 것을 판단할 수 있다.

상충 이론은 부채 발생 시의 편익 – 비용의 비율이 기업 가치에 영향을 끼친다는 것으로 이를 다르게 표현한 ③이 바르게 판단한 것이다.

13 정답 ①

앞의 항에 -2, 3, -4, 5, -6, $\cdots$을 곱하는 수열이다.

따라서 (　　)$=2\times3=6$이다.

14 정답 ③

x년 후의 아버지, 아들의 나이는 각각 $35+x$, $10+x$세이다.

$35+x=2(10+x)$

$\therefore\ x=15$

따라서 아버지의 나이가 아들 나이의 2배가 되는 것은 15년 후이다.

15 정답 ③

적립식 예금의 단리 이자는 다음 식을 이용해 구한다(단, n은 개월 수, r은 이자율이다).

(단리 이자)=(월 납입금)$\times\frac{n(n+1)}{2}\times\frac{r}{12}$

B고객이 만기 시 수령하는 이자액을 구하면 다음과 같다.

$150,000\times\frac{36\times37}{2}\times\frac{0.022}{12}=183,150$원

B고객이 가입기간 동안 납입한 적립 원금은 $150,000\times36=5,400,000$원이다.

따라서 B고객에게 만기환급금으로 A사원이 안내할 금액은 $5,400,000+183,150=5,583,150$원이다.

16 정답 ③

전체 지역의 면적당 논벼 생산량을 구하면 다음과 같다.

- 서울 · 인천 · 경기 : $\frac{468,506}{91,557}\fallingdotseq5.12$톤/ha
- 강원 : $\frac{166,396}{30,714}\fallingdotseq5.42$톤/ha
- 충북 : $\frac{201,670}{37,111}\fallingdotseq5.43$톤/ha
- 세종 · 대전 · 충남 : $\frac{803,806}{142,722}\fallingdotseq5.63$톤/ha
- 전북 : $\frac{687,367}{121,016}\fallingdotseq5.68$톤/ha
- 광주 · 전남 : $\frac{871,005}{170,930}\fallingdotseq5.10$톤/ha
- 대구 · 경북 : $\frac{591,981}{105,894}\fallingdotseq5.59$톤/ha
- 부산 · 울산 · 경남 : $\frac{403,845}{77,918}\fallingdotseq5.18$톤/ha

• 제주 : $\frac{41}{10}$=4.1톤/ha

따라서 면적당 논벼 생산량이 가장 많은 지역은 전북이다.

오답분석

① 광주・전남 지역의 논벼 면적과 밭벼 면적은 각각 가장 넓고, 논벼와 밭벼 생산량도 각각 가장 많다.

② 제주 지역의 백미 생산량 중 밭벼 생산량이 차지하는 비율을 구하면, $\frac{317}{41+317}\times100 \fallingdotseq 88.5\%$이다.

④ 전국 밭벼 생산량 면적 중 광주・전남 지역의 밭벼 생산 면적이 차지하는 비율은 $\frac{705}{2+3+11+10+705+3+11+117}\times 100 \fallingdotseq 81.79\%$이다. 따라서 80% 이상이다.

17

정답 ①

요금제별 추가요금을 표로 정리하면 다음과 같다.

구분	통화	데이터	문자	합계
A요금제	0원	0원	0원	0원
B요금제	8,400원 (70×120)	10,000원 (2×5,000)	0원	18,400원
C요금제	1,200원 (10×120)	20,000원 (4×5,000)	5,500원 (25×220)	26,700원
D요금제	14,400원 (120×120)	0원	1,100원 (5×220)	15,500원

통신상품별 기본요금과 추가요금의 합계액을 구하면 다음과 같다.

• A요금제 : 75,000+0=75,000원
• B요금제 : 60,000+18,400=78,400원
• C요금제 : 50,000+26,700=76,700원
• D요금제 : 60,000+15,500=75,500원

따라서 K사원에게는 A요금제가 가장 저렴하다.

18

정답 ②

58만 5천×0.3=17만 5,500명

19

정답 ①

234.8×0.299≒70조 원

20

정답 ③

(60세 이상 차입인구의 평균 개인대출 금액)

$$=\frac{(60\text{세 이상 차입인구의 평균 개인대출 총액})}{(60\text{세 이상 차입 인구수})}$$

$$=\frac{80.2\text{조}\times0.2}{208.5\text{만}\times0.101}$$

≒7,600만 원

21

정답 ④

B은행의 창구이용, 자동화기기의 총수수료 평균은 약 933원으로 가장 크다.

오답분석

① 자동화기기 마감 전 수수료가 700원 이상인 은행은 A・B・I・K・N은행으로 총 5곳이다.

② '운영하지 않음'을 제외한 A ~ R은행의 창구이용 수수료의 평균은 756.25원이다.

③ '면제'를 제외한 A ~ R은행의 자동화기기 마감 전 수수료 평균은 600원이며, 마감 후 수수료 평균은 770원이다.

22

정답 ②

2024년 김치 수출액이 3번째로 많은 국가는 홍콩이다. 홍콩의 2023년 대비 2024년 수출액의 증감률은 $\frac{4,285-4,543}{4,543}\times100$ ≒−5.68%이다.

23

정답 ②

• A의 진술이 참일 경우

구분	대전지점	강릉지점	군산지점
A		○	○
B		○	
C		○	○

3명 중 누구도 대전지점에 가지 않았으므로 세 사람이 각각 다른 지점에 출장을 다녀왔다는 조건에 부합하지 않는다. 따라서 A의 진술은 거짓이다.

• B의 진술이 참일 경우

구분	대전지점	강릉지점	군산지점
A	○		
B			○
C		○	

A는 대전지점에, B는 군산지점에, C는 강릉지점에 다녀온 것이 되므로 3명이 각각 다른 지점에 출장을 다녀왔다는 조건에 부합한다.

• C의 진술이 참일 경우

구분	대전지점	강릉지점	군산지점
A	○		
B		○	
C	○		

3명 중 누구도 군산지점에 가지 않았고 A와 C가 모두 대전지점에 갔으므로 3명이 각각 다른 지점에 출장을 다녀왔다는 조건에 부합하지 않는다. 따라서 C의 진술은 거짓이다.

따라서 B의 진술이 참이 되고 출장지를 바르게 연결한 것은 ②이다.

24 정답 ④

첫 번째 명제에서 A는 B보다 먼저 먹거나 A와 B는 같이 먹는 두 가지 경우가 가능하다.

i) A가 B보다 먼저 먹는 경우
C와 D는 세 번째 명제에 따라 각각 12시, 1시 팀이 되고, 마지막 명제에서 E는 F보다 먼저 먹으므로 E와 F도 각각 12시, 1시 팀이 될 것이다. 따라서 12시 팀은 A, C, E이고, 1시 팀은 B, D, F이다.

ii) A와 B가 같이 먹는 경우
- A와 B가 12시에 먹는 경우
C와 D는 각각 12시, 1시 팀이 되고, E와 F도 각각 12시, 1시 팀이 된다. 따라서 12시 팀은 A, B, C, E이고, 1시 팀은 D, F이다.
- A와 B가 1시에 먹는 경우
두 번째 명제에서 C는 A와 같이 먹으므로 C는 1시 팀, D는 12시 팀이 되고, E와 F는 각각 12시, 1시 팀이 된다. 따라서 12시 팀은 D, E이고, 1시 팀은 A, B, C, F이다.

오답분석

① A와 B는 같이 먹을 수도 있다.
② B와 C는 따로 먹을 수도 있다.
③ D와 F는 따로 먹을 수도 있다.

25 정답 ③

- 여섯 번째, 여덟 번째 조건 : G는 첫 번째 자리에 앉는다.
- 일곱 번째 조건 : C는 세 번째 자리에 앉는다.
- 네 번째, 다섯 번째 조건 : 만약 A와 B가 네 번째, 여섯 번째 또는 다섯 번째, 일곱 번째 자리에 앉으면, D와 F는 나란히 앉을 수 없다. 따라서 A와 B는 두 번째, 네 번째 자리에 앉는다. 이때, 남은 자리는 다섯, 여섯, 일곱 번째 자리이므로 D와 F는 다섯, 여섯 번째 또는 여섯, 일곱 번째 자리에 앉게 되고, 나머지 한 자리에 E가 앉는다.

주어진 조건을 표로 정리하면 다음과 같다.

구분	첫 번째	두 번째	세 번째	네 번째	다섯 번째	여섯 번째	일곱 번째
경우 1	G	A	C	B	D	F	E
경우 2	G	A	C	B	F	D	E
경우 3	G	A	C	B	E	D	F
경우 4	G	A	C	B	E	F	D
경우 5	G	B	C	A	D	F	E
경우 6	G	B	C	A	F	D	E
경우 7	G	B	C	A	E	D	F
경우 8	G	B	C	A	E	F	D

따라서 어떠한 경우에도 C의 양옆자리에는 항상 A와 B가 앉는다.

오답분석

① 조건에서 D와 F는 나란히 앉는다고 하였다.
②・④ 경우 4, 8일 때만 성립한다.

26 정답 ①

현재 아르바이트생의 월 급여는 평일+주말=(3×9×4×9,000)+(2×9×4×12,000)=1,836,000원이므로, 월 급여는 정직원>아르바이트생>계약직원 순서이다. 따라서 전체 인원을 줄일 수 없으므로 현재 상황에서 인건비를 가장 많이 줄일 수 있는 방법은 아르바이트생을 계약직원으로 전환하는 것이다.

27 정답 ③

각 경로의 통행료를 계산하면 다음과 같다. ②와 ③의 경로에서는 각각 나게이트와 다게이트에서 통행료 할인을 적용받는다.

경로	통행료
A－1－가－B	46,100+38,400=84,500원
A－1－나－B	46,100+(51,500×0.9)=92,450원
A－2－다－B	37,900+(40,500×0.95)=76,375원
A－2－나－B	37,900+51,500=89,400원

따라서 A－2－다－B 경로가 76,375원으로 통행료가 가장 저렴하다.

28 정답 ③

자료에 나타난 논리적 사고 개발 방법은 피라미드 구조 방법으로, 하위의 사실이나 현상부터 사고함으로써 상위의 주장을 만들어간다. 그림의 'a～i'와 같은 보조 메시지들을 통해 메인 메시지인 '1～3'을 얻고, 다시 메인 메시지를 종합한 최종적인 정보를 도출한다.

오답분석

① So What 기법에 대한 설명이다.
② Logic Tree 기법에 대한 설명이다.
④ SWOT 분석 기법에 대한 설명이다.

29 정답 ③

SO전략은 강점을 살려 기회를 포착하는 전략이므로 TV프로그램에 출연하여 좋은 품질의 재료만 사용한다는 점을 홍보하는 것이 적절하다.

30 정답 ③

- A고객 : 유튜브 관련 결제에 대한 할인과 알뜰폰 통신사에 대한 할인을 제공하지 않는 Play++카드는 A고객에게 부적합하다. 남은 카드 중에서 국내 결제에 대하여 할인을 제공하는 카드는 Thepay카드이므로 A고객이 사용하기에 적합한 카드는 Thepay카드이다.
- B고객 : 해외여행 및 해외출장이 잦으므로 휴가중카드 또는 Thepay카드를 사용하는 것이 적합하다. 이 중 해외 결제 할인과 간편결제 할인을 제공하는 카드는 Thepay카드이므로 B고객이 사용하기에 적합한 카드는 Thepay카드이다.

31
정답 ④

제시된 운항시설처의 업무분장표에서 항공기 화재진압훈련과 관련된 업무는 찾아볼 수 없다.

오답분석

①·② 기반시설팀 : 운항기반시설 제설작업 및 장비관리 업무, 전시목표(활주로 긴급 복구) 및 보안시설 관리 업무
③ 항공등화팀 : 항공등화시설 개량계획 수립 및 시행 업무

32
정답 ④

이동지역 내의 안전관리를 담당하는 운항안전팀이 발간하는 안전회보에는 이동지역 내의 안전과 관련된 내용을 싣는 것이 적절하다. 따라서 여객터미널에서 실시하는 대테러 종합훈련은 운항안전팀의 안전회보에 실릴 내용으로 적절하지 않다.

33
정답 ③

염팀장은 서로 눈치 보지 말고 어떤 제약도 없이 자신의 의견을 다양하고 자유롭게 이야기하도록 하는 브레인스토밍을 활용하고 있다.

34
정답 ②

최과장의 경우 다른 사람이 아이디어를 제시할 때 비판하며 브레인스토밍의 규칙에 어긋난 행동을 했다.

브레인스토밍의 규칙
- 다른 사람이 아이디어를 제시할 때 비판하지 않는다.
- 문제에 대한 제안은 자유롭게 이루어질 수 있다.
- 아이디어는 많이 나올수록 좋다.
- 모든 아이디어들이 제안되고 나면 이를 결합하고 해결책을 마련한다.

35
정답 ④

집단의사결정은 의견수렴과정에서 의견이 불일치하는 경우 의사결정을 내리는 데 시간이 많이 소요된다.

집단의사결정의 특징
- 한 사람이 가진 지식보다 집단이 가지고 있는 지식과 정보가 더 많아 효과적인 결정을 할 수 있다.
- 집단구성원이 갖고 있는 능력은 각기 다르므로 서로 다른 시각으로 문제를 바라봄에 따라 다양한 견해를 가지고 접근할 수 있다.
- 의사결정에 참여한 사람들이 해결책을 수월하게 수용하고, 의사소통의 기회도 향상되는 긍정적인 면이 있다.
- 의견이 불일치하는 경우 의사결정을 내리는 데 시간이 많이 소요되며, 특정 구성원에 의해 의사결정이 독점될 가능성이 있다.

36
정답 ②

김씨가 담당하고 있는 업무는 영업업무이다. 영업업무에는 일반적으로 판매 계획, 판매예산의 편성, 시장조사, 광고 선전, 견적 및 계약, 제조지시서의 발행, 외상매출금의 청구 및 회수, 제품의 재고 조절, 거래처로부터의 불만처리, 제품의 애프터서비스, 판매원가 및 판매가격의 조사 검토 등이 있다.

37
정답 ③

팀워크 게임을 효과적으로 운영하기 위한 절차는 '팀워크 게임 준비 → 팀원들에게 게임에 대해 설명 → 팀원들의 이해 여부 점검 → 게임 실행 및 수행 과정 코치 → 게임을 분석 및 평가' 순이다.

38
정답 ①

게임방법이 일상에 대해 이야기하는 것이므로, 게임을 통해 팀원들은 서로에 대해 잘 모르는 부분을 새롭고 흥미로운 사실로 접하게 된다.

39
정답 ③

화가 난 고객을 응대하는 데 있어서는 먼저 고객을 안정시키는 것이 최우선이며, 이후에 고객이 이해할 수 있는 수준의 대응을 제시해야 한다.

40
정답 ④

고객 불만을 해결하는 데 있어서는 신속하게 처리하는 것도 중요하지만, 같은 문제가 재발하지 않도록 꼼꼼히 처리하는 것이 더 중요하다.

MG새마을금고 지역본부 필기전형

제2회 모의고사 정답 및 해설

01	02	03	04	05	06	07	08	09	10
④	②	④	②	③	②	④	④	②	④
11	12	13	14	15	16	17	18	19	20
③	③	④	②	②	④	④	②	④	①
21	22	23	24	25	26	27	28	29	30
①	②	④	①	④	②	④	④	③	④
31	32	33	34	35	36	37	38	39	40
②	②	④	①	④	②	④	③	③	④

01

정답 ④

'도입(導入)'은 '기술, 방법, 물자 따위를 끌어 들임'이란 의미로, 환율 상승이 부작용을 낳을 것으로 예상된다는 문맥상 적절하지 않다. 어떠한 결과를 가져오게 한다는 의미의 '초래(招來)' 등이 적절하다.

02

정답 ②

국방 서비스에 대한 비용을 지불하지 않았더라도 누군가의 소비가 다른 사람의 소비 가능성을 줄어들게 하지 않으므로 비경합적으로 소비될 수 있다.

오답분석

① 배제적이라는 것은 재화나 용역의 이용 가능 여부를 대가의 지불 여부에 따라 달리하는 것이다.
③ 여객기 좌석 수가 한정되어 있다면 원하는 모든 사람들이 그 여객기를 이용할 수 없으므로 경합적으로 소비될 수 있다.
④ 국방 서비스의 사례를 통해 무임승차가 가능한 재화 또는 용역이 과소 생산되는 문제가 발생함을 알 수 있다.

03

정답 ④

제시문은 메기 효과에 대한 글이므로 가장 먼저 메기 효과의 기원에 대해 설명한 (마) 문단으로 시작해야 하고, 메기 효과의 기원에 대한 과학적인 검증 및 논란에 대한 (라) 문단이 오는 것이 적절하다. 이어서 경영학 측면에서의 메기 효과에 대한 내용이 와야 한다. (다) 문단의 경우 앞의 내용과 뒤의 내용이 상반될 때 쓰는 접속부사인 '그러나'로 시작하므로 (가) 문단이 먼저 오고, (다) 문단이 이어지는 것이 자연스럽다. 마지막으로 메기 효과에 대한 결론인 (나) 문단으로 끝내는 것이 논리적 순으로 바르게 나열한 것이다.

04

정답 ②

메기 효과는 과학적으로 검증되지 않았지만 적정 수준의 경쟁이 발전을 이룬다는 시사점을 가지고 있다고 하였으므로 낭설에 불과하다고 하는 것은 제시문을 이해한 내용으로 적절하지 않다.

오답분석

① (라) 문단의 거미와 메뚜기 실험에서 죽은 메뚜기로 인해 토양까지 황폐화되었음을 볼 때, 거대 기업의 출현은 해당 시장의 생태계까지 파괴할 수 있음을 알 수 있다.
③ (나) 문단에서 성장 동력을 발현시키기 위해서는 규제 등의 방법으로 적정 수준의 경쟁을 유지해야 한다고 서술하고 있다.
④ (가) 문단에서 메기 효과는 한국, 중국 등 고도 경쟁사회에서 널리 사용되고 있다고 서술하고 있다.

05

정답 ③

• 오랜동안 → 오랫동안
• 발명 → 발견

06

정답 ②

그래프는 로봇이나 인간이 아닌 존재의 인간과의 유사성과 그에 대한 인간의 호감도 사이의 상관관계를 나타내므로 (a)는 인간의 호감도, (b)는 인간과의 유사성을 의미한다. 따라서 인간과의 유사성은 산업용 로봇보다 인간의 신체와 유사한 형태를 지닌 휴머노이드 로봇에서 더 높게 나타난다.

오답분석

① (a) : 인간의 호감도를 의미한다.
③ (c) : 처음에는 로봇이 인간과 비슷한 모양을 하고 있을수록 인간이 아닌 존재로부터 인간성을 발견하기 때문에 인간은 호감을 느낀다.
④ (d) : 불쾌한 골짜기 구간에 해당한다.

07

정답 ④

제시문은 미국 대통령 후보 선거제도 중 하나인 '코커스'와 코커스 개최시기가 변경된 아이오와주 그리고 아이오와주 선거 운영 방식의 변화에 대해 설명하고 있다. 빈칸 앞에서는 개최시기를 1월로 옮긴 아이오와주 공화당의 이야기를, 빈칸 뒤에서는 아이오와주 선거 운영 방식의 변화와 같은 다른 주제에 대해서 다루고 있으므로, 빈칸 앞의 내용과 이어지는 내용인 '아이오와주는 미국의 대선후보 선출 과정에서 민주당과 공화당 모두 가장 먼저 코커스를 실시하는 주가 되었다.'가 오는 것이 가장 적절하다.

오답분석

① 선거 운영 방식이 달라진 것이 아니라 코커스를 실시하는 시기가 달라진 것이다.

② 제시문에서는 민주당과 공화당 사이가 악화될 계기가 언급되어 있지 않다.

③ 제시문에서는 아이오와주에서 코커스의 개정을 요구했다는 근거를 찾을 수 없다.

08

정답 ④

제시문에 따르면 박쥐가 많은 바이러스를 보유하고 있는 것은 밀도 높은 군집 생활을 하기 때문이며, 그에 대항하는 면역도 갖추었기 때문에 긴 수명을 가질 수 있었다.

오답분석

① 박쥐의 수명이 대다수의 포유동물보다 길다는 것은 맞지만, 평균적인 포유류 수명보다 짧은지는 알 수 없다.

② 박쥐는 뛰어난 비행 능력으로 긴 거리를 비행해 다닐 수 있다.

③ 박쥐는 현재 강력한 바이러스 대항 능력을 갖추었다.

09

정답 ②

제시문에서 기후 목표를 달성하고자 한다면 스마트 그리드로 전환해야 한다고 하였다.

오답분석

① 스마트 그리드 소프트웨어는 비용 절감의 효과도 있다고 하였다.

③ 스마트 계량기 산업도 주목을 받고 있다.

④ 2021년에도 316TW/h의 전력을 절약할 수 있다고 하였다.

10

정답 ④

자유 위임 방식(㉡)은 대표자가 소신에 따라 자유롭게 결정할 수 있다. 따라서 지역구 주민들의 우려가 타당하더라도 A는 법안 X에 찬성할 수 있다.

11

정답 ③

(다) 문단에서 보건복지부와 국립암센터에서 국민 암 예방 수칙의 하나를 '하루 한두 잔의 소량 음주도 피하기'로 개정하였으며, 뉴질랜드 연구진의 연구에 따르면 '소량에서 적당량의 알코올 섭취도 몸에 상당한 부담으로 작용한다.'고 하였으므로 '가벼운 음주라도 몸에 위험하다.'는 결과를 끌어낼 수 있다. 따라서 가벼운 음주가 대사 촉진에 도움이 된다는 소제목은 적절하지 않다.

12

정답 ③

A의 나이가 14세이므로 B의 나이는 $14-3=11$세이다.

아버지의 나이를 x세라고 하면 다음 식이 성립한다.

$(14+11)\times1.6=x$

$\therefore x=40$

따라서 아버지의 나이는 40세이다.

13

정답 ④

[(앞의 항)+1]×2=(다음 항)인 수열이다.

따라서 ( )=$(30+1)\times2=62$이다.

14

정답 ②

8월은 $\frac{1,180}{1,320}\fallingdotseq0.89$유로/달러이고 12월은 $\frac{1,154}{1,470}\fallingdotseq0.79$유로/달러이다. 또한 분자는 감소하고, 분모는 증가하기 때문에 값은 감소하므로 8월의 유로/달러 값이 더 크다는 것을 알 수 있다.

오답분석

① 전월 대비 원/달러 변화량의 최댓값은 8월 대비 9월 감소액 $1,112-1,180=-68$원이고, 원/100엔도 8월 대비 9월 증가액 $1,048-1,012=36$원으로 변화량이 가장 크다. 따라서 절댓값으로 비교하면 원/달러 변화량의 최댓값이 원/100엔 최댓값보다 크다.

③ 7월 원/유로의 18%는 $1,300\times0.18=234$원/유로이고, 12월 원/유로는 1,470원/유로로 $1,300+234=1,534$원/유로보다 작으므로 18% 미만 증가하였다.

④ 9월의 원/달러 환율은 8월 대비 감소했지만 원/100엔 환율은 증가했으므로 증감추이는 동일하지 않다.

15

정답 ②

첫 번째 조건에서 2024년 11월 요가 회원은 $a=50\times1.2=60$명이고, 세 번째 조건에서 2025년 1월 필라테스 예상 회원 수는 2024년 4분기 월 평균 회원 수가 되어야 하므로 2025년 1월 필라테스 예상 회원 수 $d=\frac{106+110+126}{3}=\frac{342}{3}=114$명이다.

두 번째 조건에 따라 2024년 12월 G.X 회원 수 c를 구하면 $(90+98+c)+37=106+110+126 \rightarrow c=342-225=117$명이 된다.

b를 구하기 위한 방정식 $2a+b=c+d$에 a, c, d에 해당되는 수를 대입하면 $2\times60+b=117+114 \rightarrow b=231-120 \rightarrow b=111$이다.

따라서 2024년 12월 요가 회원 수(b)는 111명이다.

16

정답 ④

A ~ D씨의 신용등급에 따른 기준금리와 가산금리 그리고 우대금리 적용 사항을 통해 최종금리를 구하면 다음과 같다.

- A씨
  $1.8+3.35-(0.3+0.1+0.1+0.3)=4.35\%$
- B씨
  $1.8+3.35-(0.3+0.1+0.5)=4.25\%$
- C씨
  $1.95+6.34-(0.2+0.3+0)=7.79\%$(적립식예금 계좌의 경우 30만 원 이상 보유해야 한다)
- D씨
  $1.77+2.18-(0+0.1+0.2)=3.65\%$(자동이체 거래실적은 3건 이상이어야 한다)

17

정답 ④

- (중도상환 원금)=(대출원금)−[원금상환액(월)]×(대출경과월수)

$$=12,000,000-\left(\frac{12,000,000}{60}\times12\right)$$
$$=9,600,000\text{원}$$

- (중도상환 수수료)$=9,600,000\times0.038\times\frac{36-12}{36}$

$$=243,200\text{원}$$

18

정답 ②

적금 가입기간이 24개월이므로 기본금리는 1.3%이다. 여기에 3개월 전부터 급여통장 당행 계좌를 이용 중이고, 스마트뱅킹으로 적금에 가입하였으므로 우대금리(0.2+0.1=0.3%p)를 적용하면 금리는 1.6%가 된다.

$$200,000\times0.016\times\frac{1}{12}\times\frac{24\times25}{2}=80,000\text{원}$$

따라서 만기해지 시 받을 수 있는 이자는 80,000원이다.

19

정답 ④

D가 산악회 회원인 경우와 아닌 경우로 나누어보면 다음과 같다.

i) D가 산악회 회원인 경우
네 번째 조건에 따라 D가 산악회 회원이면 B와 C도 산악회 회원이 되며, A는 두 번째 조건의 대우에 따라 산악회 회원이 될 수 없다. 따라서 B, C, D가 산악회 회원이다.

ii) D가 산악회 회원이 아닌 경우
세 번째 조건에 따라 D가 산악회 회원이 아니면 B가 산악회 회원이 아니거나 C가 산악회 회원이어야 한다. 그러나 첫 번째 조건의 대우에 따라 C는 산악회 회원이 될 수 없으므로 B가 산악회 회원이 아님을 알 수 있다. 따라서 B, C, D 모두 산악회 회원이 아니다. 이때 최소 1명 이상은 산악회 회원이어야 하므로 A는 산악회 회원이다.

따라서 항상 옳은 것은 ④이다.

20

정답 ①

- 다섯 번째 조건 : 1층에 경영지원실이 위치한다.
- 첫 번째 조건 : 1층에 경영지원실이 위치하므로 4층에 기획조정실이 위치한다.
- 두 번째 조건 : 2층에 보험급여실이 위치한다.
- 네 번째, 다섯 번째 조건 : 3층에 급여관리실, 5층에 빅데이터운영실이 위치한다.

따라서 1층부터 순서대로 '경영지원실 – 보험급여실 – 급여관리실 – 기획조정실 – 빅데이터운영실'이 위치하므로, 5층에 있는 부서는 빅데이터운영실이다.

21

정답 ①

C의 진술이 참일 경우 D의 진술도 참이 되므로 1명만 진실을 말하고 있다는 조건이 성립하지 않는다. 그러므로 C의 진술은 거짓이 되고, D의 진술도 거짓이 되므로 B와 C는 모두 주임으로 승진하지 않았음을 알 수 있다. 따라서 B가 주임으로 승진하였다는 A의 진술도 거짓이 된다. 결국 A가 주임으로 승진하였다는 B의 진술이 참이 되므로 주임으로 승진한 사람은 A사원이다.

22

정답 ②

- 첫 번째, 네 번째 조건 : A는 반드시 F와 함께 외근을 나간다.
- 두 번째 조건 : F는 A와 외근을 나가므로 B는 반드시 D와 함께 외근을 나간다. 즉, C는 E와 함께 외근을 나간다.

따라서 A와 F, B와 D, C와 E가 함께 외근을 나간다.

23

정답 ④

- 일비 : 하루에 10만 원씩 지급 → 100,000×3=300,000원
- 숙박비 : 실비 지급 → B호텔 2박 → 250,000×2=500,000원
- 식비 : 8～9일까지는 3식이고 10일에는 점심 기내식을 제외하여 아침만 포함 → (10,000×3)+(10,000×3)+(10,000×1) =70,000원
- 교통비 : 84,000+10,000+16,300+17,000+89,000 =216,300원

따라서 M차장이 받을 수 있는 여비는 300,000+500,000+70,000+216,300=1,086,300원이다.

24

정답 ①

(가) : 여름과 겨울에 일정하게 매출이 증가함으로써 일정 주기를 타고 성장, 쇠퇴를 거듭하는 패션형이 적절하다.

(나) : 매출이 계속 성장하는 모습을 보여줌으로써 연속성장형이 적절하다.

(다) : 광고 전략과 같은 촉진활동을 통해 매출이 상승함으로써 주기·재주기형이 적절하다.

(라) : 짧은 시간에 큰 매출 효과를 가졌으나, 얼마 지나지 않아 매출이 급감함을 볼 때, 패드형이 적절하다.

25

정답 ④

제시된 조건을 정리하면 다음과 같다.

- 최소비용으로 가능한 한 많은 인원 채용
- 급여는 희망임금으로 지급
- 6개월 이상 근무하되, 주말 근무시간은 협의가능
- 지원자들은 주말 이틀 중 하루만 출근하길 원함
- 하루 1회 출근만 가능

위 조건을 모두 고려하여 근무스케줄을 작성해 보면 총 5명의 직원을 채용할 수 있다.

<table>
<tr><th>시간</th><th>토요일</th><th>일요일</th></tr>
<tr><td>11～12시</td><td rowspan="7">G(10,000원)
3시간</td><td rowspan="4">A(10,500원)
3시간</td></tr>
<tr><td>12～13시</td></tr>
<tr><td>13～14시</td></tr>
<tr><td>14～15시</td></tr>
<tr><td>15～16시</td><td rowspan="5">E(10,000원)
3시간</td></tr>
<tr><td>16～17시</td></tr>
<tr><td>17～18시</td></tr>
<tr><td>18～19시</td><td rowspan="4">C(10,500원)
2시간</td></tr>
<tr><td>19～20시</td></tr>
<tr><td>20～21시</td><td rowspan="2">F(11,000원)
2시간</td></tr>
<tr><td>21～22시</td></tr>
</table>

단, D지원자의 경우에는 희망근무기간이 4개월이므로 채용하지 못한다.

26

정답 ②

화장품과 등산복의 가격의 합은 260,000원이다. 가맹점이기 때문에 10% 할인이 되어 234,000원이 되고, 포인트 2만 점을 사용할 수 있기 때문에 214,000원을 결재해야 한다. 5개월 할부이므로 수수료율 12%에 해당되며 할부수수료는 다음과 같다.

회차	이용원금	할부수수료	할부잔액
1회차	42,800원	214,000원×(0.12÷12)=2,140원	171,200원
2회차	42,800원	171,200원×(0.12÷12)=1,712원	128,400원
3회차	42,800원	128,400원×(0.12÷12)=1,284원	85,600원
4회차	42,800원	85,600원×(0.12÷12)=856원	42,800원
5회차	42,800원	42,800원×(0.12÷12)=428원	0원
합계	214,000원	6,420원	–

따라서 B대리가 지불할 총금액은 220,420원이다.

27

정답 ④

행사장 방문객은 시계 반대 방향으로 돌면서 전시관을 관람한다. 400명의 방문객이 출입하여 제1전시관에 100명이 관람한다면 나머지 300명은 관람하지 않고 지나치게 된다. 따라서 A에서 홍보판촉물을 나눠 줄 수 있는 대상자가 300명이 된다. 그리고 B는 A를 걸쳐서 오는 300명과 제1전시관을 관람하고 나온 100명의 인원이 합쳐지는 장소이므로 총 400명을 대상으로 홍보판촉물을 나눠 줄 수 있다. 이러한 개념으로 모든 장소를 고려해 보면 각 전시관과의 출입구가 합류되는 B, D, F에서 가장 많은 사람들에게 홍보판촉물을 나눠 줄 수 있다.

28

정답 ④

분리과세와 비과세가 80% 이상을 차지하면, 최소 4천만 원 이상은 혜택을 받는 셈이다. '①-(②+③)의 금액 중 2천만 원을 초과하는 금액이 종합과세' 대상인데 분리과세와 비과세를 제외한 금액은 천만 원 이하이므로, 종합과세 대상이 되지 않는다.

오답분석

① 금융소득이 연간 2천만 원 이하인 경우, 다음 2가지 요건을 제외하고는 종합과세 대상이 아닌 분리과세 대상이다.
   - 국내에서 원천징수되지 않은 국외 금융소득
   - 자본을 투자한 공동사업에서 분배받은 배당소득

② 대상자 항목에서 '2천만 원까지는 원천징수세율(2005.1.1.부터 소득세 14%, 지방소득세 1.4%)로 분리과세'가 적용된다.

③ 종합소득 확정 신고에서 '퇴직소득만 있는 자'는 예외이다.

29

정답 ③

총금융소득에서 비과세 금융소득과 분리과세 금융소득을 제외한 금액이 2천만 원을 초과하면 종합과세 대상이 된다.

보기에서 비과세 금융소득은 녹색투자신탁, 비과세종합저축 배당액과 개인연금저축 이자가 있으며, 분리과세 금융소득은 해외자원개발투자회사 배당이 있고, 분리과세 금융소득은 따로 세금이 계산된다. 해외자원개발투자회사 배당액의 경우 세율 9%가 적용되어 1,000×0.09=90만 원의 세금이 발생한다.

종합금융소득은 7,000−(1,000+500+500+3,000)=2,000만 원이므로 2,000만 원 이하이고, 원천징수되지 않은 금액이 없으므로 종합소득세율이 아닌 분리과세 15%를 적용하여 2,000×0.15=300만 원을 내야 한다.

따라서 M씨가 내년에 내야 할 세금은 300+90=390만 원이다.

30

정답 ④

WT전략은 외부 환경의 위협 요인을 회피하고 약점을 보완하는 전략을 적용해야 한다. ④는 강점을 강화하는 방법이므로 옳지 않다.

오답분석

① SO전략은 기회를 활용하면서 강점을 더욱 강화시키는 전략이므로 옳다.
② WO전략은 외부의 기회를 사용해 약점을 보완하는 전략이므로 옳다.
③ ST전략은 외부 환경의 위협을 회피하며 강점을 적극 활용하는 전략이므로 옳다.

31

정답 ②

두배드림 적금의 가입기간은 36개월로 상품가입 3년에 해당되며, 가입금액인 월 20만 원과 우대금리 조건인 입금실적이 본 은행의 12개월 이상이어야 한다는 조건에 모두 부합한다.

오답분석

① 스마트 적금 : 가입기간이 입금금액이 700만 원이 될 때까지이므로, 월 20만 원씩 3년 동안 가입할 고객의 조건과 부합하지 않고, 우대금리 조건도 없는 적금이다.
③ 월복리 정기예금 : 적금에 가입한다고 하였으므로, 예금상품은 해당되지 않는다.
④ DREAM 적금 : 우대금리의 대상이 신규고객이기 때문에 기존에 20개월 동안 이용한 고객의 조건과 부합하지 않는다.

32

정답 ②

M사가 변경하고자 하는 조직구조는 매트릭스 조직이며, 특정 사업 수행을 위한 것으로, 해당 분야의 전문성을 지닌 직원들이 본연의 업무와 특정 사업을 동시에 수행하는 '투-잡(Two-Job)' 형태로 운영될 수 있으며 두 명 이상의 책임자들로부터 명령을 받는다고 하여 이중지휘 시스템이라고도 한다.

33

정답 ④

자신이 속한 문화의 기준으로 다른 문화를 평가하려 하지 말고, 자신의 정체성은 유지하되 새롭고 다른 것을 경험하는 것에 대해 포용적이고 적극적인 태도를 취해야 한다.

34

정답 ①

총무 업무는 일반적으로 주주총회 및 이사회 개최 관련 업무, 의전 및 비서업무, 집기비품 및 소모품의 구입과 관리, 사무실 임차 및 관리, 차량 및 통신시설의 운영, 국내외 출장 업무 협조, 복리후생 업무, 법률자문과 소송관리, 사내외 홍보 광고업무 등이 있다.

오답분석

② 인사 업무 : 조직기구의 개편 및 조정, 업무분장 및 조정, 직원 수급계획 및 관리, 직무 및 정원의 조정 종합, 노사관리, 평가관리, 상벌관리, 인사발령, 교육체계 수립 및 관리, 임금제도, 복리후생제도 및 지원업무, 복무관리, 퇴직관리
③ 회계 업무 : 회계제도의 유지 및 관리, 재무상태 및 경영실적 보고, 결산 관련 업무, 재무제표 분석 및 보고, 법인세, 부가가치세, 국세 지방세 업무자문 및 지원, 보험가입 및 보상업무, 고정자산 관련 업무
④ 생산 업무 : 생산계획 수립 및 총괄, 생산실행 및 인원관리, 원자재 수급 및 관리, 공정관리 및 개선업무, 원가관리, 외주관리

35

정답 ④

생산 제품에 대한 지식은 품질관리 직무를 수행하기 위해 필요한 능력이다.

오답분석

① 원가절감 활동을 하기 위해서는 원가에 대한 이해력이 있어야 한다.
② 시장조사를 하기 위해서는 각종 데이터 분석 및 가공능력이 있어야 한다.
③ 협상 및 계약을 하기 위해서는 설득능력이 있어야 한다.

36

정답 ②

②는 '해결할 수 있는 갈등'에 대한 설명이다. 해결할 수 있는 갈등은 목표와 욕망, 가치, 문제를 바라보는 시각과 이해하는 시각이 다를 경우에 일어날 수 있는 갈등이다.

37

정답 ④

기업의 제품이나 서비스의 불만족은 고객이탈로 이어질 수 있다.

38

정답 ③

윈 – 윈 전략은 갈등과 관련된 모든 사람으로부터 의견을 받아서 문제의 본질적인 해결책을 얻고자 하는 방법으로, '나도 이기고 너도 이기는 방법(Win – Win)'을 말한다. 이 방법은 문제해결을 위하여 서로 간에 정보를 교환하면서 모두의 목표를 달성할 수 있는 윈 – 윈 해법을 찾는다.

39

정답 ③

리더십의 일환인 임파워먼트는 권한을 위임하는 것으로, 조직구성원을 신뢰하고, 조직구성원의 잠재력을 믿으며, 조직구성원의 잠재력 개발을 통해 조직의 업무수행 능력을 향상시키는 것을 가리킨다. 김대리, 최주임, 이사원, 박대리, 진주임은 임파워먼트에 대해 바르게 설명하고 있다.

오답분석

- 정과장 : 업무를 위임하려는 직원의 잠재력과 능력에 대한 신뢰가 전제되어야 하며, 명확한 권한의 위임 역시 전제되어야 한다.

40

정답 ④

갈등을 성공적으로 해결하기 위해서는 누가 옳고 그른지 논쟁하는 일은 피하는 것이 좋으며, 상대방의 양 측면을 모두 이해하고 배려하는 것이 중요하다.

MG새마을금고 지역본부 필기전형

제3회 모의고사 정답 및 해설

01	02	03	04	05	06	07	08	09	10
③	③	④	②	④	③	①	④	③	①
11	12	13	14	15	16	17	18	19	20
③	④	④	②	④	④	①	②	③	②
21	22	23	24	25	26	27	28	29	30
④	④	②	①	①	④	③	④	③	④
31	32	33	34	35	36	37	38	39	40
④	①	④	②	④	②	④	④	①	③

01

정답 ③

보기는 욕망의 확대가 힘의 확대로 이루어지지 않고 오히려 역효과가 나타날 수 있으므로 우리의 힘이 미치는 반경을 생각해 보아야 한다고 설명한다. 이는 (다) 바로 앞의 문단에서 인간이 만족할 때 강해지고 불만족할 때 약해진다는 내용과 함께, (다) 뒤의 내용인 '그 범위'에 대응되는 것이다. 따라서 (다)에 들어가는 것이 가장 적절하다.

02

정답 ③

윗도리가 맞는 표현이다. '위, 아래'의 대립이 있는 단어는 '윗'으로 발음되는 형태를 표준어로 삼는다.

03

정답 ④

글의 내용상 (라)의 빈칸에 보편화된 언어 사용이 들어가는 것은 적절하지 않다.

오답분석

① 표준어를 사용하는 이유에 대한 상세한 설명이 들어가야 하므로 적절하다.

②·③ 제시문에서 개정안에 대한 부정적인 입장을 취하고 있으므로 적절하다.

04

정답 ②

제시문에서는 종합지급결제사업자 제도가 등장한 배경과 해당 제도를 통해 얻을 수 있는 이익과 우려되는 상황에 대해 설명하고 있다. 따라서 글의 주제로 가장 적절한 것은 ②이다.

오답분석

① 제시문에서는 은행의 과점체제 해소를 위한 여러 방안 중 금융당국 판단에서 가장 큰 효과가 기대되는 종합지급결제사업자 제도에 대해서만 언급하고 있으므로 지나치게 포괄적인 주제이다.

③ 제시문은 비은행 업계가 은행의 권리를 침해한다기보다는 은행의 과점체제인 현 상황을 개선하기 위해 은행 업무 중 일부를 비은행 기관이 같이 하게 된 배경과 그로 인해 발생하는 장점과 단점을 다루고 있다. 따라서 주제로 보기에 적절하지 않다.

④ 제시문은 종합지급결제사업자 제도의 도입으로 인한 은행과 비은행의 경쟁과 그로 인해 발생할 수 있는 장점과 단점을 다루고 있으며, 이는 소비자의 실익에만 국한되어 있지 않기 때문에 주제로 보기에는 적절하지 않다.

05

정답 ④

1972년 8월 8·3조치로 1970년대에 대체로 30% 이상의 신장세를 유지하였으나, 1974년과 1979년은 제외되었다.

오답분석

① 1945년 광복 이후 1950년대 초까지는 정치적·사회적 혼란과 경제적 무질서 그리고 극심한 인플레이션뿐만 아니라 일반 국민의 소득도 적었고 은행금리가 실세금리보다 낮았기 때문에 예금실적은 미미한 상태였다.

② 은행 조례에서 '임치'라는 말이 사용되었으며, 당시 예금자는 임주(任主)라고 불렀다.

③ 1980년대에는 물가안정과 각종 우대금리의 확대에 따라 예금은행의 총예금이 1980년에 12조 4,219억 원, 1985년에는 31조 226억 원 그리고 1990년에는 84조 2,655억 원에 이르렀다.

06 정답 ③

제시문에서 다루고 있는 내용은 충돌 이후 발생한 먼지가 태양광선을 가림으로써 지구 기온이 급락(急落)하였다는 것을 전제로 하고 있다. 그 근거는 세 번째 문단의 '급속한 기온의 변화'와 네 번째 문단의 '길고 긴 겨울'에서 찾을 수 있다.

07 정답 ①

두 번째 문단에 따르면 '강한 핵력의 강도가 겨우 0.5% 다르거나 전기력의 강도가 4% 다를 경우에도 탄소나 산소는 우주에서 합성되지 않는다. 따라서 생명 탄생의 가능성도 사라진다.'라고 했으므로 탄소가 없어도 생명은 자연적으로 진화할 수 있다고 한 ①은 제시문을 뒷받침하는 내용으로 적절하지 않다.

08 정답 ④

세 번째 문단에서 혜자(㉡)는 장자(㉠)의 말이 '쓸데없다'고 하였다. 장자는 이에 대한 대답으로 무용하다고 생각했던 것이 유용하게 쓰일 수 있는 상대적인 진리를 역설하면서 혜자의 단면적인 시각을 비판하고 있다. 이를 통해 볼 때, 혜자는 자신이 생각하기에 본질에서 거리가 먼 것(無用)에까지 진리의 가치(有用)를 부여하는 장자가 답답하게 여겨졌을 것이다.

09 정답 ③

먼바다에서 지진해일의 파고는 수십 cm 이하이지만, 얕은 바다에서는 급격하게 높아진다.

오답분석

① 화산폭발 등으로 인해 발생하는 건 맞지만, 파장이 긴 파도를 지진해일이라고 한다.
② 태평양에서 발생한 지진해일은 발생 하루 만에 발생지점에서 지구의 반대편까지 이동할 수 있다.
④ 지진해일이 해안가에 가까워질수록 파도가 강해지는 것은 맞지만, 속도는 시속 45 ~ 60km까지 느려진다.

10 정답 ①

'갑돌'의 성품이 탁월하다고 볼 수 있는 것은 그의 성품이 곧고 자신감이 충만하며, 다수의 옳지 않은 행동에 대하여 비판의 목소리를 낼 것이고 또한 그렇게 하는 데에 별 어려움을 느끼지 않을 것이기 때문이다. 그리고 세 번째 문단에 따르면 탁월한 성품은 올바른 훈련을 통해 올바른 일을 바르고 즐겁게, 어려워하지 않으며 처리할 수 있는 능력을 뜻한다. 따라서 아리스토텔레스의 입장에서는 '엄청난 의지를 발휘'하고 자신과의 '힘든 싸움'을 해야 했던 '병식'보다는 잘못된 일에 '별 어려움' 없이 '비판의 목소리'를 내는 '갑돌'의 성품을 탁월하다고 여길 것이다.

11 정답 ③

세 사람의 판단 논거를 살펴서 비교해 보면 다음과 같다.

- 갑 : 인지의 발달이나 외형의 수리(복원, 변형) 등은 동일개체로 보지만 복제에 대해서는 동일개체로 보지 않는다.
- 을 : 부품을 교체하거나 정신(소프트웨어)을 업그레이드한 종류는 원래 있던 원형과는 다른 것으로 보고 있다.
- 병 : 소프트웨어(정신)를 업그레이드하거나 복제한 제품은 신체적 손상이나 결함을 수리하거나 부품을 교체한 경우와 다르게 보고 있다.

따라서 위 판단 기준으로 보기를 판단하면 다음과 같다.

ㄱ. 을은 '왕자의 정신과 거지의 몸이 결합'되었더라도 신체적 특징에 의해 거지라고 할 것이며, 병은 '왕자의 정신과 거지의 몸이 결합'되었다면 정신적 특징이 바뀌었으므로 거지가 아닌 왕자로 볼 것이다.
ㄷ. 병은 정신이 동일하면 같은 대상이라고 보기 때문에 올바른 판단이며, 갑은 복제된[t5] 것은 원래의 대상과 다르다고 생각하므로 역시 옳은 판단이다.

오답분석

ㄴ. 갑은 '두뇌와 신체를' 일부 교체했더라도[t2, t3] 원래의 철수[t1]과 같다고 생각할 것이며, 을은 [t2, t3]이 [t1]과 다르다고 생각할 것이므로 을의 입장은 옳지만 갑의 입장은 틀리게 판단한 것이다.

12 정답 ④

먼저 귀납에 대해 설명하고 있는 (나)가 오는 것이 적절하며, 다음으로 특성으로 인한 귀납의 논리적 한계가 나타난다는 (라)가 오는 것이 자연스럽다. 이후 이러한 한계에 대한 흄의 의견인 (다)와 구체적인 흄의 주장과 이에 따라 귀납의 정당화 문제에 대해 설명하는 (가) 순으로 나열하는 것이 적절하다.

13 정답 ④

동생의 나이를 x세라고 하면 수영이의 나이는 $(x+5)$세, 언니의 나이는 $2(2x+5)$세이다.

세 자매의 나이의 합이 39세이므로 다음과 같은 식이 성립한다.

$x+(x+5)+2(2x+5)=39$

$\therefore\ x=4$

따라서 현재 언니의 나이는 26세이고, 3년 뒤 언니의 나이는 29세이다.

14

정답 ②

현재 빌릴 돈을 x만 원이라고 하면, 4년 후 갚아야 할 돈이 2,000만 원이므로 다음과 같다.

- 복리 : $x\times1.08^4=2,000$

$$\therefore x=\frac{2,000}{1.08^4}=\frac{2,000}{1.36}\fallingdotseq1,471\text{만 원}$$

- 단리 : $x\times(1+0.08\times4)=2,000$

$$\rightarrow x\times1.32=2,000$$

$$\therefore x=\frac{2,000}{1.32}\fallingdotseq1,515\text{만 원}$$

따라서 금액의 차이는 1,515－1,471＝44만 원이다.

15

정답 ④

홀수 항은 ×(－2)+2, 짝수 항은 +3, +6, +9, …인 수열이다.

따라서 (   )=10×(－2)+2=－18이다.

16

정답 ④

A사원은 월 10만 원씩 총 5개월을 납입하므로 원금은 10×5=50만 원이고, 연이율이 12%이므로 월이율은 $\frac{12}{12}=1\%$가 된다.

월복리 적금은 이자에도 이자가 붙으므로 매월 말 적금금액을 계산하면 다음과 같다.

- 1월 말 : 10×1.01=10.1만 원
- 2월 말 : (10.1+10)×1.01≒20.3만 원
- 3월 말 : (20.3+10)×1.01≒30.6만 원
- 4월 말 : (30.6+10)×1.01≒41.0만 원
- 5월 말 : (41.0+10)×1.01≒51.5만 원

그러므로 A사원이 만기 시 받는 세전 총이자금액은 515,000－500,000=15,000원이다.

B팀장은 1년 만기 연이율 2%인 단리 예금상품에 가입하였으므로 원금 200만 원을 예치한 1년 후 이자는 200×0.02=40,000원이다.

따라서 B팀장이 만기 시 받는 세전 총이자금액이 A사원보다 40,000－15,000=25,000원 더 많다.

17

정답 ①

급여이체가 들어온 당일 계좌를 개설하였으므로 급여이체 실적은 인정되지 않는다.

- 우대금리 : ⓐ+ⓑ=0.7%p
- 만기 시 적용되는 금리 : 연 2.3+0.7=3.0%
- 만기 시 이자수령액(단리적용) : $100,000\times\frac{24\times25}{2}\times\frac{0.03}{12}$

$=75,000$원

따라서 만기 시 원리금수령액은 100,000×24+75,000=2,475,000원이다.

18

정답 ②

2022년 대비 2024년에 가장 눈에 띄는 증가율을 보인 면세점과 편의점, 무점포 소매점의 증가율을 계산하면 다음과 같다.

- 2022년 대비 2024년 면세점 판매액의 증가율

: $\frac{14,465-9,198}{9,198}\times100\fallingdotseq57\%$

- 2022년 대비 2024년 편의점 판매액의 증가율

: $\frac{22,237-16,455}{16,455}\times100\fallingdotseq35\%$

- 2022년 대비 2024년 무점포 소매점 판매액의 증가율

: $\frac{61,240-46,788}{46,788}\times100\fallingdotseq31\%$

따라서 2022년 대비 2024년 두 번째로 높은 비율의 판매액 증가를 보인 소매 업태는 편의점이고, 증가율은 35%이다.

19

정답 ③

기타 해킹 사고가 가장 많았던 연도는 2023년이다.

$\frac{16,135-21,230}{21,230}\times100\fallingdotseq-24\%$

따라서 2022년 대비 2023년의 사이버 침해사고 증감률은 －24%이다.

20

정답 ②

각 국가의 트럭·버스의 비율은 다음과 같다.

- 미국 : $\frac{25,045}{129,943}\times100\fallingdotseq19.2\%$
- 독일 : $\frac{1,125}{18,481}\times100\fallingdotseq6.0\%$
- 프랑스 : $\frac{2,334}{17,434}\times100\fallingdotseq13.4\%$
- 영국 : $\frac{1,916}{15,864}\times100\fallingdotseq12.1\%$
- 이탈리아 : $\frac{1,414}{15,400}\times100\fallingdotseq9.2\%$
- 캐나다 : $\frac{2,206}{10,029}\times100\fallingdotseq22.0\%$
- 호주 : $\frac{1,071}{5,577}\times100\fallingdotseq19.2\%$
- 네덜란드 : $\frac{355}{3,585}\times100\fallingdotseq10.0\%$

트럭·버스가 차지하는 비율이 유럽국가가 약 10%이고, 미국, 캐나다, 호주가 약 20%이므로 승용차 보유 비율이 더 높다.

오답분석

① 자동차 보유 대수에서 승용차가 차지하는 비율이 가장 높은 나라는 트럭·버스의 비율이 가장 낮다. 따라서 프랑스가 아니라 독일이다.

③ 자동차 보유 대수에서 트럭·버스가 차지하는 비율이 가장 높은 나라는 캐나다이다.

④ 호주의 트럭·버스 비율이 10% 미만인지를 판단하면 된다. 총 보유 대수는 5,577천 대이고, 트럭·버스의 대수가 1,071천 대이므로 10% 이상이다.

21

정답 ④

ㄴ. 2023년과 2024년은 전년 대비 농·임업생산액과 화훼생산액의 비중이 모두 증가했으므로 화훼생산액 또한 증가했음을 알 수 있다. 나머지 2019 ~ 2022년의 화훼생산액을 구하면 다음과 같다.

- 2019년 : 39,663×0.28=11,105.64십억 원
- 2020년 : 42,995×0.277=11,909.615십억 원
- 2021년 : 43,523×0.294=12,795.762십억 원
- 2022년 : 43,214×0.301=13,007.414십억 원

따라서 화훼생산액은 매년 증가한다.

ㄹ. 2019년의 GDP를 a억 원, 농업과 임업의 부가가치를 각각 x억 원, y억 원이라고 하자.

- 2019년 농업 부가가치의 GDP 대비 비중

: $\frac{x}{a}\times 100=2.1\% \rightarrow x=2.1\times\frac{a}{100}$

- 2019년 임업 부가가치의 GDP 대비 비중

: $\frac{y}{a}\times 100=0.1\% \rightarrow y=0.1\times\frac{a}{100}$

그러므로 2019년 농업 부가가치와 임업 부가가치의 비는

$x : y=2.1\times\frac{a}{100} : 0.1\times\frac{a}{100}=2.1 : 0.1$이다.

이에 따라 매년 농업 부가가치와 임업 부가가치의 비는 GDP 대비 비중의 비와 같음을 알 수 있다.

농·임업 부가가치 현황 자료를 살펴보면 2019년, 2020년, 2022년과 2021년, 2023년, 2024년 GDP 대비 비중이 같다. 비례배분을 이용해 매년 농·임업 부가가치에서 농업 부가가치가 차지하는 비중을 구하면 다음과 같다.

- 2019년, 2020년, 2022년 : $\frac{2.1}{2.1+0.1}\times 100 ≒ 95.45\%$
- 2021년, 2023년, 2024년 : $\frac{2.0}{2.0+0.2}\times 100 ≒ 90.91\%$

따라서 옳은 설명이다.

오답분석

ㄱ. 농·임업 생산액이 전년보다 작은 해는 2022년이다. 그러나 2022년 농·임업 부가가치는 전년보다 크다.

ㄷ. 같은 해의 곡물 생산액과 과수 생산액은 비중을 이용해 비교할 수 있다. 2021년의 곡물 생산액 비중은 15.6%, 과수 생산액 비중은 40.2%이다. 40.2×0.5=20.1>15.6이므로 옳지 않은 설명이다.

22

정답 ④

ㄱ. 전년 대비 특별급여 증감률이 가장 높은 직종은 기술공 및 준전문가 직종으로 42.4%의 증감률을 보이고 있다. 기술공 및 준전문가 직종의 전년 대비 초과급여 증감률을 살펴보면 7.7% 감소한 것을 알 수 있다.

ㄴ. 전년 대비 임금총액 증감률을 직종별로 살펴보면 기술공 및 준전문가 직종은 9.8%, 사무 종사자 직종은 7.5%, 서비스 종사자 직종은 8.8%로 모두 10% 미만의 증감률을 보이고 있다.

ㄹ. 임금총액이 가장 높은 직종은 고위임직원 및 관리자 직종으로 초과급여 또한 가장 높다.

오답분석

ㄷ. 전 직종에서 전년 대비 정액급여는 모두 증가한 것으로 나타나 있다. 하지만 특별급여에서 서비스 종사자 항목을 보면 그 증감률이 −5.4%로 오히려 감소한 것을 알 수 있다.

23

정답 ②

5만 미만부터 10만 ~ 50만 미만까지의 투자건수 비율을 합하면 된다. 따라서 28+20.9+26=74.9%이다.

24

정답 ①

100만 ~ 500만 미만부터 500만 초과까지의 투자건수 비율을 합하면 된다. 따라서 11.9+4.5=16.4%이다.

25

정답 ①

C사원과 E사원의 근무 연수를 정확히 알 수 없으므로 근무 연수가 높은 순서대로 나열하면 'B − A − C − E − D' 또는 'B − A − E − C − D'가 된다. 따라서 근무 연수가 가장 높은 B사원의 경우 주어진 조건에 따라 최대 근무 연수인 4년 차에 해당한다.

26

정답 ④

주어진 조건을 정리하면 다음과 같다.

구분	1일	2일	3일	4일	5일	6일
경우 1	B	E	F	C	A	D
경우 2	B	C	F	D	A	E
경우 3	A	B	F	C	E	D
경우 4	A	B	C	F	D	E
경우 5	E	B	C	F	D	A
경우 6	E	B	F	C	A	D

따라서 B영화는 어떠한 경우에도 1일 또는 2일에 상영된다.

오답분석

① 경우 3, 4에서 A영화는 C영화보다 먼저 상영된다.
② 경우 1, 5, 6에서 C영화는 E영화보다 늦게 상영된다.
③ 경우 1, 3, 6에서 폐막작으로, 경우 4, 5에서 5일에 상영된다.

27

정답 ③

B는 오전 10시에 출근하여 오후 3시에 퇴근하였으므로 업무는 4개이다. D는 B보다 업무가 1개 더 많았으므로 D의 업무는 5개이고, 오후 3시에 퇴근했으므로 출근한 시각은 오전 9시이다. K팀에서 가장 늦게 출근한 사람은 C이고 가장 늦게 출근한 사람을 기준으로 오전 11시에 모두 출근하였으므로 C는 오전 11시에 출근하였다. K팀에서 가장 늦게 퇴근한 사람은 A이고 가장 늦게 퇴근한 사람을 기준으로 오후 4시에 모두 퇴근하였으므로 A는 오후 4시에 퇴근했다. A는 C보다 업무가 3개 더 많았으므로 C의 업무는 2개이다. 이를 표로 정리하면 다음과 같다.

구분	A	B	C	D
업무	5	4	2	5
출근 시각	오전 10시	오전 10시	오전 11시	오전 9시
퇴근 시각	오후 4시	오후 3시	오후 2시	오후 3시

따라서 C는 오후 2시에 퇴근했다.

오답분석

① A는 5개의 업무를 하고 퇴근했다.
② B의 업무는 A의 업무보다 1개 적었다.
④ 팀에서 가장 빨리 출근한 사람은 오전 9시에 출근한 D이다.

28

정답 ④

원가 절감을 위해 해외에 공장을 설립하여 가격 경쟁력을 확보하는 것은 약점을 보완하여 위협을 회피하는 WT전략이다.

오답분석

①·② SO전략은 강점을 활용하여 외부환경의 기회를 포착하는 전략이므로 적절하다.
③ WO전략은 약점을 보완하여 외부환경의 기회를 포착하는 전략이므로 적절하다.

29

정답 ③

최나래, 황보연, 이상윤, 한지혜는 업무성과 평가에서 상위 40%(인원이 10명이므로 4명)에 해당하지 않으므로 대상자가 아니다. 업무성과 평가 결과에서 40% 이내에 드는 사람은 4명까지이지만 B를 받은 사람 4명을 동순위자로 보아 6명이 대상 후보자가 된다. 6명 중 박희영은 통근거리가 50km 미만이므로 대상자에서 제외된다. 나머지 5명 중에서 자녀가 없는 이지규, 김성배는 우선순위에서 밀려나고, 나머지 3명 중에서 통근거리가 가장 먼 순서대로 이준서, 김태란이 동절기 업무시간 단축 대상자로 선정된다.

30

정답 ④

- 락커룸 I를 경력 선수 2명 중 1명이 사용하는 경우
  : ${}_2C_1=2$가지
- 왼쪽 락커룸 A, B, C에 신입 선수 2명이 배정되는 경우
  : ${}_3P_2=3\times2=6$가지
- 중간 락커룸 D, E, F에는 신입 선수 1명이 배정되는 경우
  : ${}_3P_1=3$가지
- 나머지 4명이 남은 락커룸을 쓰는 경우
  : $4!=4\times3\times2\times1=24$가지

따라서 8명의 선수들이 락커룸을 배정받을 수 있는 경우의 수는 $2\times6\times3\times24=864$가지이다.

31

정답 ④

우선 면적이 가장 큰 교육시설과 면적이 2번째로 작은 교육시설을 각각 3시간 대관한다고 했다. 면적이 가장 큰 교육시설은 강의실(대)이며 면적이 2번째로 작은 교육시설은 강의실(중)이다.

- 강의실(대)의 대관료 : $(129,000+64,500)\times1.1=212,850$원
  (∵ 3시간 대관, 토요일 할증)
- 강의실(중)의 대관료 : $(65,000+32,500)\times1.1=107,250$원
  (∵ 3시간 대관, 토요일 할증)

다목적홀, 이벤트홀, 체육관 중 이벤트홀은 토요일에 휴관이므로 다목적홀과 체육관의 대관료를 비교하면 다음과 같다.

- 다목적홀 : $585,000\times1.1=643,500$원(∵ 토요일 할증)
- 체육관 : $122,000+61,000=183,000$원(∵ 3시간 대관)

그러므로 다목적홀과 체육관 중 저렴한 가격으로 이용할 수 있는 곳은 체육관이다.

따라서 K주임에게 안내해야 할 대관료는 $212,850+107,250+183,000=503,100$원이다.

32

정답 ①

과장은 코칭을 하고 있다. 코칭은 문제 및 진척 상황을 팀원들과 함께 자세하게 살피고 지도 및 격려하는 활동을 의미하며, 지시보다는 질문과 논의를 통해, 통제보다는 경청과 지원을 통해 상황의 발전과 좋은 결과를 이끌어낸다. 코칭은 커뮤니케이션 과정의 모든 단계에서 활용할 수 있는 수단이 되며 효과적인 해결책이 된다. 직원들을 코칭하는 리더는 팀원 자신이 권한과 목적의식을 가지고 있는 중요한 사람이라는 사실을 느낄 수 있도록 이끌어 주어야 한다.

33

정답 ④

영리조직의 사례로는 이윤 추구를 목적으로 하는 다양한 사기업을 들 수 있으며, 비영리조직으로는 정부조직, 병원, 대학, 시민단체, 종교단체 등을 들 수 있다.

34

정답 ②

맥킨지의 3S 기법은 상대방의 감정을 최대한 덜 상하게 하면서 거절하는 커뮤니케이션 기법이다.

맥킨지의 3S 기법
- Situation(Empathy) : 상대방의 마음을 잘 이해하고 있음을 표현하고, 공감을 형성한다.
- Sorry(Sincere) : 거절에 대한 유감과 거절할 수밖에 없는 이유를 솔직하게 표현한다.
- Suggest(Substitute) : 상대방의 입장을 생각하여 새로운 대안을 역으로 제안한다.

오답분석

① Sorry(Sincere)에 해당하는 발언이다.
③·④ Suggest(Substitute)에 해당하는 발언이다.

35

정답 ④

뚜껑의 법칙에서 뚜껑은 리더를 의미하며, 뚜껑의 크기로 표현되는 리더의 역량이 조직의 성과를 이끈다는 것을 의미한다. 리더의 역량이 작다면 부하직원이 아무리 뛰어나도 병목 현상의 문제점이 발생할 수 있는 것이다.

36

정답 ②

제시문에는 고객만족도 조사에 대한 평균치 계산에 대한 내용은 포함되어 있지 않다. 고객만족도 조사의 목적에는 전체적 경향 파악, 고객에 대한 개별대응 및 고객과의 관계 유지 파악, 평가 목적, 개선 목적 등이 있다.

37

정답 ④

ㄷ. 결과보다 상대방과의 관계를 중시하는 전략은 유화전략이다. 하지만 재무팀은 회피전략을 취하고 있다.
ㄹ. A사 운영팀은 재무팀에서 제시하는 상한선을 준수하지 않고 있으므로 협력전략을 취하고 있다고 볼 수 없다.

오답분석

ㄱ. 재무팀은 아무 의견을 내지 않는 무행동전략을 통해 회피전략을 취하고 있다.
ㄴ. 운영팀은 자신들의 의견을 관철시키려 하는 강압전략을 사용하고 있다. 강압전략은 양보하는 성격의 유화전략에 비해 양자 간 합의도출이 어려운 전략이다.

38

정답 ④

김과장은 직원들에 대한 높은 관심으로 간섭하려는 경향이 있고, 남에게 자신의 업적을 이야기하며 인정받으려 하는 욕구가 강하다. 따라서 김과장은 타인에 대한 높은 관심과 간섭을 자제하고, 지나친 인정욕구에 대한 태도를 성찰할 필요가 있다.

오답분석

① 김과장이 독단적으로 결정했다는 내용은 언급되어 있지 않다.
② 직원들은 김과장의 지나친 관심으로 힘들어하고 있는 상황이므로 적절하지 않은 조언 내용이다.
③ 직원들에게 지나친 관심을 보이는 김과장에게는 적절하지 않은 조언 내용이다.

39

정답 ①

시스템 오류 확인 및 시스템 개선 업무는 고객지원팀이 아닌 시스템개발팀이 담당하는 업무이며, 고객지원팀은 주로 민원과 관련된 업무를 담당한다.

40

정답 ③

인수인계를 할 때는 관리자와 인수인계에 대해 상의하며 인수인계 문서의 초안을 작성하고, 동료들과 소통한 후 정식 인수인계 문서를 작성한다. 후임자에게 도움을 주되 맡았던 모든 일을 일일이 디테일하게 인계하기는 어렵다.

MG새마을금고 지역본부 필기전형

제4회 모의고사 정답 및 해설

01	02	03	04	05	06	07	08	09	10
③	④	④	②	④	④	②	③	③	①
11	12	13	14	15	16	17	18	19	20
④	④	④	④	②	④	②	④	②	②
21	22	23	24	25	26	27	28	29	30
④	①	③	③	③	②	②	①	①	①
31	32	33	34	35	36	37	38	39	40
④	④	①	①	③	②	②	③	④	②

01

정답 ③

보기의 문장은 미첼이 찾아낸 '탈출 속도'의 계산법과 공식에 대한 것이다. 따라서 탈출 속도에 대한 언급이 제시문의 어디서 시작되는지 살펴봐야 한다. 제시문의 경우 (가) 영국의 자연 철학자 존 미첼이 제시한 이론에 대한 소개, (나) 해당 이론에 대한 가정과 탈출 속도의 소개, (다) '임계 둘레'에 대한 소개와 사고 실험, (라) 앞선 임계 둘레 사고 실험의 결과 및 사고 실험을 통한 미첼의 추측 순으로 쓰여 있으므로, 보기의 문장은 탈출 속도가 언급된 (나)의 다음이자 탈출 속도를 바탕으로 임계 둘레를 추론해낸 (다)의 앞에 위치하는 것이 가장 적절하다.

02

정답 ④

한글 맞춤법에 따르면 한자음 '랴, 려, 례, 료, 류, 리'가 단어의 첫머리에 올 적에는 두음법칙에 따라 '야, 예, 이, 오, 우'로 적고, 단어의 첫머리 '이, 오'의 경우에는 본음대로 적는다. 다만, 모음이나 'ㄴ' 받침 뒤에 이어지는 '렬, 률'은 '열, 율'로 적는다. 따라서 '장애률'이 아닌 '장애율'이 옳은 표기이다.

오답분석

㉠ 특화 : 한 나라의 산업 구조나 수출 구성에서 특정 산업이나 상품이 상대적으로 큰 비중을 차지함. 또는 그런 상태

㉡ 포괄 : 일정한 대상이나 현상 따위를 한데 묶어서 어떤 범위나 한계 안에 모두 들게 함

㉢ 달성 : 목적한 것을 이룸

03

정답 ④

보기는 과거 의사소통능력 수업에 대한 문제를 제기하고 있다. 따라서 이에 대한 문제점인 'ㄷ'이 보기 다음에 이어지는 것이 적절하다. 'ㄴ'은 과거 문제점에 대한 해결법으로 '문제중심학습(PBL)'을 제시하므로 'ㄷ' 다음에 오는 것이 적절하며, 'ㄱ' 역시 '문제중심학습(PBL)'에 대한 장점으로 'ㄴ' 다음에 오는 것이 적절하다. 마지막으로 'ㄹ'의 경우 '문제중심학습(PBL)'에 대한 주의할 점으로 마지막으로 오는 것이 가장 자연스럽다.

04

정답 ②

제시문의 '나'는 세상의 사물이나 현상을 선입견에 사로잡히지 말고 본질을 제대로 파악하여 이해해야 한다고 말하고 있다. 따라서 ㄱ, ㄷ, ㄹ은 '나'의 비판을 받을 수 있다.

05

정답 ④

제시문은 우리 몸의 면역 시스템에서 중요한 역할을 하는 킬러 T세포가 있음을 알려 주고, 이것의 역할과 작용 과정을 차례로 설명하며, 킬러 T세포의 의의에 대해 이야기하는 글이다. 따라서 (라) 우리 몸의 면역 시스템에 중요한 역할을 하는 킬러 T세포 – (가) 킬러 T세포의 역할 – (마) 킬러 T세포가 작용하기 위해 거치는 단계 – (다) 킬러 T세포의 작용 과정 – (나) 킬러 T세포의 의의 순으로 나열하는 것이 적절하다.

06

정답 ④

세 번째 문단을 볼 때 타인으로부터 특정 블록이 완성되어 전파된 경우, 채굴 중이었던 특정 블록을 포기하고 타인의 블록을 채택한 후 다음 순서의 블록을 채굴하는 것이 가장 합리적이다.

오답분석

① 특정 숫자 값을 산출하는 행위를 채굴이라 하고, 이 숫자 값을 가장 먼저 찾아내서 전파한 노드 참가자에게 비트코인과 같은 보상이 주어진다.

② 블록체인의 일치성은 개별 참여자가 자기의 이익을 최대로 얻기 위해 더 긴 블록체인으로 갈아타게 되면서 유지된다.

③ 네트워크에 분산해 장부에 기록하고 참가자가 그 장부를 공동 관리하는 분산원장 방식이 중앙집중형 거래 기록보관 방식보다 보안성이 높다.

07

정답 ②

연두색과 노란색 같이 색상이 다른 두 색을 동시에 나란히 놓았을 때 서로의 영향으로 색상 차가 나는 것은 색상 대비로 볼 수 있다.

오답분석

① 명도 대비에 대한 내용이다.
③ 채도 대비에 대한 내용이다.
④ 보색잔상에 대한 내용이다.

08

정답 ③

2012년 말부터 시작된 엔/달러 환율 상승세와 원/달러 환율 하락세의 환율 흐름이 장기화되고 있다.

오답분석

① 인구가 고령화되면서 소득 감소로 구매 여력이 감소하고, 생산 부문에도 부정적인 영향이 불가피하다.
② 959조 원에 달하는 가계부채도 자동차 수요 위축을 가져올 수 있는 최대 잠재위험 요인이다.
④ 대형차급에서도 수입차 비중이 커지는 등 국내업체의 수익성 악화가 예상된다.

09

정답 ③

오답분석

① 정상과학의 시기에는 이미 이론의 핵심 부분들은 정립되어 있으며 이 시기에는 새로움을 좇기보다는 기존 연구의 세부 내용이 깊어진다. 따라서 다양한 학설과 이론의 등장은 적절하지 않다.
② 어떤 현상의 결과가 충분히 예측된다 할지라도 그 세세한 과정은 의문 속에 있기 마련이다. 정상과학의 시기에 과학자들의 열정과 헌신성은 예측 결과와 실제의 현상을 일치시키기 위한 연구로 유지될 수 있다.
④ 과학적 사고방식과 관습, 기법 등이 하나의 기반으로 통일되어 있을 뿐이지 해결해야 할 과제가 없는 것은 아니다. 따라서 완성된 과학이라고 부를 수 없다.

10

정답 ①

(가) 문단에서는 인류가 바람을 에너지원으로 사용한 지 1만 년이 넘었다고 제시되어 있을 뿐이므로, 풍력에너지가 인류에서 가장 오래된 에너지원인지는 추론할 수 없다.

11

정답 ④

(라) 문단에서는 비행선 등을 활용하여 고고도풍(High Altitude Wind)을 이용하는 발전기 회사의 사례를 제시하고 있지만, 그 기술의 한계에 대한 내용은 언급하고 있지 않다. 따라서 ④는 (라) 문단에 대한 주제로 적절하지 않다.

12

정답 ④

탄소배출권거래제는 의무감축량을 초과 달성했을 경우 초과분을 거래할 수 있는 제도이다. 따라서 온실가스의 초과 달성분을 구입 혹은 매매할 수 있음을 추측할 수 있으며, 빈칸 이후 문단에서도 탄소배출권을 일종의 현금화가 가능한 자산으로 언급함으로써 이러한 추측을 돕고 있다. 따라서 ④가 빈칸에 들어갈 내용으로 가장 적절하다.

오답분석

① 청정개발체제에 대한 설명이다.
② 탄소배출권거래제가 탄소배출권이 사용되는 배경이라고는 볼 수 있으나, 다른 감축의무국가를 도움으로써 탄소배출권을 얻을 수 있다는 내용은 제시문에서 확인할 수 없다.
③ 제시문에서 탄소배출권거래제가 6대 온실가스 중 이산화탄소를 줄이는 것을 특히 중요시한다는 내용은 확인할 수 없다.

13

정답 ④

제시문에서 스타는 스타 시스템에 의해서 소비자들의 욕망을 부추기고 상품처럼 취급되어 소비되는 존재로서, 자신의 의지 때문에 행위하는 것이 아니라 단지 스타 시스템에 의해 조종되고 있을 뿐이다.

14

정답 ④

화폐 통용을 위해서는 화폐가 유통될 수 있는 시장이 성장해야 하고, 농업생산력이 발전해야 한다. 그러나 서민들은 물품화폐를 더 선호하였고, 일부 계층에서만 화폐가 유통되었다. 따라서 광범위한 동전 유통이 실패한 것이다. 화폐의 수요량에 따른 공급 문제는 화폐가 유통된 이후의 조선 후기에 해당하는 내용이다.

15

정답 ②

- 할머니의 나이 : $55+11=66$세
- 아버지의 나이 : $20+11=31$세

$\therefore 66+31=97$세

16

정답 ④

- 단리 예금에 가입한 경우
  이자는 원금에 대해서만 산정되므로 3년 후 $1,000\times0.1\times3=300$만 원이 되며, 원리합계는 $1,000+300=1,300$만 원이다.
- 연 복리 예금일 경우
  원리합계는 $1,000\times1.1^3=1,000\times1.331=1,331$만 원이 된다.

따라서 두 가지 경우의 원리합계의 합은 $1,300+1,331=2,631$만 원이다.

17
정답 ②

앞의 항에 2×3^n을 더해 다음 항을 구하는 수열이다(n은 앞의 항의 순서).

즉, 더해지는 값이 +6, +18, +54, +162, …인 수열이다.

따라서 (　　)+2×3=−76이므로, (　　)=−76−6=−82이다.

18
정답 ④

1일 평균임금을 x원이라고 할 때, 퇴직금 산정공식에 따라 다음 식이 성립한다.

1,900만 원={30x×(5×365)}÷365

→ 1,900만 원=150x

∴ x≒13만 원(∵ 천의 자리에서 반올림)

따라서 1일 평균임금이 13만 원이므로, A의 평균연봉은 13만 원×365=4,745만 원이다.

19
정답 ②

- 반월시화 공단 : $\frac{195,635}{12,548}$≒15.6명
- 울산 공단 : $\frac{101,677}{1,116}$≒91.1명

따라서 그 차이는 91.1−15.6=75.5명이다.

20
정답 ②

15~64세 인구는 2010년까지 증가하였다가, 이후 감소 추세를 보이고 있다.

오답분석

① 자료를 통해 확인할 수 있다.

③ 2000년 65세 이상 인구의 구성비는 7.2%이고, 2050년에는 38.2%이므로 약 5배 이상이다.

④ 15~64세 인구의 구성비가 가장 높은 해는 2010년으로 72.9%이고, 가장 낮은 해는 2050년 53%이므로 19.9%p의 차이가 난다.

21
정답 ④

가장 많은 햇살론 보증잔액을 가지고 있는 금융기관은 F은행이고, 두 번째로 햇살론 보증잔액을 많이 가지고 있는 금융기관은 E은행이다. 두 금융기관의 등급별 금액 차이를 보면 7등급은 483,216백만 원 차이가 나므로 보증잔액 차이가 가장 큰 등급은 7등급이고, 6등급은 452,112백만 원 차이가 난다.

오답분석

① $\frac{7,783}{19,095}\times 100$≒40.8%

② B은행의 햇살론 보증잔액 중 개인신용 1~3등급 햇살론 보증잔액의 비율은 $\frac{119+372+492}{17,733}\times 100$≒5.5%이고, C은행의 햇살론 보증잔액 중 개인신용 1~3등급 햇살론 보증잔액의 비율은 $\frac{51+77+176}{6,784}\times 100$≒4.5%이다.

③ D은행의 햇살론 보증잔액은 486,711백만 원으로, A은행의 개인신용 등급별 햇살론 보증잔액 227,779백만 원의 약 2.13배이다.

22
정답 ①

- 1~3등급 : $\frac{2,425+6,609+8,226}{227,779}\times 100$≒7.6%
- 4등급 : $\frac{20,199}{227,779}\times 100$≒8.9%
- 5등급 : $\frac{41,137}{227,779}\times 100$≒18.1%
- 6등급 : $\frac{77,749}{227,779}\times 100$≒34.1%
- 7등급 : $\frac{58,340}{227,779}\times 100$≒25.6%
- 8~10등급 : $\frac{11,587+1,216+291}{227,779}\times 100$≒5.7%

따라서 A은행의 구성비를 나타낸 그래프로 옳은 것은 ①이다.

23
정답 ③

ㄱ. 2023년에 B등급이었던 고객이 2025년까지 D등급이 되는 경우는 다음과 같다.

2023년	2024년	2025년	확률
B	A	D	0.14×0.02=0.0028
	B		0.65×0.05=0.0325
	C		0.16×0.25=0.04
	D		0.05

∴ 0.0028+0.0325+0.04+0.05=0.1253

ㄴ. 해마다 다음 해로 4가지의 등급변화가 가능하다. 이때, D등급을 받으면 5년간 등급변화가 생기지 않는 점에 유의한다. 2023년 C등급에서 2024년에 4가지로 변화가 가능하고, 2025년에 D를 제외한 모든 등급이 다시 4가지씩 변화가 가능하다. 마찬가지로 2026년에 D등급을 제외한 모든 등급이 4가지씩 변화할 수 있으므로 총 경우의 수는 40가지이다.

오답분석

ㄷ. • B등급 고객의 신용등급이 1년 뒤에 하락할 확률
: 0.16+0.05=0.21

• C등급 고객의 신용등급이 1년 뒤에 상승할 확률
: 0.15+0.05=0.2

따라서 B등급 고객의 신용등급이 1년 뒤에 하락할 확률이 더 높다.

24

정답 ③

첫 번째 조건에 따라 A ~ D는 모두 직업이 같거나 두 명씩 서로 다른 직업을 가져야 한다. 이때 네 번째 조건에 따라 A와 D의 직업은 서로 같아야 하므로 A ~ D의 직업이 모두 같은 경우 또는 A, D와 B, C의 직업이 서로 다른 경우로 나누어 볼 수 있다.

i) A ~ D의 직업이 모두 같은 경우

세 번째 조건에 따라 C가 경찰관인 경우 D와 직업이 같을 수 없으므로 C는 경찰관이 될 수 없다. 따라서 A ~ D는 모두 소방관이다.

ii) A, D와 B, C의 직업이 서로 다른 경우

- A, D가 소방관인 경우

  두 번째 조건에 따라 A가 소방관이면 B가 소방관이거나 C는 경찰관이다. 이때, A와 B의 직업이 서로 다르므로 B는 소방관이 될 수 없으며 C가 경찰관이 된다. C가 경찰관이면 세 번째 조건에 따라 D는 소방관이 된다. 따라서 A, D는 소방관이며, B, C는 경찰관이다.

- A, D가 경찰관인 경우

  세 번째 조건의 대우 'D가 소방관이 아니면 C는 경찰관이 아니다.'가 성립하므로 D가 경찰관이면 C는 소방관이 된다. 따라서 A, D는 경찰관이며, B, C는 소방관이다.

구분	A	B	C	D
경우 1	소방관			
경우 2	소방관	경찰관	경찰관	소방관
경우 3	경찰관	소방관	소방관	경찰관

따라서 B, C의 직업은 항상 같다.

25

정답 ③

오답분석

① 세 번째 명제의 대우와 첫 번째 명제를 통해 알 수 있다.
② 첫 번째 명제의 대우이다.
④ 두 번째 명제의 대우이다.

26

정답 ②

세 번째 조건에 따라 A팀장이 볶음밥을 시키므로, 짬뽕을 시키는 3명은 각각 직급이 달라야 한다. 즉, 과장, 대리, 사원이 각각 1명씩 시켜야 하는데, 다섯 번째 조건에 따라 D사원은 볶음밥이나 짜장면을 시켜야 한다. 각각의 경우를 살펴보면 다음과 같다.

- D사원이 볶음밥을 시키는 경우

  네 번째 조건에 따라 J대리가 짬뽕을 시키므로 N대리가 짜장면을 시키고, 여섯 번째 조건에 따라 S과장이 짜장면을 시켜야 하므로 K과장이 짬뽕을 시키고, 일곱 번째 조건에 따라 P사원도 짬뽕을 시킨다.

짜장면	짬뽕	볶음밥
N대리 S과장	J대리 K과장 P사원	A팀장 D사원

- D사원이 짜장면을 시키는 경우

  일곱 번째 조건에 따라 K과장은 사원과 같은 메뉴를 시켜야 하는데, 만약 K과장이 짜장면이나 볶음밥을 시키면 S과장이 반드시 짬뽕을 시켜야 하므로 조건에 어긋난다. 따라서 K과장은 짬뽕을 시키고, P사원도 짬뽕을 시킨다. J대리는 짜장면을 싫어하므로 짬뽕이나 볶음밥을 시켜야 하는데, 만약 J대리가 짬뽕을 시키면 볶음밥을 싫어하는 N대리는 짜장면을, S과장은 볶음밥을 시켜야 하는데 다섯 번째 조건에 어긋나므로 J대리가 볶음밥을, N대리는 짬뽕을, S과장은 짜장면을 시킨다.

짜장면	짬뽕	볶음밥
D사원 S과장	K과장 P사원 N대리	A팀장 J대리

따라서 모든 경우에 A팀장은 과장과 같은 메뉴를 시킬 수 없으므로, ②는 옳지 않다.

27

정답 ②

먼저 B의 진술이 거짓일 경우 A와 C는 모두 프로젝트에 참여하지 않으며, C의 진술이 거짓일 경우 B와 C는 모두 프로젝트에 참여한다. 그러므로 B와 C의 진술은 동시에 거짓이 될 수 없으므로 둘 중 1명의 진술은 반드시 참이 된다.

i) B의 진술이 참인 경우

A는 프로젝트에 참여하지 않으며, B와 C는 모두 프로젝트에 참여한다. B와 C 모두 프로젝트에 참여하므로 D는 프로젝트에 참여하지 않는다.

ii) C의 진술이 참인 경우

A의 진술은 거짓이므로 A는 프로젝트에 참여하지 않으며, B는 프로젝트에 참여한다. C는 프로젝트에 참여하지 않으나, B가 프로젝트에 참여하므로 D는 프로젝트에 참여하지 않는다.

따라서 반드시 프로젝트에 참여하는 사람은 B이다.

28

정답 ①

- ㄱ · ㄷ : 현재 직면하고 있으면서 해결 방법을 찾기 위해 고민하는 발생형 문제에 해당한다.
- ㄴ · ㄹ : 현재 상황은 문제가 아니지만, 상황 개선을 통해 효율을 높일 수 있는 탐색형 문제에 해당한다.
- ㅁ · ㅂ : 새로운 과제나 목표를 설정함에 따라 발생할 수 있는 설정형 문제에 해당한다.

29 정답 ①

제품 특성상 테이크아웃이 불가능했던 위협 요소를 피하기 위해 버거의 사이즈를 줄이는 대신 사이드 메뉴를 무료로 제공하는 것은 독창적인 아이템을 활용하면서도 위협 요소를 보완하는 ST전략으로 옳다.

오답분석

② 해당 상점의 강점은 주변 외식업 상권과 차별화된 아이템 선정이다. 그러므로 주변 상권에서 이미 판매하고 있는 상품을 벤치마킹해 판매하는 것은 강점을 활용하는 전략으로 옳지 않다.
③ 높은 재료 단가를 낮추기 위해 유기농 채소와 유기농이 아닌 채소를 함께 사용하는 것은 웰빙을 추구하는 소비 행태가 확산되고 있는 기회를 활용하지 못하는 전략이므로 옳지 않다.
④ 커스터마이징 형식의 고객 주문 서비스 및 주문 즉시 조리하는 방식은 해당 상점의 강점이다. 약점을 보완하기 위해 강점을 모두 활용하지 못하는 전략이므로 옳지 않다.

30 정답 ①

먼저 참가 가능 종목이 2개인 사람부터 종목을 확정한다. D는 훌라후프와 줄다리기, E는 계주와 줄다리기, F는 줄넘기와 줄다리기, G는 줄다리기와 2인 3각, J는 계주와 줄넘기이다. 여기에서 E와 J는 계주 참가가 확정되고, 참가 인원이 1명인 훌라후프 참가자가 D로 확정되었으므로 나머지는 훌라후프에 참가할 수 없다. 그러므로 C는 계주와 줄넘기에 참가한다. 다음으로 종목별 참가 가능 인원이 지점별 참가 인원과 동일한 경우 참가를 확정시키면, 줄다리기와 2인 3각 참가 인원이 확정된다. A는 줄다리기와 2인 3각에 참가하고, B・H・I 중 1명이 계주에 참가하게 되며 나머지 2명이 줄다리기에 참가한다. 따라서 계주에 꼭 출전해야 하는 직원은 C, E, J이다.

31 정답 ④

D주임은 좌석이 2다 석으로 정해져 있다. 그리고 팀장은 두 번째 줄에 앉아야 하며 대리와 이웃하게 앉아야 하므로 A팀장의 자리는 2가 석 혹은 2나 석임을 알 수 있다.

또한, A팀장의 옆자리에 앉을 사람은 B대리 혹은 C대리이며, 마지막 조건에 의해 B대리는 창가 쪽 자리에 앉아야 한다. 그리고 세 번째 조건에서 주임끼리는 이웃하여 앉을 수 없으므로 D주임을 제외한 E주임과 F주임은 첫 번째 줄 중 사원의 자리를 제외한 1가 석 혹은 1라 석에 앉아야 한다.

따라서 B대리가 앉을 자리는 창가 쪽 자리인 2가 석 혹은 2라 석이다.

H사원과 F주임은 함께 앉아야 하므로 이들이 첫 번째 줄 (1나 석, 1가 석)에 앉거나, (1다 석, 1라 석)에 앉는 경우가 가능하다.

이러한 요소를 고려하면 다음 4가지 경우만 가능하다.

1)

E주임	G사원	복도	H사원	F주임
A팀장	C대리		D주임	B대리

2)

E주임	G사원	복도	H사원	F주임
B(C)대리	A팀장		D주임	C(B)대리

3)

F주임	H사원	복도	G사원	E주임
A팀장	C대리		D주임	B대리

4)

F주임	H사원	복도	G사원	E주임
B(C)대리	A팀장		D주임	C(B)대리

ㄱ. 3), 4)의 경우를 보면 반례인 경우를 찾을 수 있다.
ㄴ. C대리가 A팀장과 이웃하여 앉으면 라 열에 앉지 않는다.
ㄹ. 1), 3)의 경우를 보면 반례인 경우를 찾을 수 있다.

오답분석

ㄷ. 조건들을 고려하면 1나 석와 1다 석에는 G사원 혹은 H사원만 앉을 수 있고, 1가 석, 1라 석에는 E주임과 F주임이 앉아야 한다. 그런데 F주임과 H사원은 이웃하여 앉아야 하므로, G사원과 E주임은 어떤 경우에도 이웃하게 앉는다.

32 정답 ④

• 연회비 15,000원 이하인 카드 → 락시(樂SEA) ×(∵ 연회비 20,000원)
• 월 평균 이용금액 50만 원 미만 → All드림 ×(∵ 상세혜택 50만 원 이상)
• 알뜰폰 통신요금 자동납부 → RealReal ×(∵ 알뜰폰 통신사 제외)

남은 S1카드와 찐카드 중 S1카드는 전월 이용실적 제한 없이 할인혜택을 받을 수 있으나, 1개 업종에서 7% 청구할인이 최대이며, 이동통신요금 할인혜택이 없으므로 제외된다. 따라서 고객 A씨가 가장 많은 할인혜택을 받을 수 있는 카드는 커피(T커피 이용)와 이동통신요금(알뜰폰 자동납부) 청구할인을 받을 수 있는 찐카드이다.

33 정답 ①

소외형 팔로워는 동료들이나 리더의 시각에서 바라보면 냉소적이며 부정적이다. 조직에 대한 소외형 팔로워는 적절한 보상이 없으며 자신을 인정해주지 않고 불공정하고 문제가 있다고 느끼는 사람이다. 따라서 A씨는 소외형 팔로워이다.

오답분석

② 순응형 : 질서를 따르는 것이 중요하고 획일적인 태도와 행동에 익숙한 유형으로 팀플레이를 하며 리더나 조직을 믿고 헌신해야 한다고 생각한다. 동료의 시각에서는 아이디어가 없고 인기 없는 일은 하지 않으며 조직을 위해 자신과 가족의 요구를 양보하는 사람으로 비춰질 수 있다.
③ 실무형 : 규정의 준수를 강조하며 조직이 명령과 계획은 빈번하게 변경하고 리더와 부하 간의 비인간적인 풍토가 있다고 생각하는 유형으로 조직의 운영방침에 민감하고 사건을 균형 잡힌 시각으로 본다. 동료의 시각에서는 개인의 이익을 극대화하기 위한 흥정에 능하고 적당한 열의와 평범한 수완으로 업무를 수행하는 사람이다.

④ 수동형 : 조직이 나의 아이디어를 원치 않으며 노력과 공헌을 해도 아무 소용이 없다고 느낀다. 판단과 사고를 리더에 의존하고 지시가 있어야 행동한다. 동료의 시각에서는 수행하는 일이 없고 업무 수행에는 감독이 반드시 필요한 사람으로 보이는 유형이다.

34

정답 ①

(A)는 경영전략 추진과정 중 환경분석을 나타내며, 환경분석은 외부환경 분석과 내부환경 분석으로 구분된다. 외부환경으로는 기업을 둘러싸고 있는 경쟁사, 공급자, 소비자, 법과 규제, 정치적 환경, 경제적 환경 등이 있으며, 내부환경은 기업구조, 기업문화, 기업자원 등이 해당된다. ①에서 설명하는 예산은 기업자원으로 내부환경 분석의 성격을 가지고, 다른 사례들은 모두 외부환경 분석의 성격을 가짐을 알 수 있다.

35

정답 ③

ㄱ. 전결권자인 전무가 출장 중인 경우 대결권자가 이를 결재하고 전무가 후결을 하는 것이 맞다.
ㄴ. 부서장이 전결권자이므로 해당 직원을 채용하는 부서(영업부, 자재부 등)의 부서장이 결재하는 것이 바람직하다.
ㄹ. 교육훈련 대상자 선정은 이사에게 전결권이 있으므로 잘못된 결재 방식이다.

36

정답 ②

오답분석

• B : 사장 직속으로 4개의 본부가 있다는 설명은 옳지만, 인사를 전담하고 있는 본부는 없으므로 옳지 않다.
• C : 감사실이 분리되어 있다는 설명은 옳지만, 사장 직속이 아니므로 옳지 않다.

37

정답 ②

㉠ : 다른 재료로 대체한 S에 해당한다.
㉡ : 서로 다른 물건이나 아이디어를 결합한 C에 해당한다.
㉢ : 형태, 모양 등을 다른 용도로 사용한 P에 해당한다.

38

정답 ③

해당 업무수행 시트는 일의 흐름을 동적으로 보여주는 데 효과적인 워크 플로 시트(Work Flow Sheet)이다. 해당 그림을 보면 주된 업무는 사각형으로, 업무의 세부 절차는 타원으로, 업무의 시작과 종료는 정원으로 구분했음을 확인할 수 있다. 이처럼 워크 플로 시트는 사용하는 도형을 다르게 표현함으로써 주된 작업과 부차적인 작업, 혼자 처리할 수 있는 일과 다른 사람의 협조를 필요로 하는 일, 주의해야 할 일, 컴퓨터와 같은 도구를 사용해서 할 일 등을 구분해서 표현할 수 있다.

오답분석

①·②·④ 체크리스트(Checklist)의 특징이다.

39

정답 ④

고객이 요청한 업무를 처리함에 있어 수수료 발생 등과 같이 고객이 반드시 알아야 하는 사항은 업무를 처리하기 전에 고객에게 확인을 받고 진행하는 것이 적절하다.

40

정답 ②

상황 2는 통합형 갈등해결 방법이지만 ②는 타협형 갈등해결 방법에 대하여 설명하고 있다.

오답분석

① 회피형 갈등해결 방법 : 회피형은 자신과 상대방에 대한 관심이 모두 낮은 경우로서, 갈등 상황에 대하여 상황이 나아질 때까지 문제를 덮어두거나 위협적인 상황에서 피하고자 하는 경우를 말한다. 회피형은 개인의 갈등 상황으로부터 철회 또는 회피하는 것으로, 상대방의 욕구와 본인의 욕구를 모두 만족시킬 수 없게 된다. 이 전략은 '나도 지고 너도 지는 방법(I lose – You lose)'이라고도 한다.
③ 수용형 갈등해결 방법 : 수용형은 자신에 대한 관심은 낮고 상대방에 대한 관심은 높은 경우로서 '나는 지고 너는 이기는 방법(I lose – You win)'을 말한다.
④ 경쟁형 갈등 해결 방법 : 경쟁형은 지배형(Dominating)이라고도 하는데, 자신에 대한 관심은 높고 상대방에 대한 관심은 낮은 경우로서 '나는 이기고 너는 지는 방법(I Win – You Lose)'을 말한다. 경쟁형은 상대방의 목표 달성을 희생시키면서 자신의 목표를 이루기 위해 전력을 다하는 전략이다. 이 방법은 제로섬(Zero-Sum) 개념을 의미한다.

MG새마을금고 지역본부 필기전형

제5회 모의고사 정답 및 해설

01	02	03	04	05	06	07	08	09	10
②	②	②	③	①	②	④	③	④	④
11	12	13	14	15	16	17	18	19	20
④	④	③	④	④	①	④	④	④	①
21	22	23	24	25	26	27	28	29	30
④	③	①	③	②	②	④	④	①	③
31	32	33	34	35	36	37	38	39	40
②	④	①	①	②	②	②	②	②	④

01

정답 ②

②는 문장 성분 간 호응이 어색하지 않고 맞춤법도 틀린 부분이 없다.

오답분석

① 인상이다. → 인상을 준다.
③ 일이 → 일을 / 대상이다. → 대상으로 한다.
④ 거칠은 → 거친

02

정답 ②

제시문은 문화재 가운데 가장 가치 있는 것으로 평가받는 국보에 대하여 설명하는 글이다. 따라서 (가) 문화재의 종류와 국보에 대한 설명 – (다) 국보의 선정 기준 – (나) 국보 선정 기준으로 선발된 문화재의 종류 – (라) 국보 선정 기준으로 선발된 문화재가 지니는 의미의 순으로 나열하는 것이 적절하다.

03

정답 ②

제시문에서는 근대건축물이 방치되고 있는 상황과 함께 지속적인 관리의 필요성을 설명하고 있다. 기존 관리 체계의 한계점을 지적하며, 이를 위한 해결책으로 공공의 역할을 강조하고 있으므로 글의 중심 내용으로 ②가 가장 적절하다.

04

정답 ③

혁신적 기술 등에 의한 성장이 아닌 외형성장에 주력해온 국내 경제의 체질을 변화시키기 위해 벤처기업 육성에 관한 특별조치법이 제정되었다고 하는 부분을 통해 알 수 있는 내용이다.

오답분석

① 해외 주식시장의 주가 상승과 국내 벤처버블 발생이 비슷한 시기에 일어난 것은 알 수 있으나 전자가 후자의 원인이라는 것은 제시문을 통해서는 알 수 없는 내용이다.
② 벤처버블이 1999 ~ 2000년 동안 국내뿐 아니라 미국, 유럽 등 전 세계 주요 국가에서 나타난 것은 알 수 있으나 전 세계 모든 국가에서 일어났는지는 알 수 없다.
④ 뚜렷한 수익모델이 없다고 하더라도 인터넷을 활용한 비즈니스를 내세우면 높은 잠재력을 가진 기업으로 인식되었다는 부분을 통해 벤처기업이 활성화되었으리라는 것을 유추할 수는 있다. 하지만 그것이 대기업과 어떠한 연관을 가지는지는 제시문을 통해서는 알 수 없다.

05

정답 ①

P2P 대출은 공급자(투자)와 수요자(대출)가 금융기관의 개입 없이도 직접 자금을 주고받을 수 있다.

06

정답 ②

제시문에 언급된 수출가격을 구하는 계산식을 통해 확인할 수 있다. 환율이 1,000원/$일 때 국내 시장에서 가격이 1만 원인 국산품의 수출가격이 $10라면 환율이 상승한 2,000원/$일 경우 수출가격은 $5가 된다.

오답분석

① 수입 증가는 환율 상승의 원인으로 볼 수 있다.
③ 외국인들의 한국 여행은 환율 하락의 원인으로 작용한다.
④ 수입가격을 구하는 계산식을 통해 확인할 수 있다. 환율이 1,000원/$일 때 국제 시장에서 가격이 $100인 수입품의 수입가격이 100,000원이라면, 환율이 900원/$일 때 90,000원이 된다.

07 정답 ④

제시문은 촉매 개발의 필요성과 촉매 설계 방법의 구체적 과정을 설명하고 있다. 회귀 경로는 잘못을 발견했을 경우에 원래의 위치로 복귀해 다른 방법을 시도함으로써 새로운 길을 찾는 것이다. ④에서 설문지의 질문이 잘못됨을 발견하고 다시 설문지 작성 과정으로 돌아와 질문을 수정하였으므로, ㉠과 가장 가까운 사례로 볼 수 있다.

08 정답 ③

총재, 부총재를 포함한 모든 금융통화위원은 대통령이 임명한다.

오답분석

① 마지막 문단에 따르면 면밀한 검토가 필요한 사안에 대해서는 본회의 외에 별도 심의위원회가 구성되기도 한다.
② 한국은행 총재는 금융통화위원회 의장을 겸임한다.
④ 정기회의는 의장이 필요하다고 인정하거나, 금융통화위원 최소 2인의 요구가 있을 때 개최된다.

09 정답 ④

㉠의 '고속도로'는 그래핀이 사용된 선로를 의미하며, ㉢의 '코팅'은 비정질 탄소로 그래핀을 둘러싼 것을 의미한다. ㉠의 그래핀은 전자의 이동속도가 빠른 대신 저항이 높고 전하 농도가 낮다. 연구팀은 이러한 그래핀의 단점을 해결하기 위해, 즉 저항을 감소시키고 전하 농도를 증가시키기 위해 그래핀에 비정질 탄소를 얇게 덮는 방법을 생각해냈다.

오답분석

① ㉡의 '도로'는 기존 금속 재질의 선로를 의미한다. 연구팀은 기존의 금속 재질(㉡) 대신 그래핀(㉠)을 반도체 회로에 사용하였다.
② 반도체 내에 많은 소자가 집적되면서 금속 재질의 선로(㉡)에 저항이 기하급수적으로 증가하였다.
③ 그래핀(㉠)은 구리보다 전기 전달 능력이 뛰어나고 전자 이동속도가 100배 이상 빠르다.

10 정답 ④

인공지능은 인간이 만든 도구일 뿐이고, 도구일 뿐인 기계가 인간을 판단하는 것은 정당하지 않으며, 이런 도구가 인간을 평가하면 주체와 객체가 뒤바뀌는 상황이 발생한다고 주장하고 있다.

오답분석

① 인공지능과 인간의 차이점을 통해 논지를 주장하고 있다.
② 인공지능은 빅데이터를 바탕으로 결과를 도출해 내는 기계에 불과하므로, 통계적 분석을 할 뿐 타당한 판단을 할 수 없다고 보고 있다.
③ 인공지능이 아니라 인간이 사회에서 의사소통을 통해 관계를 형성한다고 하였다.

11 정답 ④

보기에서는 4비트 컴퓨터가 처리하는 1워드를 초과한 '10010'을 제시하며, 이를 '오버플로'라 설명한다. 이때 (라)의 바로 앞 문장에서는 0111에 1011을 더했을 때 나타나는 '10010'을 언급하고 있으며, (라)의 바로 뒤 문장에서는 부호화 절댓값에는 이 '오버플로'를 처리하는 규칙이 없다는 점을 설명하고 있다. 따라서 보기의 문장은 (라)에 들어가는 것이 적절하다.

12 정답 ④

현재 A부서 팀원 25명의 평균 나이는 38세이므로, 다음 달 25명의 평균 나이는 $\frac{25\times38-52+27}{25}+1=38$세이다.

13 정답 ③

앞의 항에 +3, −6, +9, −12, +15, …인 수열이다.
따라서 ( )=95+15=110이다.

14 정답 ④

국내은행에서 외화를 다른 외화로 환전할 경우에는 우선 외화를 원화로 환전한 후 해당 원화를 다시 다른 외화로 환전하는 방식으로 이루어진다. 실제로 환전 수수료가 있다면 두 번에 걸쳐 수수료가 발생된다.

④와 같이 위안화를 엔화로 국내은행에서 환전한다면 위안화 ¥3,500을 은행에 파는 것이므로 '팔 때' 환율이 적용되어 173.00×3,500=605,500원이 된다. 그리고 엔화는 원화를 대가로 은행에서 사는 것이므로 '살 때' 환율이 적용되어 605,500÷1,070.41≒565.6711이 된다. 그러나 외화거래에서의 엔화 단위는 100엔이므로 1엔 기준으로 변경하면 다음과 같다.
565.6711×100=¥56,567.11

15 정답 ④

그래프의 제목이 'TV+스마트폰 이용자의 도시 규모별 구성비'인 것에 반해, 그래프에 있는 수치들을 살펴보면 TV에 대한 도시 규모별 구성비와 같은 것을 알 수 있다. 따라서 제목과 그래프의 내용이 일치하지 않는다.

TV+스마트폰 이용자의 도시 규모별 구성비를 구하면 다음과 같다.

구분	TV	스마트폰
사례 수	7,000명	6,000명
대도시	45.3%	47.5%
중소도시	37.5%	39.6%
군지역	17.2%	12.9%

• 대도시 : $45.3\%\times\frac{7,000}{13,000}+47.5\%\times\frac{6,000}{13,000}\fallingdotseq 46.32\%$

• 중소도시 : $37.5\%\times\frac{7,000}{13,000}+39.6\%\times\frac{6,000}{13,000}\fallingdotseq 38.47\%$

• 군지역 : $17.2\%\times\frac{7,000}{13,000}+12.9\%\times\frac{6,000}{13,000}\fallingdotseq 15.22\%$

오답분석

① 연령대별 스마트폰 이용자 비율에 사례 수(조사인원)를 곱하면 이용자 수를 구할 수 있다.
② 매체별 성별 이용자 비율에 사례 수(조사인원)를 곱하면 구할 수 있다.
③ 주어진 표에서 쉽게 확인할 수 있다.

16

정답 ①

3차년도의 이자비용은 2차년도의 사채장부가액의 10%이므로 930백만 원이 되며 이자비용과 액면이자(600백만 원)의 차이가 상각액이 되므로 상각액은 330백만 원이 된다. 이 상각액을 2차년도의 사채장부가액에 더해주면 3차년도의 사채장부가액이 되며 그 값은 96억 3천만 원이 되어 96억 원을 넘어선다. 따라서 옳지 않은 내용이다.

오답분석

②·③ 사채장부가액은 매년 증가할 수밖에 없는 구조이므로 전년도의 사채장부가액의 10%인 이자비용 역시 매년 증가하게 된다. 반면 이자비용에서 차감되는 액면이자는 6억 원으로 매년 일정하므로 이 둘의 차이인 사채발행차금 상각액은 매년 증가하게 된다.
④ 산식의 구조상 1차년도에 3,000백만 원으로 주어진 미상각잔액은 매년 상각을 거치면서 감소하게 되므로 옳은 내용이다.

17

정답 ④

영업부서와 마케팅부서에서 S등급과 C등급에 배정되는 인원은 같고, A등급과 B등급의 인원이 영업부서가 마케팅부서보다 2명씩 적다. 따라서 두 부서의 총 상여금액 차이는 $(420\times2)+(330\times2)=1,500$만 원이므로 옳지 않다.

오답분석

①·③ 마케팅부서와 영업부서의 등급별 배정인원은 다음과 같다.

구분	S등급	A등급	B등급	C등급
마케팅부서	2명	5명	6명	2명
영업부서	2명	3명	4명	2명

② A등급 상여금은 B등급 상여금보다 $\frac{420-330}{330}\times100\fallingdotseq 27\%$ 많다.

18

정답 ④

• 남성 : $11.1\times3=33.3>32.2$
• 여성 : $10.9\times3=32.7<34.7$

따라서 남성의 경우 국가기관에 대한 선호 비율이 공기업 선호 비율의 3배 이하이다.

오답분석

① 3%, 2.6%, 2.5%, 2.1%, 1.9%, 1.7%로 가구소득이 많을수록 중소기업을 선호하는 비율이 줄어들고 있다.
② 연령을 기준으로 3번째로 선호하는 직장은 모두 전문직 기업이다.
③ 국가기관은 모든 기준에서 선호 비율이 가장 높다.

19

정답 ④

네 번째 조건을 제외한 나머지 조건과 그 대우를 논리식으로 표현하면 다음과 같다.

조건	대우
$\sim(D\vee G)\rightarrow F$	$\sim F\rightarrow(D\wedge G)$
$F\rightarrow\sim E$	$E\rightarrow\sim F$
$\sim(B\vee E)\rightarrow\sim A$	$A\rightarrow(B\wedge E)$

네 번째 조건에 따라 A가 투표를 하였으므로, 세 번째 조건의 대우에 의해 B와 E 모두 투표를 하였다. 또한 E가 투표를 하였으므로, 두 번째 조건의 대우에 따라 F는 투표하지 않았으며, F가 투표하지 않았으므로 첫 번째 조건의 대우에 따라 D와 G는 모두 투표하였다.
A, B, D, E, G 5명이 모두 투표하였으므로 네 번째 조건에 따라 C는 투표하지 않았다.
따라서 투표를 하지 않은 사람은 C와 F이다.

20

정답 ①

C, D, E의 진술이 연관되어 있고 두 사람만 진실을 말하고 있다고 하였으므로 C, D, E의 진술은 거짓이고 A, B의 진술이 참이다.

오답분석

②·③·④ 서로 진실을 말하고 있다는 C와 D의 진술은 동시에 참이 되거나 거짓이 되어야 한다.

21

정답 ④

b과제는 c, f, g, h과제보다 먼저 수행하므로 K가 가장 첫 번째로 수행하는 과제는 b과제임을 알 수 있다. 또한 e과제보다 먼저 수행하는 f과제를 c과제보다 나중에 수행하므로 c과제와 f과제가 각각 두 번째, 세 번째 수행 과제임을 알 수 있다. 마지막으로 남은 g과제와 h과제 중 g과제는 h과제보다 먼저 수행한다.
신입사원 K가 수행할 교육 과제의 순서를 정리하면 다음과 같다.

첫 번째	두 번째	세 번째	네 번째	다섯 번째	여섯 번째
b과제	c과제	f과제	e과제	g과제	h과제

따라서 K가 다섯 번째로 수행할 교육 과제는 g과제이다.

22

정답 ③

- 첫 번째 조건 : 대우(B 또는 C가 위촉되지 않으면, A도 위촉되지 않는다)에 의해 A는 위촉되지 않는다.
- 두 번째 조건 : A가 위촉되지 않으므로 D가 위촉된다.
- 다섯 번째 조건 : D가 위촉되므로 F도 위촉된다.
- 세 번째, 네 번째 조건 : D가 위촉되었으므로 C와 E는 동시에 위촉될 수 없다.

따라서 위촉되는 사람은 C 또는 E 중 1명과 D, F로 모두 3명이다.

23

정답 ①

갑 ~ 정의 아이돌봄 서비스 이용요금을 표로 정리하면 다음과 같다.

구분	이용시간(시간)		소득기준별 본인부담금(원)		비고
	일반	야간	A형	B형	
갑	6	–	7,800	–	–
을	5	–	3,900	–	33.3% 할인
병	4	1	–	7,800	–
정	7	2	1,560	2,340	15% 할인

- 갑 : 7,800×6=46,800원
- 을 : 3,900×5×3×0.667≒39,010원(∵ 원 단위 이하 절사)
- 병 : (7,800×4)+{(7,800+3,900)×1}=42,900원
- 정
  - A형 아동 1명 : (1,560×7)+{(1,560+3,900)×2}=21,840원
  - B형 아동 1명 : (2,340×7)+{(2,340+3,900)×2}=28,860원

  ∴ 서비스 이용요금 : (21,840+28,860)×0.85≒43,090원 (∵ 원 단위 이하 절사)

따라서 가장 많은 본인부담금을 납부하는 사람은 갑이다.

24

정답 ③

먼저 모든 면접위원의 입사 후 경력은 3년 이상이어야 한다는 조건에 따라 A, E, F, H, I, L직원은 면접위원으로 선정될 수 없다. 이사 이상의 직급으로 6명 중 50% 이상 구성되어야 하므로 자격이 있는 C, G, N은 반드시 면접위원에 포함한다. 다음으로 인사팀을 제외한 부서는 2명 이상 구성할 수 없으므로 이미 N이사가 선출된 개발팀은 더 선출할 수 없고, 인사팀은 반드시 2명을 포함해야 하므로 D과장은 반드시 선출된다. 이를 정리하면 다음과 같다.

구분	경우 1	경우 2	경우 3
1	C이사	C이사	C이사
2	D과장	D과장	D과장
3	G이사	G이사	G이사
4	N이사	N이사	N이사
5	B과장	B과장	J과장
6	J과장	K대리	K대리

따라서 B과장이 면접위원으로 선출되었더라도 K대리가 선출되지 않는 경우도 있다.

25

정답 ②

(가) 고객 분석 : ㄱ, ㅁ과 같은 고객에 대한 질문을 통해 고객에 대한 정보를 분석한다.

(나) 자사 분석 : ㄴ과 같은 질문을 통해 자사의 수준에 대해 분석한다.

(다) 경쟁사 분석 : ㄷ, ㄹ과 같은 질문을 통해 경쟁사를 분석함으로써 경쟁사와 자사에 대한 비교가 가능하다.

26

정답 ②

ㄱ. 강점인 공공기관으로서의 신뢰성을 바탕으로 해외 개발 사업에 참여하는 것은 강점을 살려 기회를 포착하는 SO전략으로 적절하다.

ㄷ. 약점인 환경파괴를 최소화하는 방향의 환경친화적 신도시 개발은 약점을 보완하여 기회를 포착하는 WO전략으로 적절하다.

오답분석

ㄴ. 국토개발로 인한 환경파괴라는 약점과 환경보호 단체 등과의 충돌을 겪고 있는 위협을 고려했을 때 적절한 전략으로 볼 수 없다.

ㄹ. 환경보호 단체나 시민 단체와의 충돌을 규제 강화라는 강압적 방법으로 해결하는 것은 적절한 전략으로 볼 수 없으며, 공공기관의 역할 수행으로도 볼 수 없다.

27

정답 ④

예산이 가장 많이 드는 B사업과 E사업은 사업기간이 3년이므로 최소 1년은 겹쳐야 한다는 것을 기반으로 정리하면 다음과 같다.

사업명 \ 연도 (예산)	1년	2년	3년	4년	5년
	20조 원	24조 원	28.8조 원	34.5조 원	41.5조 원
A		1조 원	4조 원		
B		15조 원	18조 원	21조 원	
C					15조 원
D	15조 원	8조 원			
E			6조 원	12조 원	24조 원
실질사용 예산 합계	15조 원	24조 원	28조 원	33조 원	39조 원

따라서 D사업을 첫해에 시작해야 한다.

28

정답 ④

㉠ : Q1, Q8

㉡ : Q5, Q6, Q7, Q9

29

정답 ①

B씨는 남은 수강일과 동영상 강의 및 도서 환불에 대해 문의하고 있으므로 Q1, Q6, Q8을 통해 궁금증을 해결할 수 있다.

30

정답 ③

오답분석

① Eliminate(삭제) 유형에 해당한다.
② Minify(축소) 유형에 해당한다.
④ Substitute(대체) 유형에 해당한다.

31

정답 ②

식물의 씨앗이 옷에 붙는 원리를 적용한 것으로 Adapt(적용) 유형에 해당한다.

오답분석

① Substitute(대체) 유형에 해당한다.
③ Magnify(확대) 유형에 해당한다.
④ Put to Other Use(다른 용도) 유형에 해당한다.

32

정답 ④

(A) : 상대방이 제시하는 것을 일방적으로 수용하므로 '유화전략'이다.
(B) : 자신의 이익을 극대화하기 위한 공격적 전략이므로 '강압전략'이다.
(C) : 협상을 피하고 있으므로 '회피전략'이다.
(D) : 협동과 통합으로 문제를 해결하고 있으므로 '협력전략'이다.

33

정답 ①

M금고와 K사 모두 이후의 사업 추진 협력사와 안정적 수요처가 필요하다는 점에서 서로 간의 우호적 관계 유지가 필요하다고 판단할 것이다. 그러므로 요구사항 중 일부 양보를 하면서 계약을 체결하는 협력전략, 즉 Win – Win전략을 취할 것이다. 우수한 기술수준을 가진 K사와 이후에도 협력하고자 하므로 양보를 통해 Win – Win하는 전략을 취할 가능성이 높다.
따라서 M금고의 핀테크전략팀이 취할 협상전략으로 적절한 것은 ㄱ이다.

오답분석

ㄴ. K사의 입장에서는 안정적 수요처가 필요하나 M금고 외에는 찾지 못하고 있으므로, 회피전략을 취하는 것보다 비용에서의 양보를 통해 계약을 성사시키는 등 Win – Win전략을 취하는 것이 협상을 성사시킬 가능성을 높이는 전략이다.
ㄷ. 비용 요구사항이 더 낮은 다른 업체와 계약을 체결할 수도 있지만 기술 수준이 높은 K사와의 협력이 필요한데, 강압전략을 취하다가 K사가 협상에서 철수하는 경우 필요한 기술수준을 얻지 못하게 된다. 따라서 강압전략보다는 협력전략을 취하는 것이 협상 성사 가능성을 더 높일 수 있는 방법이다.

34

정답 ①

일반적으로 기획부의 업무는 제시된 표처럼 사업계획이나 경영점검 등 경영활동 전반에 걸친 기획 업무가 주를 이루며, 사옥 이전 관련 발생 비용 산출은 회계부, 대내외 홍보는 총무부에서 담당한다.

35

정답 ②

현재 M사가 바라는 대로 배터리 사양을 변경하기 위한 A사의 추가 투자는 불가능한 상황이다. 하지만 M사는 사업을 반드시 추진하고자 하므로, A사 배터리의 기존 사양대로 납품받아야 한다. 따라서 M사는 유화전략, 즉 Lose – Win전략을 취함으로써 양보를 하고 협상에 임할 것이다. 이는 단기적으로는 비용부담이 있을 수 있으나, 장기적으로는 유망 사업을 추진함으로써 수익성 개선을 확보할 수 있다.
따라서 M사의 협상전략으로 적절한 것은 ㄱ, ㄷ이다.

오답분석

ㄴ. 회피전략은 협상에서 철수하는 것이다. M사는 반드시 이 협력사업을 추진하고자 하므로 회피전략은 적절한 전략이 아니다.
ㄹ. 반드시 사업을 추진해야 하는 M사 입장에서는 추가 투자가 불가능한 A사에게 강압전략을 취하는 것이 바람직하지 않다.

36

정답 ②

우선, 박비서에게 회의 자료를 받아와야 하므로 비서실을 들러야 한다. 다음으로 기자단 간담회는 대외 홍보 및 기자단 상대 업무를 맡은 홍보팀에서 기자단 간담회 자료를 정리할 것이므로 홍보팀을 거쳐야 하며, 승진자 인사 발표 소관 업무는 인사팀이 담당한다고 볼 수 있다. 또한, 회사의 차량 배차에 관한 업무는 총무팀과 같은 지원부서의 업무로 보는 것이 타당하다.

37

정답 ②

C주임은 최대 작업량을 잡아 업무를 진행하면 능률이 오를 것이라는 오해를 하고 있다. 하지만 이럴 경우 시간에 쫓기게 되어 오히려 능률이 떨어질 가능성이 높다. 실현 가능한 목표를 잡고 우선순위를 세워 진행하는 것이 적절하다.

38

정답 ②

3단계는 상대방의 입장을 파악하는 단계이다. 자기 생각을 말한 뒤 A씨의 견해를 물으며 상대방의 입장을 파악하려는 ②가 3단계에 해당하는 대화로 가장 적절하다.

39

정답 ②

고객은 대출 이자가 잘못 나갔다고 생각하고 일처리를 잘못한다고 의심하는 상황이기 때문에 의심형 불만고객이다.

불만고객 유형

- 거만형 : 자신의 과시욕을 드러내고 싶어 하는 사람으로, 보통 제품을 폄하하는 고객
- 의심형 : 직원의 설명이나 제품의 품질에 대해 의심을 많이 하는 고객
- 트집형 : 사소한 것으로 트집을 잡는 까다로운 고객
- 빨리빨리형 : 성격이 급하고, 확신 있는 말이 아니면 잘 믿지 않는 고객

40

정답 ④

ㄷ. 빠른 해결을 약속하지 않으면 다른 불만을 야기하거나 불만이 더 커질 수 있다.

ㄹ. 고객의 불만이 대출과 관련된 내용이기 때문에 이 부분에 대해 답변을 해야 한다.

오답분석

ㄱ. 해결방안은 고객이 아니라 M금고에서 제시하는 것이 적절하다.

ㄴ. 불만을 동료에게 전달하는 것은 고객의 입장에서는 알 필요가 없는 정보이기 때문에 굳이 말할 필요가 없다.

MG새마을금고 지역본부 필기전형 답안카드

성 명

지원 분야

문제지 형별기재란	
(　　)형	Ⓐ Ⓑ

수 험 번 호						
⓪	⓪	⓪	⓪	⓪	⓪	⓪
①	①	①	①	①	①	①
②	②	②	②	②	②	②
③	③	③	③	③	③	③
④	④	④	④	④	④	④
⑤	⑤	⑤	⑤	⑤	⑤	⑤
⑥	⑥	⑥	⑥	⑥	⑥	⑥
⑦	⑦	⑦	⑦	⑦	⑦	⑦
⑧	⑧	⑧	⑧	⑧	⑧	⑧
⑨	⑨	⑨	⑨	⑨	⑨	⑨

감독위원 확인
인

1	①	②	③	④	21	①	②	③	④		
2	①	②	③	④	22	①	②	③	④		
3	①	②	③	④	23	①	②	③	④		
4	①	②	③	④	24	①	②	③	④		
5	①	②	③	④	25	①	②	③	④		
6	①	②	③	④	26	①	②	③	④		
7	①	②	③	④	27	①	②	③	④		
8	①	②	③	④	28	①	②	③	④		
9	①	②	③	④	29	①	②	③	④		
10	①	②	③	④	30	①	②	③	④		
11	①	②	③	④	31	①	②	③	④		
12	①	②	③	④	32	①	②	③	④		
13	①	②	③	④	33	①	②	③	④		
14	①	②	③	④	34	①	②	③	④		
15	①	②	③	④	35	①	②	③	④		
16	①	②	③	④	36	①	②	③	④		
17	①	②	③	④	37	①	②	③	④		
18	①	②	③	④	38	①	②	③	④		
19	①	②	③	④	39	①	②	③	④		
20	①	②	③	④	40	①	②	③	④		

※ 본 답안카드는 마킹연습용 모의 답안카드입니다.

MG새마을금고 지역본부 필기전형 답안카드

성 명

지원 분야

문제지 형별기재란	
(　　　)형	Ⓐ Ⓑ

수 험 번 호						
⓪	⓪	⓪	⓪	⓪	⓪	⓪
①	①	①	①	①	①	①
②	②	②	②	②	②	②
③	③	③	③	③	③	③
④	④	④	④	④	④	④
⑤	⑤	⑤	⑤	⑤	⑤	⑤
⑥	⑥	⑥	⑥	⑥	⑥	⑥
⑦	⑦	⑦	⑦	⑦	⑦	⑦
⑧	⑧	⑧	⑧	⑧	⑧	⑧
⑨	⑨	⑨	⑨	⑨	⑨	⑨

감독위원 확인
㊞

1	①	②	③	④	21	①	②	③	④		
2	①	②	③	④	22	①	②	③	④		
3	①	②	③	④	23	①	②	③	④		
4	①	②	③	④	24	①	②	③	④		
5	①	②	③	④	25	①	②	③	④		
6	①	②	③	④	26	①	②	③	④		
7	①	②	③	④	27	①	②	③	④		
8	①	②	③	④	28	①	②	③	④		
9	①	②	③	④	29	①	②	③	④		
10	①	②	③	④	30	①	②	③	④		
11	①	②	③	④	31	①	②	③	④		
12	①	②	③	④	32	①	②	③	④		
13	①	②	③	④	33	①	②	③	④		
14	①	②	③	④	34	①	②	③	④		
15	①	②	③	④	35	①	②	③	④		
16	①	②	③	④	36	①	②	③	④		
17	①	②	③	④	37	①	②	③	④		
18	①	②	③	④	38	①	②	③	④		
19	①	②	③	④	39	①	②	③	④		
20	①	②	③	④	40	①	②	③	④		

※ 본 답안카드는 마킹연습용 모의 답안카드입니다.

MG새마을금고 지역본부 필기전형 답안카드

성 명

지원 분야

문제지 형별기재란	
(　　　)형	Ⓐ Ⓑ

수 험 번 호						
⓪	⓪	⓪	⓪	⓪	⓪	⓪
①	①	①	①	①	①	①
②	②	②	②	②	②	②
③	③	③	③	③	③	③
④	④	④	④	④	④	④
⑤	⑤	⑤	⑤	⑤	⑤	⑤
⑥	⑥	⑥	⑥	⑥	⑥	⑥
⑦	⑦	⑦	⑦	⑦	⑦	⑦
⑧	⑧	⑧	⑧	⑧	⑧	⑧
⑨	⑨	⑨	⑨	⑨	⑨	⑨

감독위원 확인
㊞ 인

1	①	②	③	④	21	①	②	③	④		
2	①	②	③	④	22	①	②	③	④		
3	①	②	③	④	23	①	②	③	④		
4	①	②	③	④	24	①	②	③	④		
5	①	②	③	④	25	①	②	③	④		
6	①	②	③	④	26	①	②	③	④		
7	①	②	③	④	27	①	②	③	④		
8	①	②	③	④	28	①	②	③	④		
9	①	②	③	④	29	①	②	③	④		
10	①	②	③	④	30	①	②	③	④		
11	①	②	③	④	31	①	②	③	④		
12	①	②	③	④	32	①	②	③	④		
13	①	②	③	④	33	①	②	③	④		
14	①	②	③	④	34	①	②	③	④		
15	①	②	③	④	35	①	②	③	④		
16	①	②	③	④	36	①	②	③	④		
17	①	②	③	④	37	①	②	③	④		
18	①	②	③	④	38	①	②	③	④		
19	①	②	③	④	39	①	②	③	④		
20	①	②	③	④	40	①	②	③	④		

※ 본 답안카드는 마킹연습용 모의 답안카드입니다.

MG새마을금고 지역본부 필기전형 답안카드

성 명

지원 분야

문제지 형별기재란	
(　　　)형	Ⓐ Ⓑ

수 험 번 호						
⓪	⓪	⓪	⓪	⓪	⓪	⓪
①	①	①	①	①	①	①
②	②	②	②	②	②	②
③	③	③	③	③	③	③
④	④	④	④	④	④	④
⑤	⑤	⑤	⑤	⑤	⑤	⑤
⑥	⑥	⑥	⑥	⑥	⑥	⑥
⑦	⑦	⑦	⑦	⑦	⑦	⑦
⑧	⑧	⑧	⑧	⑧	⑧	⑧
⑨	⑨	⑨	⑨	⑨	⑨	⑨

감독위원 확인
㊞

1	①	②	③	④	21	①	②	③	④		
2	①	②	③	④	22	①	②	③	④		
3	①	②	③	④	23	①	②	③	④		
4	①	②	③	④	24	①	②	③	④		
5	①	②	③	④	25	①	②	③	④		
6	①	②	③	④	26	①	②	③	④		
7	①	②	③	④	27	①	②	③	④		
8	①	②	③	④	28	①	②	③	④		
9	①	②	③	④	29	①	②	③	④		
10	①	②	③	④	30	①	②	③	④		
11	①	②	③	④	31	①	②	③	④		
12	①	②	③	④	32	①	②	③	④		
13	①	②	③	④	33	①	②	③	④		
14	①	②	③	④	34	①	②	③	④		
15	①	②	③	④	35	①	②	③	④		
16	①	②	③	④	36	①	②	③	④		
17	①	②	③	④	37	①	②	③	④		
18	①	②	③	④	38	①	②	③	④		
19	①	②	③	④	39	①	②	③	④		
20	①	②	③	④	40	①	②	③	④		

※ 본 답안카드는 마킹연습용 모의 답안카드입니다.

MG새마을금고 지역본부 필기전형 답안카드

성 명

지원 분야

문제지 형별기재란	
(　　　)형	Ⓐ Ⓑ

수 험 번 호						
⓪	⓪	⓪	⓪	⓪	⓪	⓪
①	①	①	①	①	①	①
②	②	②	②	②	②	②
③	③	③	③	③	③	③
④	④	④	④	④	④	④
⑤	⑤	⑤	⑤	⑤	⑤	⑤
⑥	⑥	⑥	⑥	⑥	⑥	⑥
⑦	⑦	⑦	⑦	⑦	⑦	⑦
⑧	⑧	⑧	⑧	⑧	⑧	⑧
⑨	⑨	⑨	⑨	⑨	⑨	⑨

감독위원 확인
㉻

1	①	②	③	④	21	①	②	③	④		
2	①	②	③	④	22	①	②	③	④		
3	①	②	③	④	23	①	②	③	④		
4	①	②	③	④	24	①	②	③	④		
5	①	②	③	④	25	①	②	③	④		
6	①	②	③	④	26	①	②	③	④		
7	①	②	③	④	27	①	②	③	④		
8	①	②	③	④	28	①	②	③	④		
9	①	②	③	④	29	①	②	③	④		
10	①	②	③	④	30	①	②	③	④		
11	①	②	③	④	31	①	②	③	④		
12	①	②	③	④	32	①	②	③	④		
13	①	②	③	④	33	①	②	③	④		
14	①	②	③	④	34	①	②	③	④		
15	①	②	③	④	35	①	②	③	④		
16	①	②	③	④	36	①	②	③	④		
17	①	②	③	④	37	①	②	③	④		
18	①	②	③	④	38	①	②	③	④		
19	①	②	③	④	39	①	②	③	④		
20	①	②	③	④	40	①	②	③	④		

※ 본 답안카드는 마킹연습용 모의 답안카드입니다.

성 명

지원 분야

문제지 형별기재란	
(　　　)형	Ⓐ Ⓑ

수 험 번 호						
⓪	⓪	⓪	⓪	⓪	⓪	⓪
①	①	①	①	①	①	①
②	②	②	②	②	②	②
③	③	③	③	③	③	③
④	④	④	④	④	④	④
⑤	⑤	⑤	⑤	⑤	⑤	⑤
⑥	⑥	⑥	⑥	⑥	⑥	⑥
⑦	⑦	⑦	⑦	⑦	⑦	⑦
⑧	⑧	⑧	⑧	⑧	⑧	⑧
⑨	⑨	⑨	⑨	⑨	⑨	⑨

감독위원 확인
ⓘ 인

MG새마을금고 지역본부 필기전형 답안카드

1	①	②	③	④	21	①	②	③	④		
2	①	②	③	④	22	①	②	③	④		
3	①	②	③	④	23	①	②	③	④		
4	①	②	③	④	24	①	②	③	④		
5	①	②	③	④	25	①	②	③	④		
6	①	②	③	④	26	①	②	③	④		
7	①	②	③	④	27	①	②	③	④		
8	①	②	③	④	28	①	②	③	④		
9	①	②	③	④	29	①	②	③	④		
10	①	②	③	④	30	①	②	③	④		
11	①	②	③	④	31	①	②	③	④		
12	①	②	③	④	32	①	②	③	④		
13	①	②	③	④	33	①	②	③	④		
14	①	②	③	④	34	①	②	③	④		
15	①	②	③	④	35	①	②	③	④		
16	①	②	③	④	36	①	②	③	④		
17	①	②	③	④	37	①	②	③	④		
18	①	②	③	④	38	①	②	③	④		
19	①	②	③	④	39	①	②	③	④		
20	①	②	③	④	40	①	②	③	④		

※ 본 답안카드는 마킹연습용 모의 답안카드입니다.